早稲田大学大学院教授
山岡道男
Michio Yamaoka

山村学園短期大学専任講師
浅野忠克
Tadayoshi Asano

知識ゼロからの
金融入門

●為替市場
●ヘッジファンド
●電子マネー
●インターネット証券
●金融工学
●先物取引
●オプション取引
●スワップ取引
●投資信託
●証券

●為替市場
●ヘッジファンド
●インターネット証券
●電子マネー
●金融工学
●先物取引
●オプション取引
●スワップ取引
●証券
●投資信託

幻冬舎

まえがき

金融と聞いてなにを思い浮かべますか。株、ローン、保険。あるいは金融危機をイメージした人もいるでしょう。金融はあらゆる経済活動と深い関係にあります。

２００８年、アメリカ発の金融危機が発生しました。日本にもその影響は及んでいます。それに備え「かしこく貯蓄・運用したい」と思っても、銀行の金利は低く、投資できる金融商品は無数、かつ複雑です。なにに投資すればよいかわからないのが現状でしょう。元本が目減りするという心配もあります。日本では、お金のことを教える、学ぶということがタブーとされてきました。そのため、近年の年金問題のように、自己責任による資産運用が求められても、多くの人がとまどってしまうのです。

アメリカの学生は、基本的にお小遣いをもらいません。遊ぶためのお金は、アルバイトなどで自分で稼ぎます。また、高校３年生の約８割が運転免許を持ち、自賠責保険などの知識も豊富にあります。さらに、３人にひとりがクレジットカードを持っています。アメリカでは、若い頃から金融に触れる機会が多く、投資意欲も旺盛です。

文化的な違いもあり単純に比較できませんが、金融立国アメリカのこうした心構えには、学ぶべきものがあります。これからは、銀行員や証券マンなど一部の金融関係者だけでなく、私たち全員が、自分自身のための金融学（パーソナルファイナンス）を身につける必要があります。本書がその一助となれば幸いです。

２０１０年７月

山岡道男
淺野忠克

第7章 金融をより深く理解するために歴史に学ぶ

第1章

ヘッジファンドが国際取引を加速させる

――国際金融取引――

グローバル化が進んだ現代、
ビジネスは世界規模になった。
なかでもヘッジファンドなど機関投資家が、
大量の資金を動かしている。

国際取引

ビジネスのグローバル化が国際取引を生んだ

いまや、個人がドルで預金をするなど、海外の通貨を自由に取引するのは当たり前の時代だ。しかし、かつては海外の銀行に口座を持つことは制限されていた。

しかし、1980年代に状況は一変。アジア諸国に積極的に進出する日本や欧米の企業を後押しすべく、金融の**規制緩和**が進んだ。IT（情報技術）の進化も、その動きに拍車をかけた。

しかし、この規制緩和が投資マネーの暴走を招き、深刻な金融危機を誘発する原因ともなった。

日本の企業・資金も次々と海外へ

高度経済成長期を終え、国内市場が成熟した日本。モノを安くつくり、より多く販売するため、海外進出する企業が増加した。

大規模な規制緩和がおこなわれた

海外での企業活動を活発化させるため、政府が規制を緩和。金融の国境は取り払われた。

より有利な条件を求めて海外へ

発展途上国に工場をつくれば、人件費が安く、運営コストを大幅に抑えられる。

ITの発達もグローバル化を後押し

インターネットが普及し、地球のどこでも瞬時に取引が可能になった。金融取引の国際化も進んだ。

いまや、グローバルな取引にITの力は不可欠になった

たくさんの
日本企業が
アジアに
進出している
hp
SANY
TOCHIBA

負の側面もあわせ持つ

金融に国境がなくなり、世界の投資マネーは、より条件のよい場所に集中するようになった。そのため、為替《かわせ》相場（18ページ参照）の暴落など深刻な問題も起こるようになった。

マネーが極端に集中したり撤退したりすると、為替が乱高下する。
金融危機も世界へ飛び火
一国の金融危機が、取引のあるほかの国に影響を与える。
投資マネーの暴走に歯止めをかける監督機関がない点もネック。
マイナス面のできごともグローバル化した

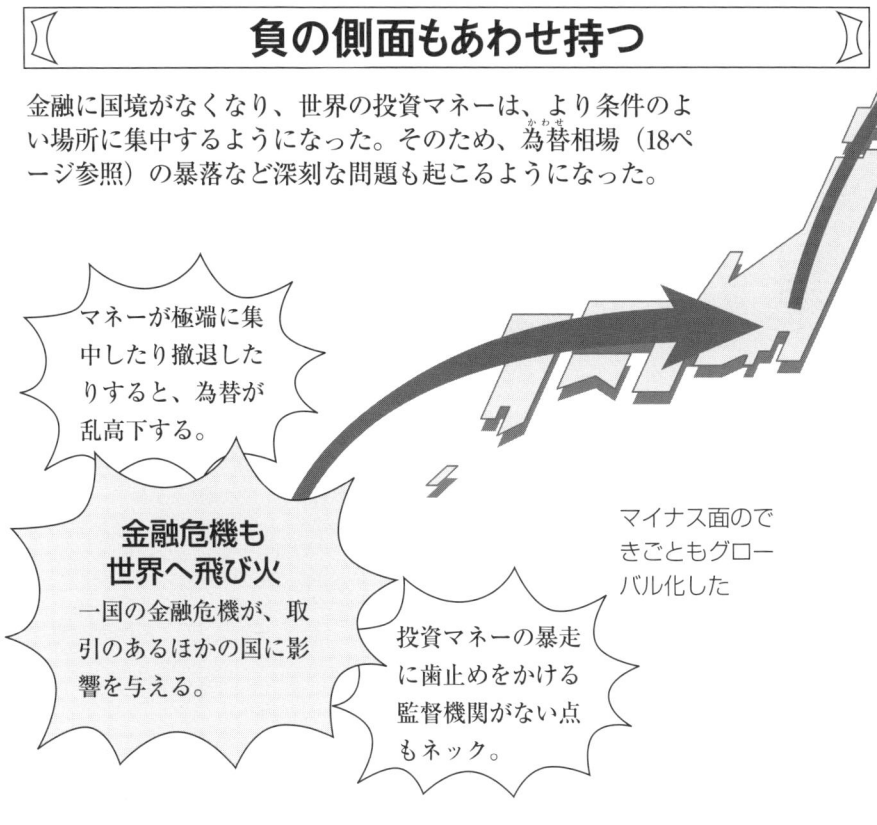

基軸通貨

THE UNITED STATES OF AMERICA
ONE DOLLAR

ドルが国際取引の決済に利用される

いちばん強い通貨はドル

先進国の通貨は国際通貨として力を持つが、圧倒的に強いのがドル。近年は中国などの新興国通貨も力を持ちつつある。

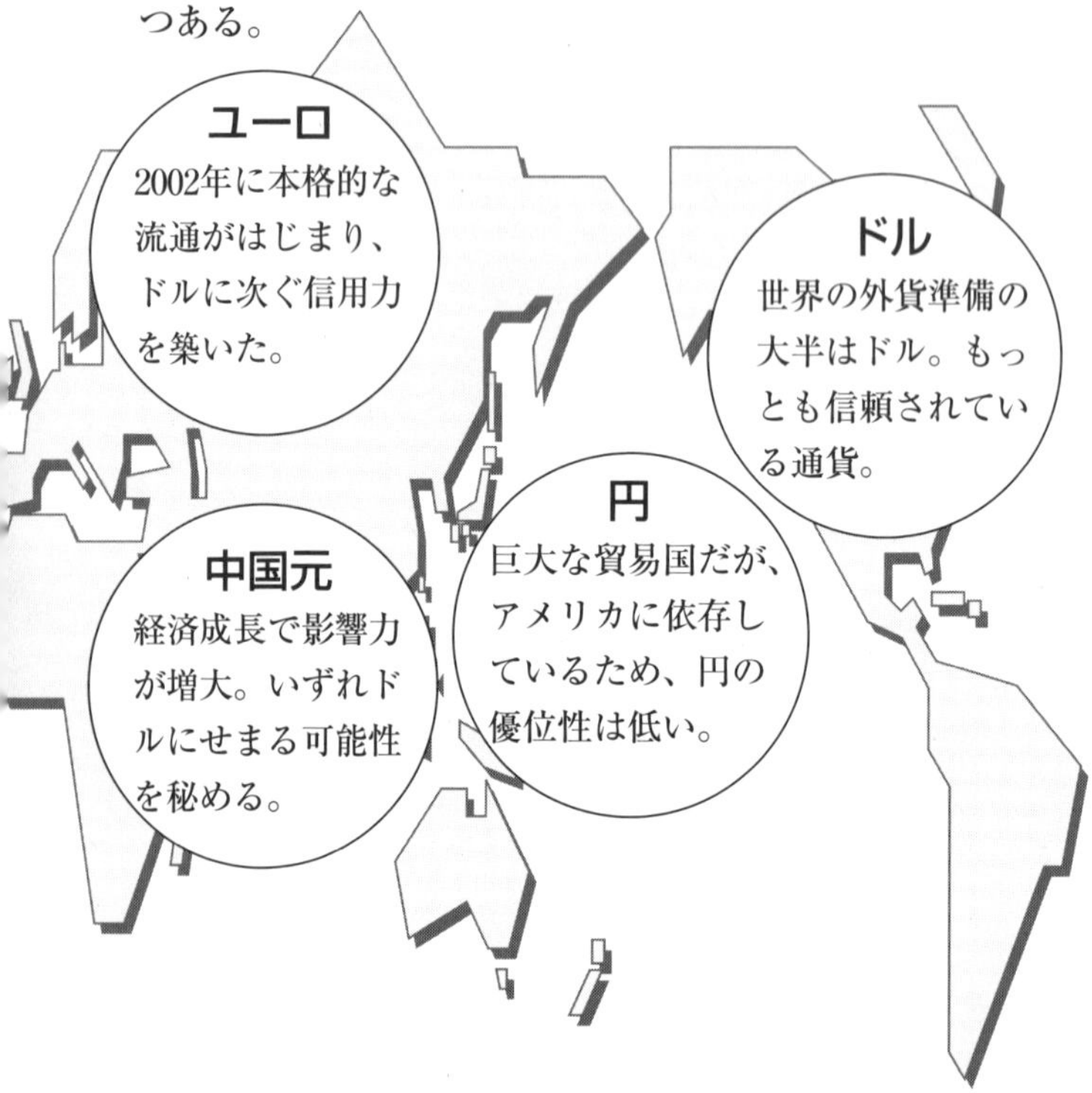
ユーロ
2002年に本格的な流通がはじまり、ドルに次ぐ信用力を築いた。
ドル
世界の外貨準備の大半はドル。もっとも信頼されている通貨。
円
巨大な貿易国だが、アメリカに依存しているため、円の優位性は低い。
中国元
経済成長で影響力が増大。いずれドルにせまる可能性を秘める。

国際的な金融取引や、貿易の決済に広く使われる通貨を、**基軸通貨**《きじくつうか》と呼ぶ。現在の基軸通貨はアメリカのドルだ。

アメリカは強大な経済力と軍事力を誇り、ドルはどの国の通貨よりも信用力が高かった。そのため、アメリカ以外の国も、貿易取引の支払いに使うドルを積み立てる。これを**外貨準備高**という。

ただし、近年は経済不安などの影響から、欧州の通貨ユーロで支払いをおこなうことも多い。ドルの絶対的地位は揺らいでいる。

世界で信頼されている
ドルを持っているほうが
安心だ

多くの国がドルを蓄えている

下図は、世界の外貨準備高の通貨別構成比率。ドルが大部分を占めるが、2008年の金融危機の影響もあり、近年はユーロの伸びが顕《けん》著《ちょ》だ。

公的外貨準備高の通貨別構成

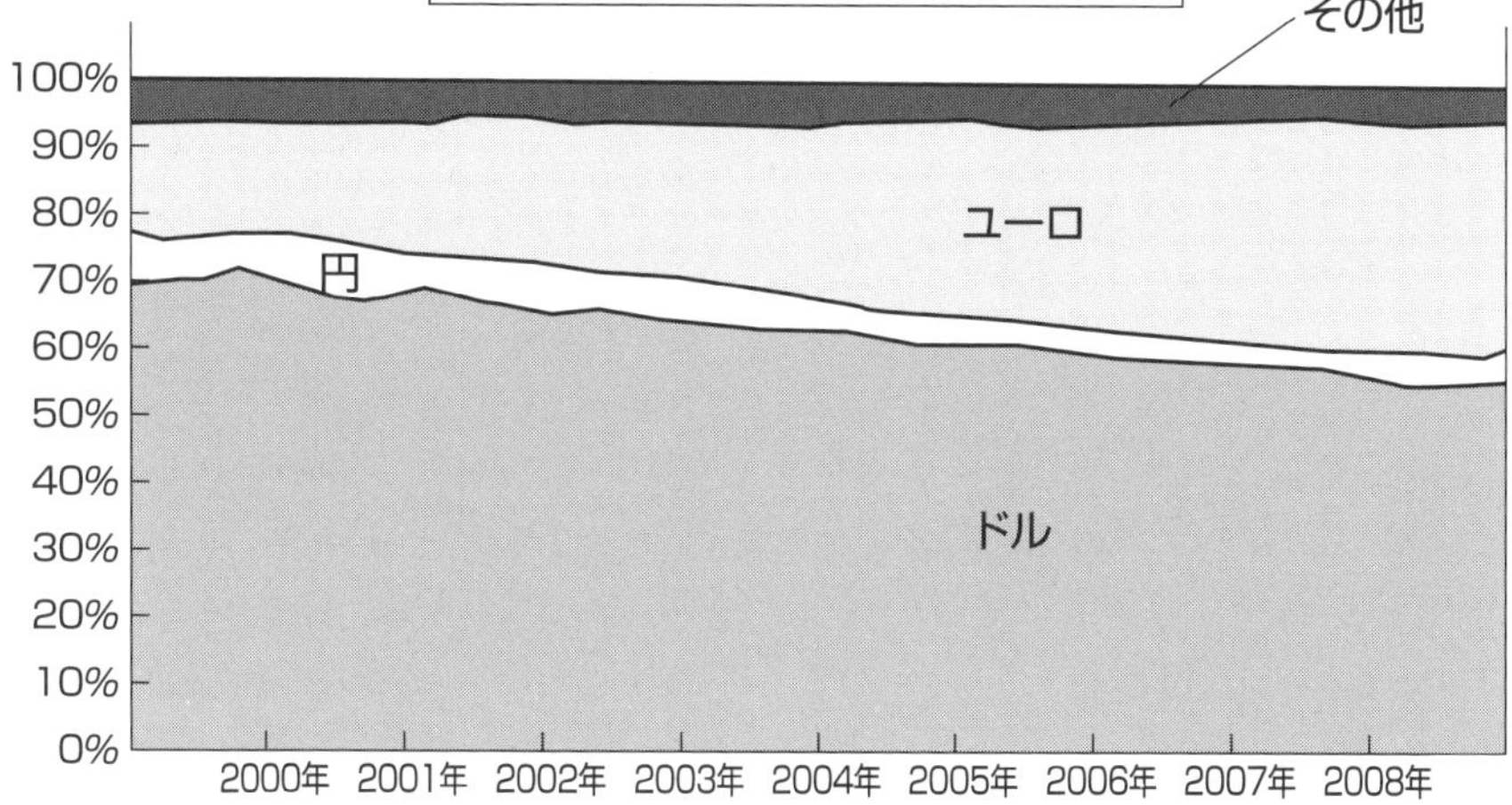
その他
100%
90%
80%
70%
60%
50%
40%
30%
20%
10%
0%
ユーロ
円
ドル
2000年
2001年
2002年
2003年
2004年
2005年
2006年
2007年
2008年

(出所:国際通貨基金ホームページ)

為替市場

実際の取引所はなく、ブローカーが仲介する

取引はオンラインでおこなわれる

毎日無数の取引がおこなわれる為替市場。その取引を速やかにさばくため、コンピューター処理は必須のものとなっている。

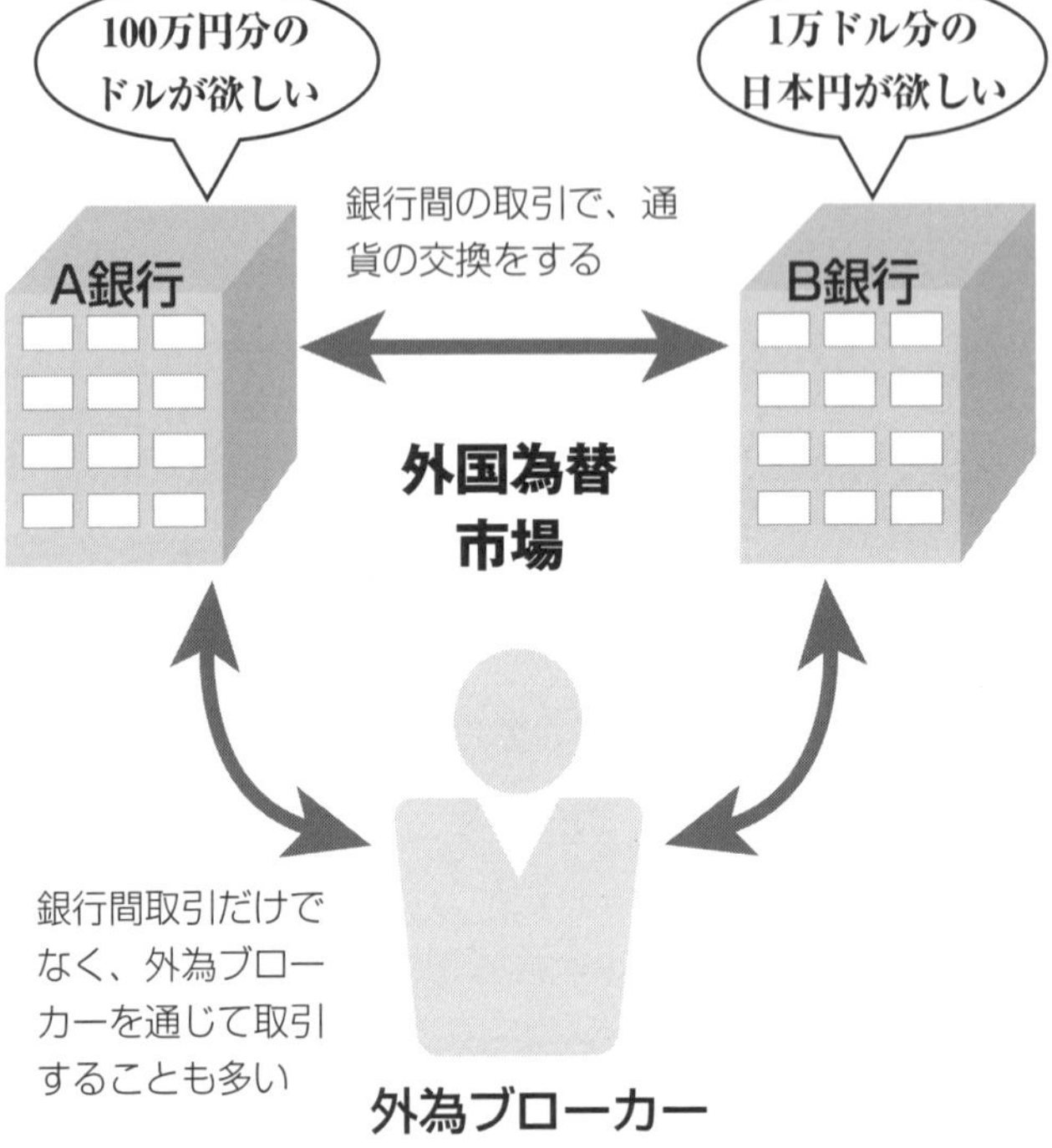

100万円分のドルが欲しい
1万ドル分の日本円が欲しい
銀行間の取引で、通貨の交換をする
A銀行
B銀行
外国為替市場
銀行間取引だけでなく、外為ブローカーを通じて取引することも多い
外為ブローカー

自国通貨と外国通貨を交換することを、外国為替（外為《がいため》）取引と呼ぶ。通貨の交換比率（レート）が決まるのが**外為市場**だ。

ニューヨーク、東京、ロンドンの市場は、世界でも有数の取引規模を誇る巨大な市場だ。取引は電話やオンラインでおこなわれる。

外為ブローカーと呼ばれる仲介業者が、売り手と買い手を引きあわせることで、取引が成立する。

世界中どこかでつねに市場が開いている。日本が夜でも24時間取引できる。

日本が夜中でも、ほかの国で市場は動いている

いまのうちにドルを売ってくれ
そうだな、元も少し

次々に高層ビルが建つ中国が、世界経済のエンジンだ
これからは中国元だ

為替市場

銀行間の市場と、企業・個人との市場がある

為替市場は2種類に分けられる。ひとつは**カスタマー市場**だ。金融機関が企業や個人と通貨を交換する市場のことだ。もうひとつは、**インターバンク市場**。銀行どうしが通貨の交換をおこなう。

銀行が次々と顧客の注文を受けると、手持ちの通貨が少なくなったり、余ったりする。その問題を解消するため、インターバンク市場で通貨を交換するのだ。

2つの市場ではレートが異なる。テレビなどで報道されるレートは、後者のレートである。

規制が緩和され、企業・個人も参加

市場に参加できるのは公認の銀行、為替ブローカー、日銀のみだった。1998年の規制緩和で商社や機関投資家も参加可能に。

インターバンク（銀行間）市場
銀行・外為ブローカーが通貨交換をする。通常、外為市場といえば、インターバンク市場を指す。

政府が介入することも
為替は政治や経済に影響するため、極端な変動には政府が介入して安定させる。

外国為替の中心は、インターバンク市場

カスタマー（対顧客）市場
金融機関が、企業や個人と取引する。海外旅行に行く場合の通貨交換などは、この市場でおこなう。

海外に行くとき、円を売ってドルなどを買う。通貨を交換しているのだ

インターバンク市場でレートが決まる

個人が外為取引をするカスタマー市場では、TTSとTTBという２つの為替レートを用いる。これらは、インターバンク市場のレートに、銀行が手数料を上乗せしたものだ。

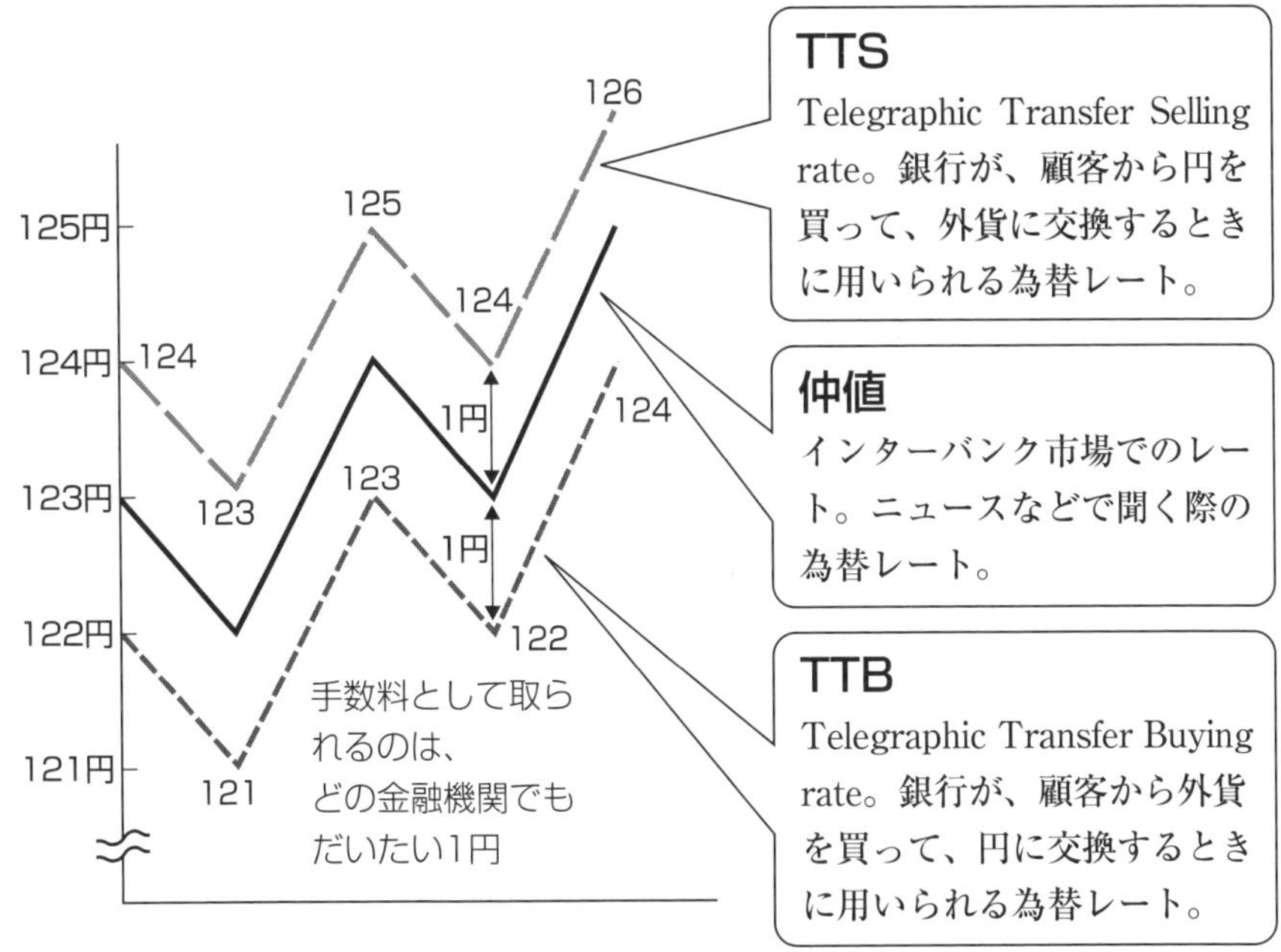
125円
124円
123円
122円
121円
126
125
124
124
123
124
123
1円
1円
122
121
124
手数料として取られるのは、どの金融機関でもだいたい1円
TTS
Telegraphic Transfer Selling rate。銀行が、顧客から円を買って、外貨に交換するときに用いられる為替レート。
仲値
インターバンク市場でのレート。ニュースなどで聞く際の為替レート。
TTB
Telegraphic Transfer Buying rate。銀行が、顧客から外貨を買って、円に交換するときに用いられる為替レート。

為替レート

刻々とレートが動く「変動相場制」が主流

日本も固定相場制を採用していた

終戦後から1973年まで、日本はドルとの固定相場制を採用。高度経済成長を遂げた後、変動相場制に移行した。

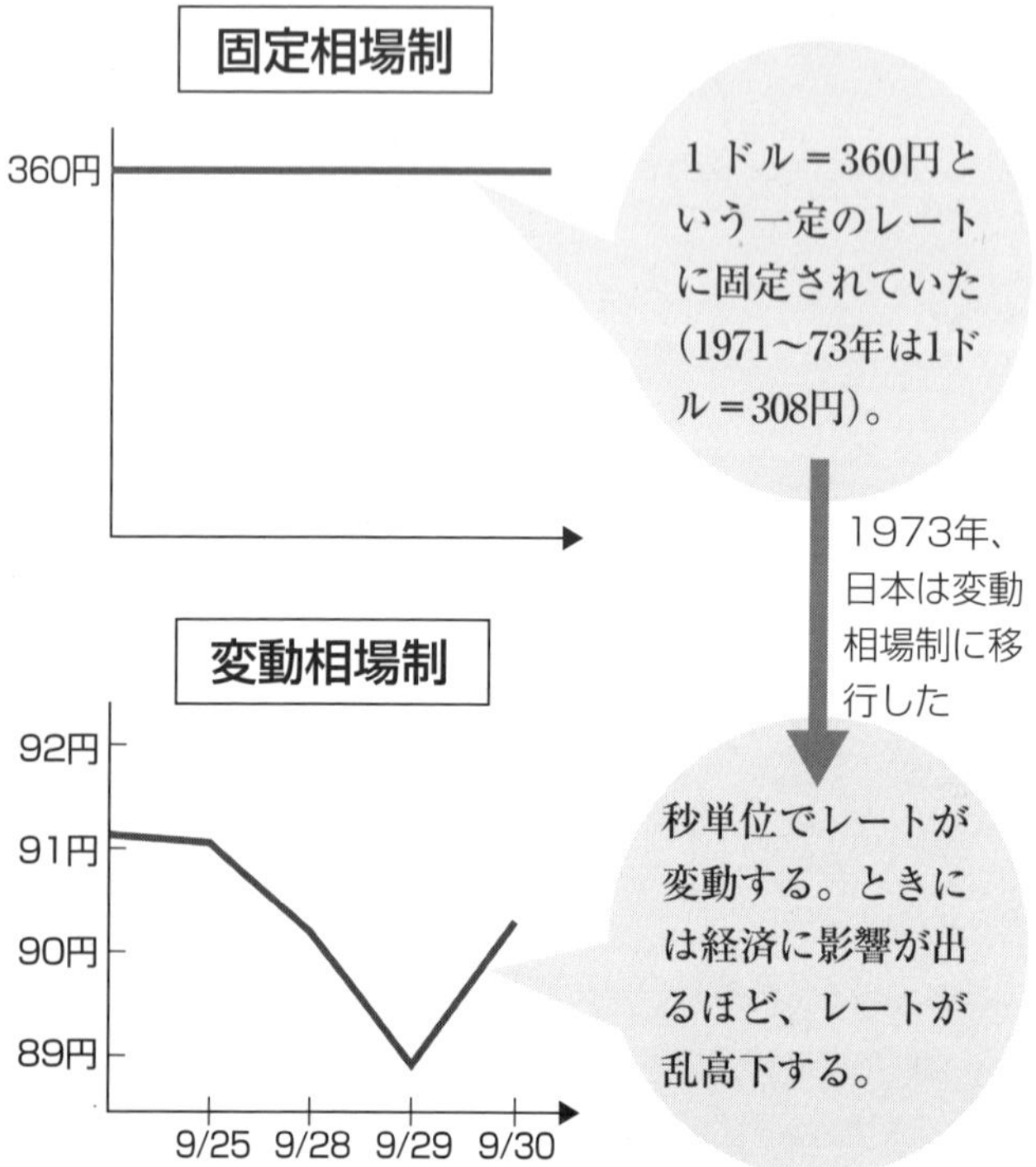
固定相場制
360円
1ドル＝360円という一定のレートに固定されていた（1971〜73年は1ドル＝308円）。
1973年、日本は変動相場制に移行した
変動相場制
92円
91円
90円
89円
9/25
9/28
9/29
9/30
秒単位でレートが変動する。ときには経済に影響が出るほど、レートが乱高下する。

通貨の交換比率である為替レートには、**固定相場制**と**変動相場制**がある。前者は、為替レートを固定、もしくはごく小幅に限定するしくみ。後者は、市場の需要と供給によってレートが変化する。

かつては日本も固定相場制を採用していたが、現在は変動相場制に移行している。世界の多くの国が、変動相場制を採用している。

固定相場制では、為替レートの急激な変化は起こらないものの、レートを維持するために、政府が市場に介入する必要がある。

通貨の需要と供給がレートを決める

変動相場制の為替レートは、さまざまな経済的要因によって決まる。そのなかでも代表的な4つの理論がある。

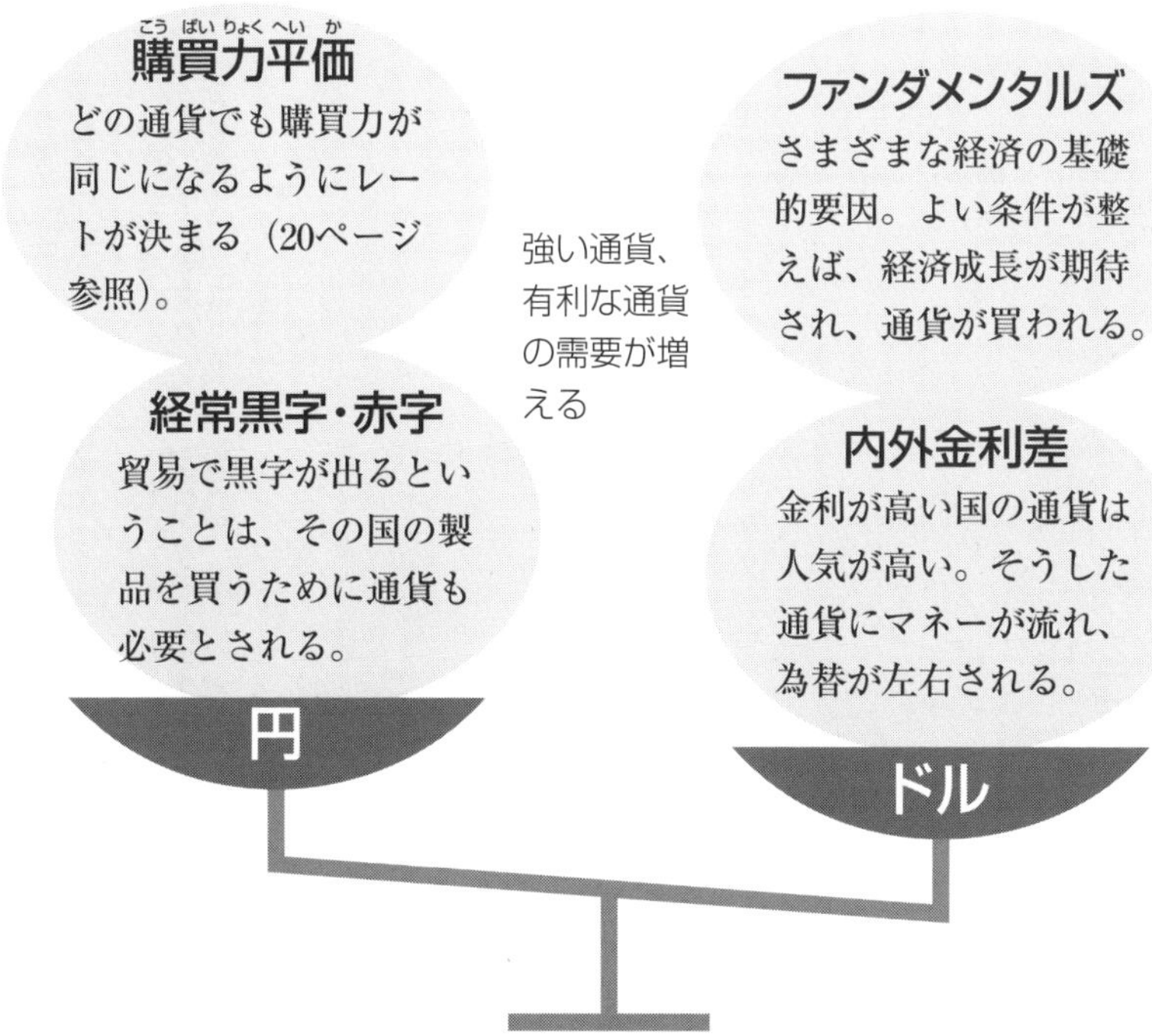

購《こう》買《ばい》力《りょく》平《へい》価《か》
どの通貨でも購買力が同じになるようにレートが決まる（20ページ参照）。
経常黒字・赤字
貿易で黒字が出るということは、その国の製品を買うために通貨も必要とされる。
強い通貨、有利な通貨の需要が増える
ファンダメンタルズ
さまざまな経済の基礎的要因。よい条件が整えば、経済成長が期待され、通貨が買われる。
内外金利差
金利が高い国の通貨は人気が高い。そうした通貨にマネーが流れ、為替が左右される。
円
ドル

人件費、材料費が安く抑えられる、ということもファンダメンタルズのひとつ
人件費が上がってきているとはいえ、中国では日本よりはるかに安く人材を得ることができるんだ

THE UNITED STATES OF AMERICA
ONE DOLLAR

購買力平価

マクドナルド、スターバックスから為替レートを読みとく

購買力平価とは、一《いち》物《ぶつ》一《いっ》価《か》の法則に基づく理論。原則的に、同じモノであれば、その価格は国内外どこでも同じになる。

マクドナルドやスターバックスは世界中に出店している。そのため、どこの国でも同じ商品を手に入れることができる。その価格を比較すれば、為替レートを考えるうえで参考になる。

日本でビッグマックが２９０円で売られているとき、アメリカで３・54ドルなら、為替レートは１ドル＝約81円と考えられる。

知っておきたい基礎知識

一物一価の法則

同じ製品、同じモノの価格は、当初差異があっても、いずれ同一になるという法則。

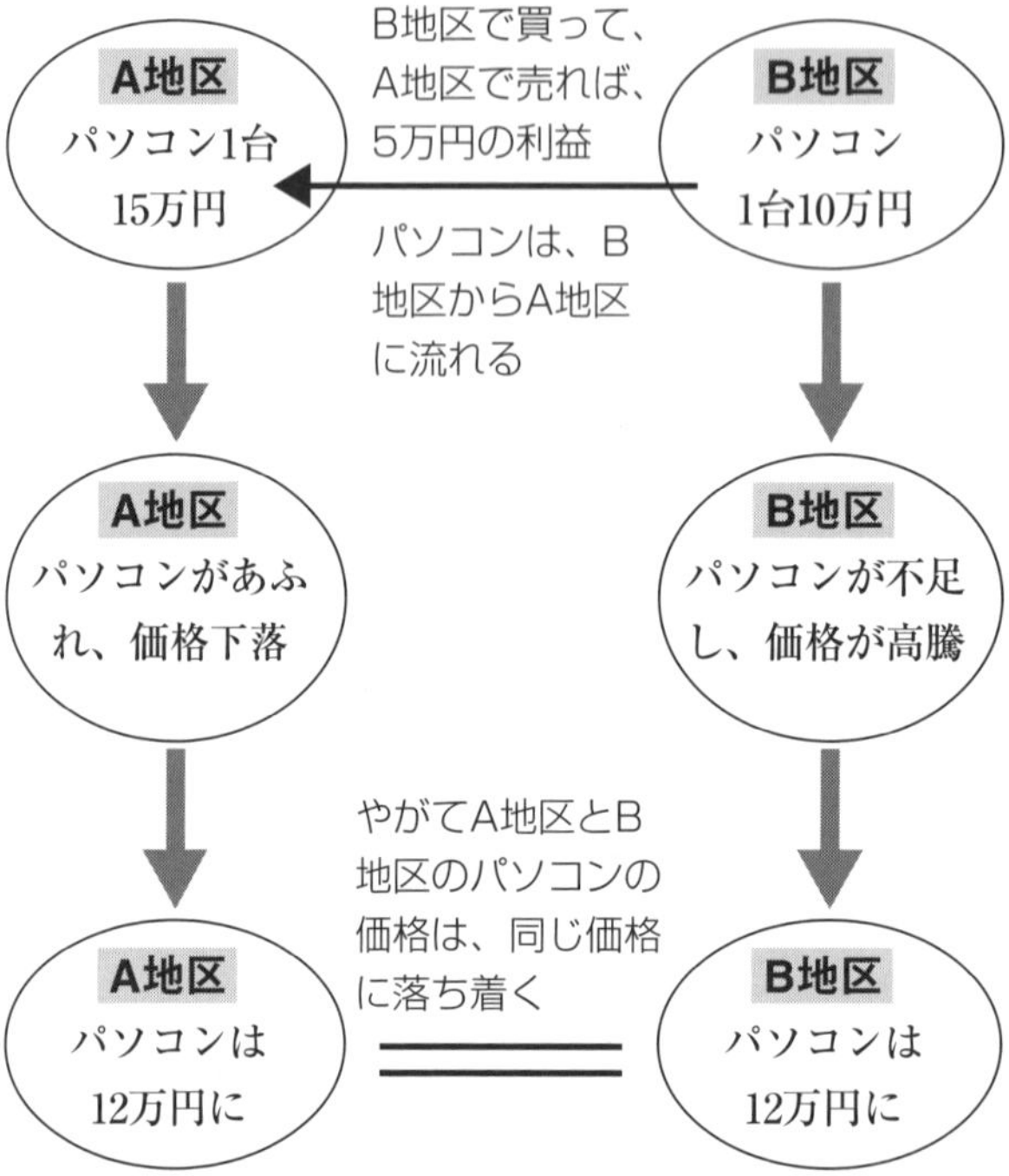
A地区
パソコン1台
15万円
B地区で買って、
A地区で売れば、
5万円の利益
B地区
パソコン
1台10万円
パソコンは、B
地区からA地区
に流れる
A地区
パソコンがあふ
れ、価格下落
B地区
パソコンが不足
し、価格が高騰
やがてA地区とB
地区のパソコンの
価格は、同じ価格
に落ち着く
A地区
パソコンは
12万円に
B地区
パソコンは
12万円に

レートの動きを予想することもできる

1ドル＝約81円という購買力平価によるレートは、実際のレート（1ドル＝89円）からやがて1ドル＝85円になるだろう、などと予測の材料にもなる。

	現地通貨でのビッグマックの価格	購買力平価による為替レート	実際の為替レート
アメリカ（ドル）	3.54ドル	−	−
ブラジル（レアル）	8.02レアル	1ドル＝2.27レアル	1ドル＝2.32レアル
オーストラリア（オーストラリアドル）	3.45オーストラリアドル	＝0.97オーストラリアドル	＝1.57オーストラリアドル
イギリス（ポンド）	2.29ポンド	＝0.65ポンド	＝1.44ポンド
EU（ユーロ）	3.42ユーロ	＝0.97ユーロ	＝1.28ユーロ
ハンガリー（フォリント）	680フォリント	＝192.09フォリント	＝233フォリント
ノルウェー（クローネ）	40クローネ	＝11.3クローネ	＝6.91クローネ
エジプト（エジプトポンド）	13エジプトポンド	＝3.67エジプトポンド	＝5.57エジプトポンド
日本（円）	290円	＝81.92円	＝89.8円
中国（元）	12.5元	＝3.53元	＝6.84元
マレーシア（リンギット）	5.5リンギット	＝1.55リンギット	＝3.61リンギット

（出所:『The Economist』ホームページ　2009年2月4日のデータ）

HOTDOG
このホットドック、日本では150円ぐらいかな

為替差益・差損

円高が進むと、輸出業者が損をする

変動相場制における為替レートは、**市場の需要と供給**で決まる。

ドルで資産を持ちたい人は、円を売りドルを買う。こうした人が増えると、ドルへの需要が増え、円安ドル高になる。円を欲しがる人が増えれば、円高ドル安になる。

円高になると、輸出業者は頭を抱える。１ドル＝１００円から80円になると、儲けが1ドルあたり20円も減少してしまう。逆に、輸入業者は20円安く仕入れられるので得をする。円安になると、この図式が逆転することになる。

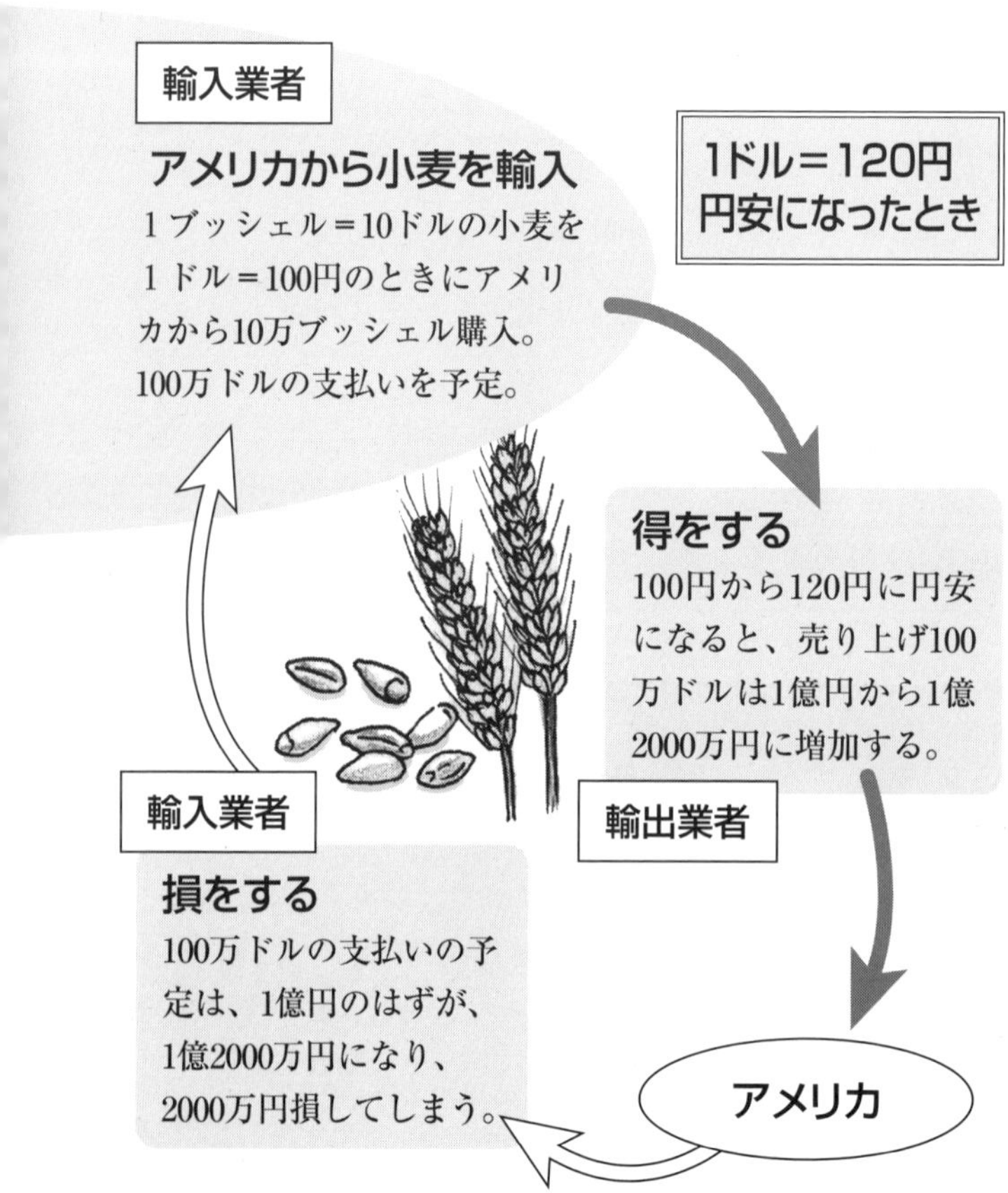

輸入業者
アメリカから小麦を輸入
1ブッシェル＝10ドルの小麦を1ドル＝100円のときにアメリカから10万ブッシェル購入。100万ドルの支払いを予定。
1ドル＝120円
円安になったとき
得をする
100円から120円に円安になると、売り上げ100万ドルは1億円から1億2000万円に増加する。
輸出業者
輸入業者
損をする
100万ドルの支払いの予定は、1億円のはずが、1億2000万円になり、2000万円損してしまう。
アメリカ

数千万ドル分の車です。支払いの時期によっては、御社は損するかもしれませんね

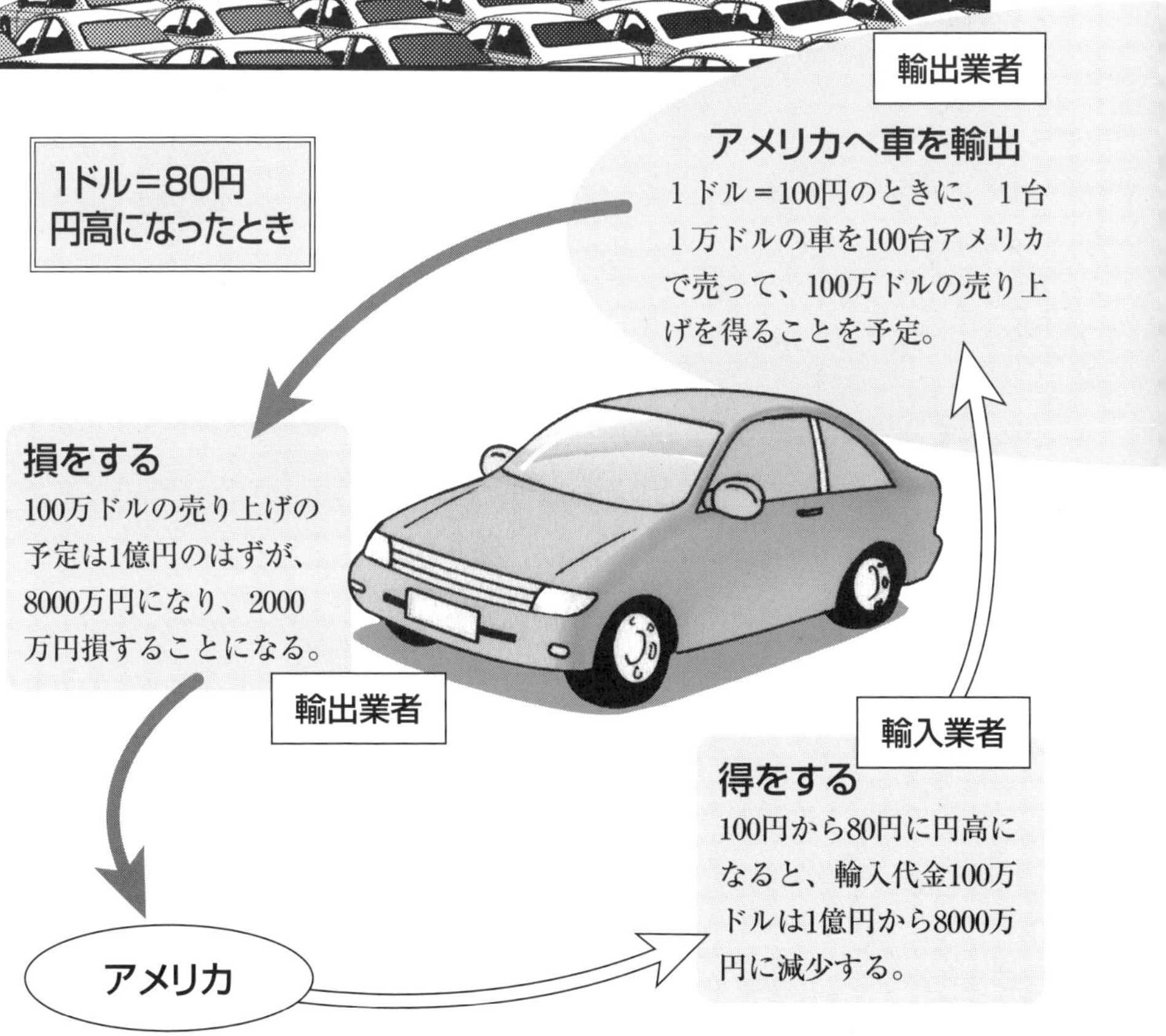
輸出業者
アメリカへ車を輸出
1ドル＝100円のときに、1台1万ドルの車を100台アメリカで売って、100万ドルの売り上げを得ることを予定。
1ドル＝80円
円高になったとき
損をする
100万ドルの売り上げの予定は1億円のはずが、8000万円になり、2000万円損することになる。
輸出業者
アメリカ
輸入業者
得をする
100円から80円に円高になると、輸入代金100万ドルは1億円から8000万円に減少する。

ヘッジファンド

投資のプロ集団がハイリターンを狙う

少数の富裕層から莫大な資金を集め、ハイリスクな金融商品に投資し、ハイリターンを目指す投資集団を**ヘッジファンド**と呼ぶ。投資責任者は投資のプロ中のプロだ。

　彼らはリスキーなデリバティブ取引（第3章参照）を積極的に手がけることで、莫大な利益を生みだす。しかし、ハイリスク運用に失敗して破綻をするケースも。

　大規模なヘッジファンドは、その破綻が世界中の経済に打撃を与える可能性もあり、規制を強化すべきという声も高まっている。

金融市場の主要プレーヤー

大金を動かすヘッジファンドは、市場の主要プレーヤー。運用スタイルによって種類がある。

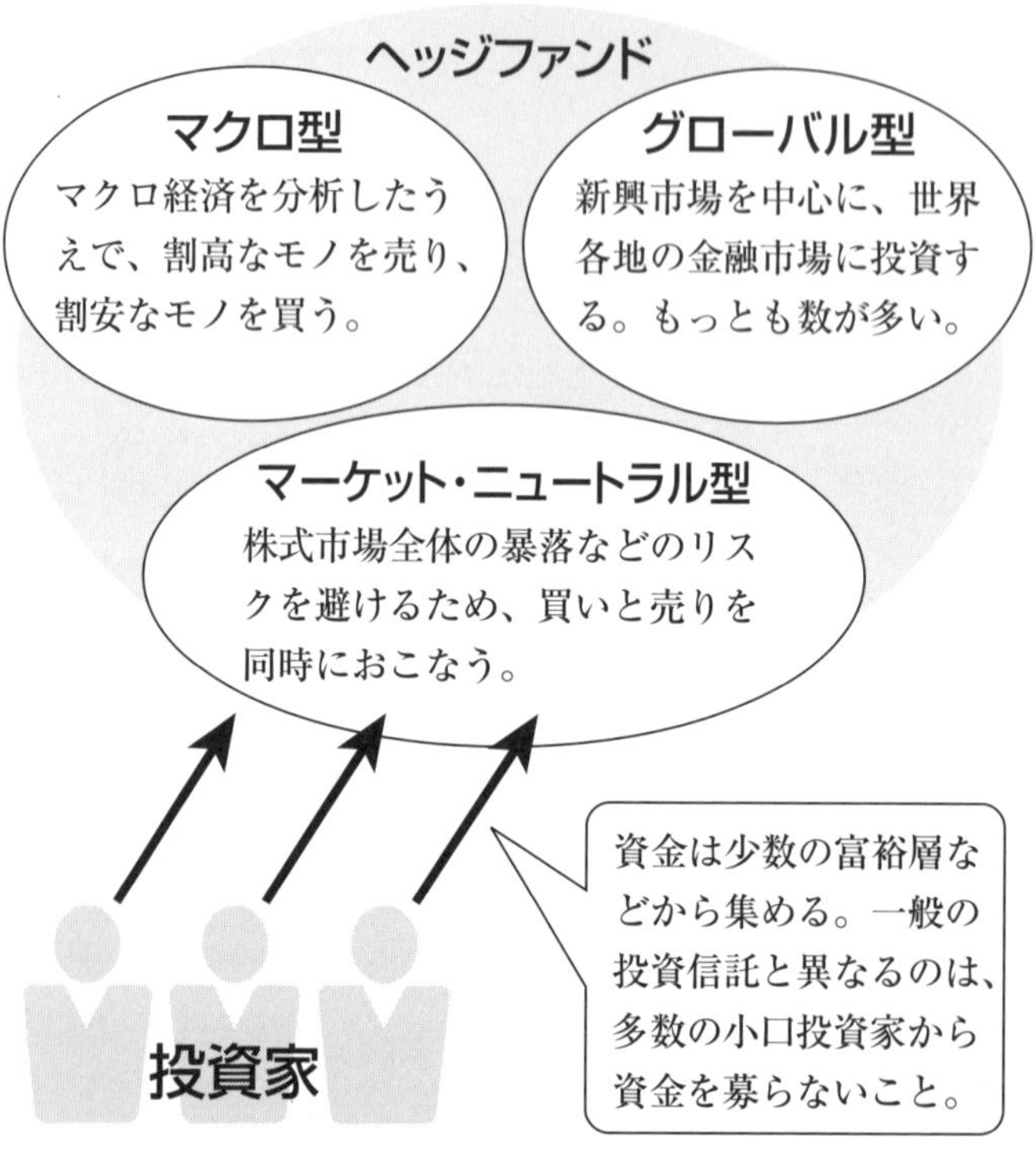
ヘッジファンド
マクロ型
マクロ経済を分析したうえで、割高なモノを売り、割安なモノを買う。
グローバル型
新興市場を中心に、世界各地の金融市場に投資する。もっとも数が多い。
マーケット・ニュートラル型
株式市場全体の暴落などのリスクを避けるため、買いと売りを同時におこなう。
資金は少数の富裕層などから集める。一般の投資信託と異なるのは、多数の小口投資家から資金を募らないこと。
投資家

ヘッジファンドでの投資はひと口が高額。一般の人々には手がだせない。ハイリスクにのまれ、巨額の損失をだすこともめずらしくない
経営破綻だ……

MINI COLUMN

融資･投資･投機の違い

融資とは、金融機関などが企業に資金を貸し、業績に関係なく、見返りとして利息を受け取ること。

投資とは、株式・不動産・商品などの購入を通じて資金の運用をすること。利息は受け取れないが、業績がよければそれらの値上がり益が期待でき、配当などを受け取れる可能性がある。

投機とは、比較的短期間に売買益を得ることを目的とし、ハイリスクな運用をすることを指す。

世界一の金融大家ロスチャイルド家

ヨーロッパ全域で、金融業で活躍した。慈善事業にも力を入れた金融名門一家。

ニュース THE 23
本日、世界歴史長者番付が発表されました

1位はマイクロソフト社の、ビル・ゲイツじゃないかしら。経済誌『フォーブス』アメリカ版の長者番付に、何度も登場していたわよ。

いや、歴史的に見ればロスチャイルド家じゃないかな。ロスチャイルド商会は、マイヤー・アムシェル・ロスチャイルドが、1764年にドイツで設立したのが起源だ。古銭商《こせんしょう》、貸金業《かしきんぎょう》、両替業を営んでいたんだよ。まだ彼が20歳のときの話だ。

たしか、5人の息子たちがヨーロッパ全土で活躍したのよね。ドイツやオーストリア、イギリス、イタリアにフランス。兄弟の結束が固かったのね。

そうだ。とくにイギリスのロンドンに渡った三男のネイサン・マイヤーの活躍はすごかった。金融王と呼ばれて、莫大な資産を築いたんだ。

ネイサンの活躍で巨万の富を築いたんだ

ロスチャイルド家の活躍

5人兄弟のなかでも、イギリスに渡ったネイサンの活躍は目覚ましく、インフラの整わない時代に優れた情報網を駆使し、英仏戦争を機に巨富を築いた。現代では、株価操作で法に触れる可能性もある。

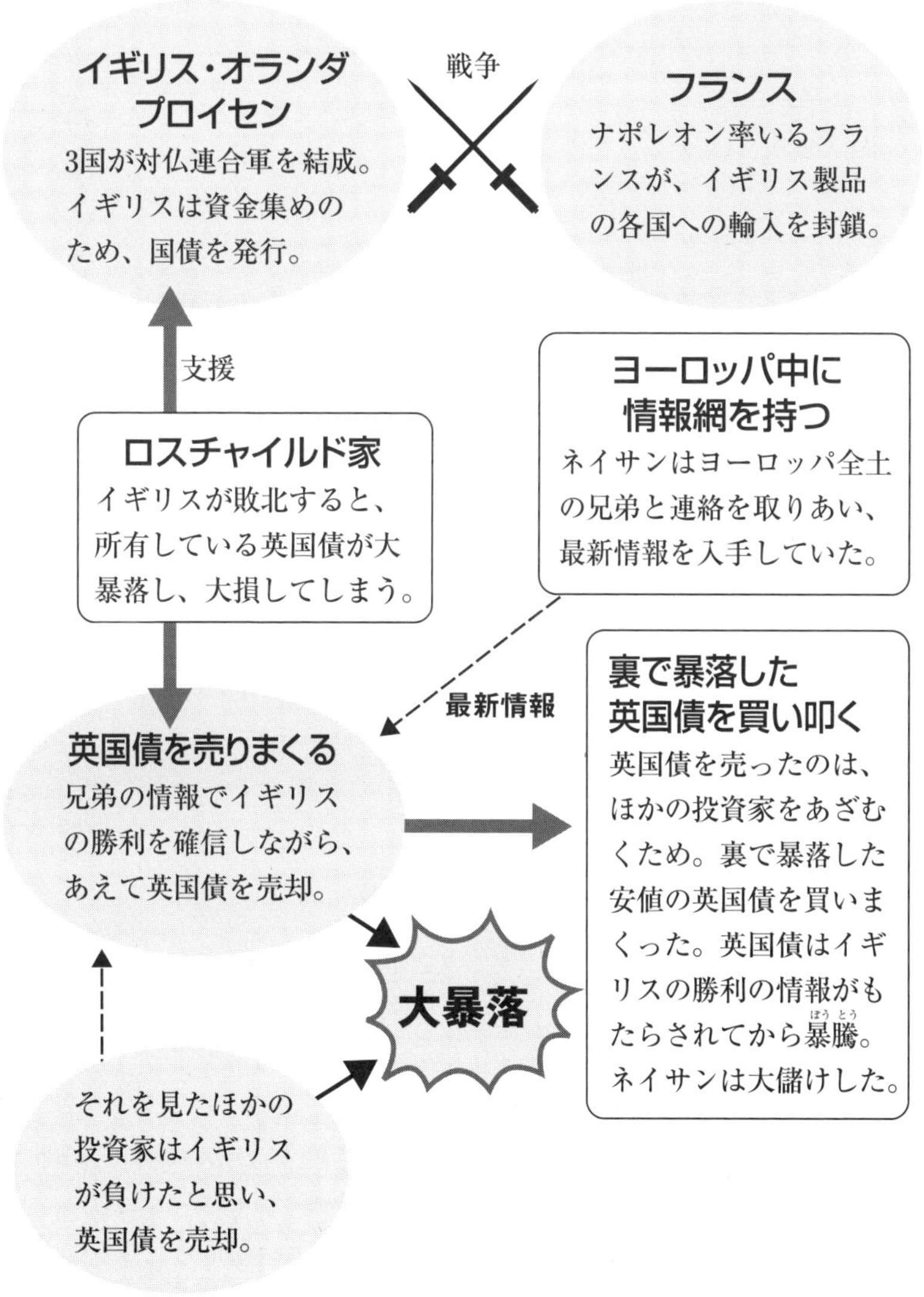

イギリス・オランダ プロイセン
3国が対仏連合軍を結成。イギリスは資金集めのため、国債を発行。

戦争

フランス
ナポレオン率いるフランスが、イギリス製品の各国への輸入を封鎖。

支援

ロスチャイルド家
イギリスが敗北すると、所有している英国債が大暴落し、大損してしまう。

ヨーロッパ中に情報網を持つ
ネイサンはヨーロッパ全土の兄弟と連絡を取りあい、最新情報を入手していた。

最新情報

英国債を売りまくる
兄弟の情報でイギリスの勝利を確信しながら、あえて英国債を売却。

裏で暴落した英国債を買い叩く
英国債を売ったのは、ほかの投資家をあざむくため。裏で暴落した安値の英国債を買いまくった。英国債はイギリスの勝利の情報がもたらされてから暴騰《ぼうとう》。ネイサンは大儲けした。

大暴落

それを見たほかの投資家はイギリスが負けたと思い、英国債を売却。

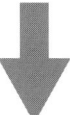

キャリートレード

金利が低い通貨で資金を調達する

金利の高低差を利用する

世界的に見ても金利が低い日本円は、資金調達に好都合なため、キャリートレードの対象になりやすい。

日本

海外

円で資金調達
他国の通貨に比べて金利が低い。借金をしても、返済が比較的ラクな円を借り入れて、資金を調達する。

→

日本では、ゼロ金利政策と呼ばれるほどの低金利が続く

金利が高い外国で投資
円を売り、オーストラリアドルやニュージーランドドルといった高金利通貨を買う。金利差があり利益を得られる。

↓

外国で儲けをだす
外貨を運用して高い金利を享《きょう》受《じゅ》し、利益を得られたら、その通貨を売って円を買い戻す。

←

オーストラリアドルやニュージーランドドルは高金利で有名

円で返済する
買い戻した円で、借入金を返済。手元に残った差額が利益となる。金利差があるほど、大きな利益が期待できる。

金利が低い通貨で資金を調達し、金利が高い通貨に投資する手法を**キャリートレード**と呼ぶ。日本の円は、超低金利が続いているため、円で資金を調達する投資家が多い。

日本の主婦層に投資ブームが起こり、円を売り金利が高い通貨を買う動きが目立った。そのため、こうした主婦は欧米で「ミセス・ワタナベ」とあだ名される。

キャリートレードは、やがて資金を調達した通貨へ変換する必要があることから、大幅な為替変動を招くリスクの高さが指摘される。

マネーは金利の高いところへ流れる

だれもが資金を増やしたいと考える。そのため、マネーは金利の低い国から高い国へ、よりよい条件を探して移動する。

高金利の国

預けておくだけでどんどん資金が増える。世界中の投資マネーが集まる。

マネーが逃げると、その国の通貨は弱くなる。低金利の日本であれば、円が売られ円安になる。

たとえば、アメリカにマネーが集まると、ドルの需要が増える。ドルが買われドル高に。

自国通貨にうまみがないので、高利回りが得られる高金利通貨に自然とマネーが集まっていく。

低金利の国

預けていてもほとんどお金が増えない。国外にマネーが逃げていく。

おたくの奥さんも投資をやっているんですか

少額でできる 外為の個人取引が解禁された

FX取引の特徴

FX（Foreign Exchange）はコストも元手も少額で、大きな取引ができ、加速度的に普及した。

スワップポイントがつく

高金利通貨を買うと、売った通貨との金利差（スワップポイント）が、収益となる。

少額で取引をはじめられる

証拠金１万円からOKというFX会社も。それを元手に、何倍もの資金を動かして取引することができる。

「売り」から取引できる

通常、手持ちの通貨がなければ売れない。しかしFX取引では、売りからも注文をだせ、どんな相場でも取引可能。

取引手数料が安い

外貨預金や外国株を購入するのに比べて手数料が安い。手軽に外貨資産を持てる。

いつでも取引できる

為替市場は24時間動いている。いつでも取引できる。日中、相場を見られない人にも向いている。

個人投資家に人気の**ＦＸ取引**とは、外国《がいこく》為替《かわせ》証拠金《しょうこきん》取引《とりひき》の略。

異なる２通貨を売買して利益を上げる投資商品で、１９９８年の外為法改正以降に普及しはじめた。１００円で１ドルを買い、１ドルが１２０円になったときにドルを売れば、20円の利益になる。

最大の魅力は、少額で取引可能な点。少額の証拠金（担保）を預ければ、それを元手に何倍もの金額で取引できる。リスクも当然大きくなるが、うまくいけば短期間で大きな収益をだすこともできる。

損失をだしすぎた
証拠金を差し引いた分を追加で払わねば

損失も数十倍になりうる

少額の証拠金で何倍ものお金を動かす（＝レバレッジをかける）と、勝てば大きく儲かるが、負けたときの損失も大きくなる。リスクは非常に高い。

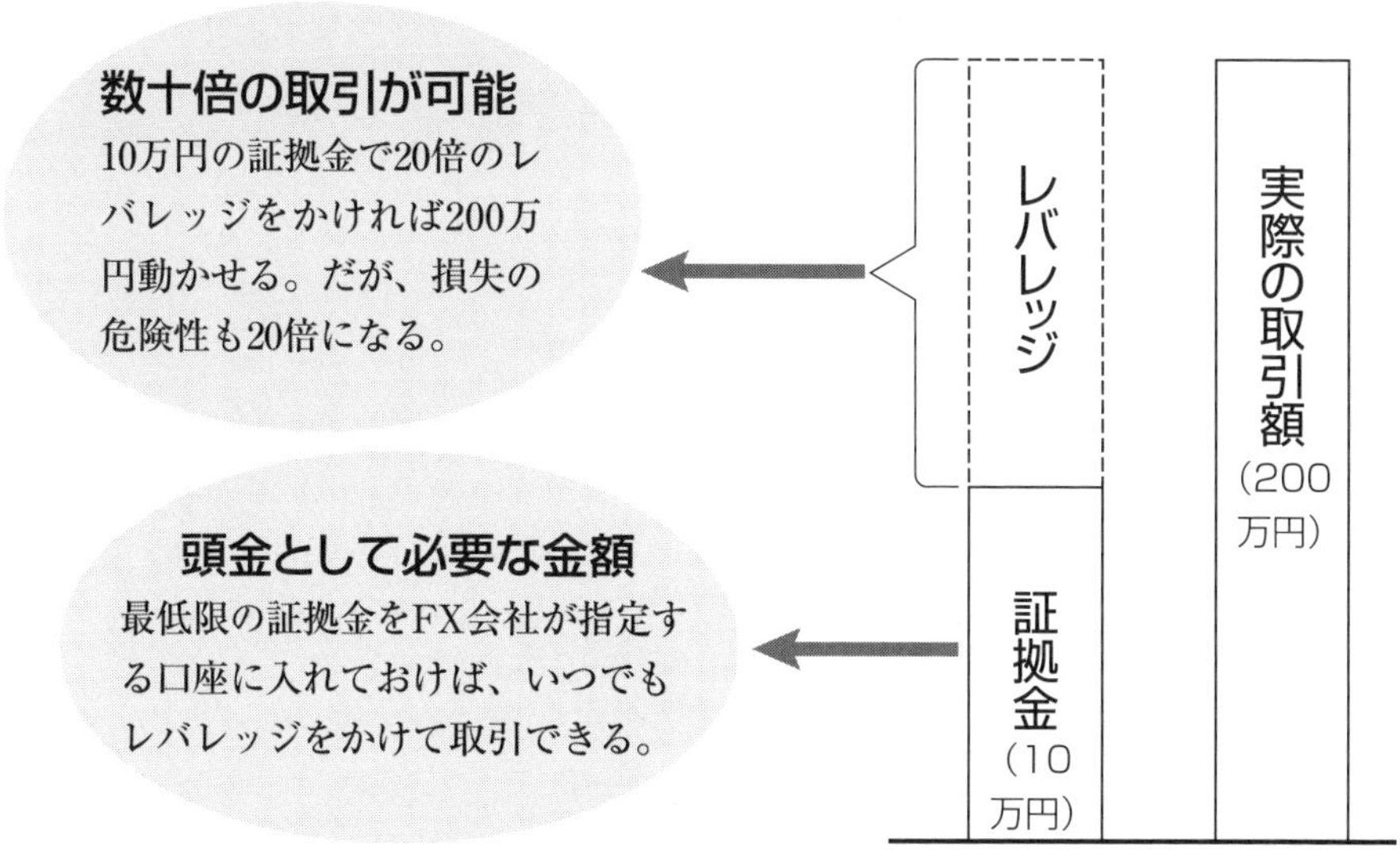

数十倍の取引が可能
10万円の証拠金で20倍のレバレッジをかければ200万円動かせる。だが、損失の危険性も20倍になる。
頭金として必要な金額
最低限の証拠金をFX会社が指定する口座に入れておけば、いつでもレバレッジをかけて取引できる。
レバレッジ
実際の取引額（200万円）
証拠金（10万円）

COLUMN

ジョージ・ソロス

1930年～（アメリカ）

―イングランド銀行を倒産させた男―

クォンタム・ファンドを設立、巨万の富を築く

ヘッジファンド界の大御所《おおごしょ》であるジョージ・ソロスは、１９７０～90年代にかけて第一線で活躍したヘッジファンドのファンドマネジャーだ。彼が設立したクォンタム・ファンドは、デリバティブ取引を駆使《くし》することで、１００万円を10年で1億円にするという驚異的な成績を誇り、いまや伝説となっている。

ハンガリー出身のユダヤ人であったため、少年時代にはナチス・ドイツの迫害という憂《う》き目を見たが、戦後はロンドンに留学する。そこで経済学を学び、やがてニューヨークに渡り、ウォール街のアナリストとなることで、才能を開花させた。

１００億ドル以上のポンドを空売りする

ソロスの名をさらに広めたのが、92年のポンド危機である。当時イギリスは不況であり、為替レートを維持するのは難しいとソロスは考えた。

その一方で、ドイツでは高金利政策がとられ、高利回りが見込めた。ソロスは１００億ドル分ものポンドを空売りし、60億ドル分のマルクを買ったのである。

大量に売られたポンドは、価値が暴落する。慌てたイギリスのイングランド銀行はポンドを買い支えたが、ソロスはさらに空売りし、ポンドは大暴落。結果、ソロスは15億ドルの利益を獲得。「イングランド銀行を倒産させた男」の異名をとったのだ。

第2章

ネットワークが金融のあり方と決済方法を変えた

——ITと金融工学——

ITの発展は、金融に大きな影響を及ぼした。ネットワークを介して取引が容易になり、キャッシュレスな取引、あるいは国境を越えた取引を可能にしたのだ。

新規参入

規制緩和で、異業種からの参入が相次いだ

かつて日本の金融業界では、簡単に銀行や証券会社を設立して営業することはできなかった。**新規参入**がない状況では、金融機関どうしの競争が起こらず、新サービスの開発が遅れることにもなった。

そこで実施されたのが、90年代後半からはじまった**金融ビッグバン**だ（１４８ページ参照）。

異業種からも金融市場に参入できるよう規制を緩和。銀行業界にメーカーや商社といった金融業界以外の企業が参入。金融自由化の幕開けとなった。

たくさんの新規参入企業がある

金融ビッグバンによって、金融業界は新規参入基準が緩和されて、数多くの異業種企業が参入してきた。

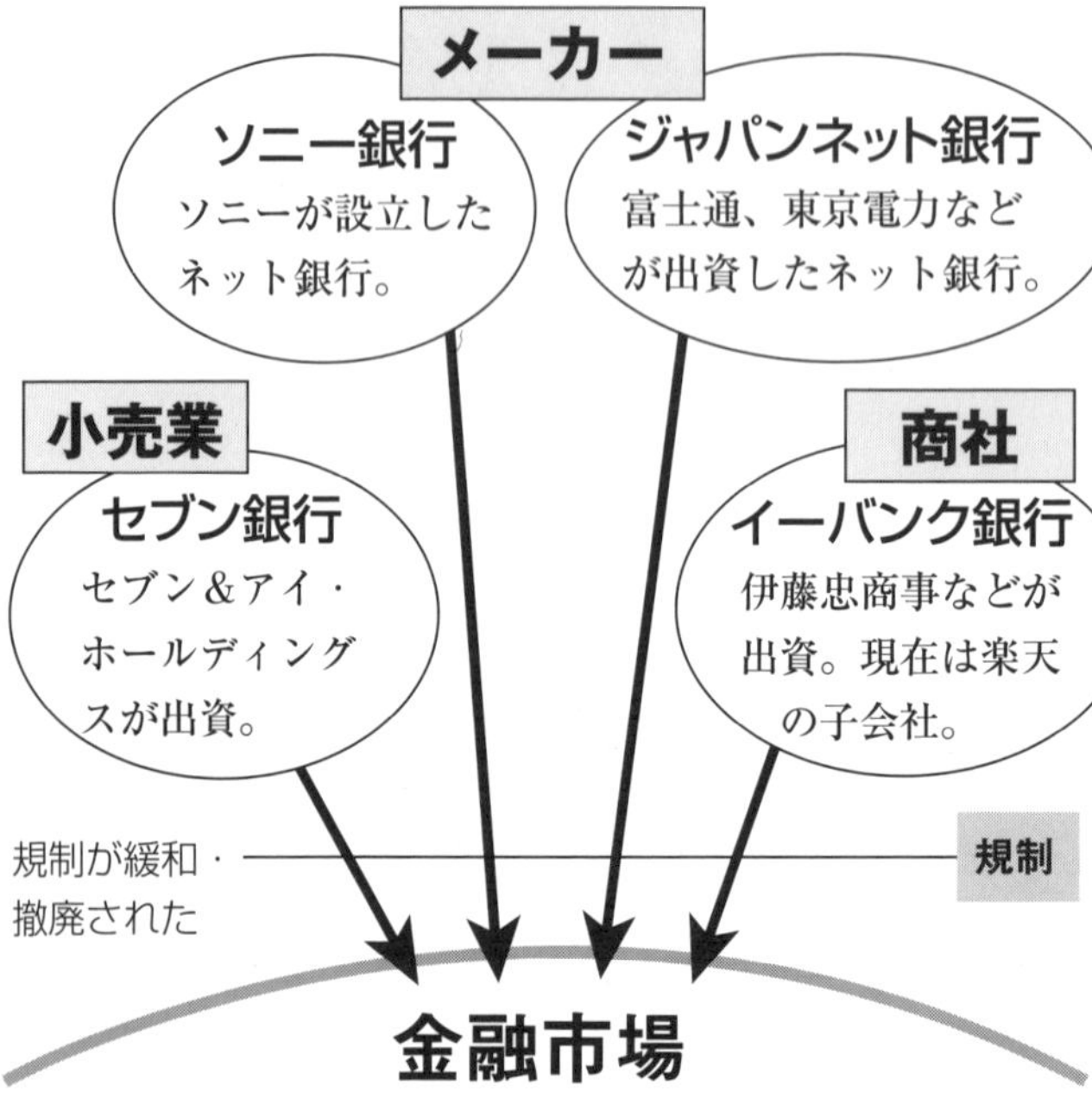
メーカー
ソニー銀行
ソニーが設立したネット銀行。
ジャパンネット銀行
富士通、東京電力などが出資したネット銀行。
小売業
セブン銀行
セブン&アイ・ホールディングスが出資。
商社
イーバンク銀行
伊藤忠商事などが出資。現在は楽天の子会社。
規制が緩和・撤廃された
規制
金融市場

異業種の市場参入によって、日本の金融市場には新たな競争が生まれ、金融サービスが向上した。

これが原子炉か
やっと規制が撤廃されたからな
ええ、我々にとっては事業拡大のチャンスです
電力業界に殴り込みましょう

いままでにない運営方法が広がった

銀行といえば、支店などの店舗を増やして拡大成長するものと決まっていたが、インターネット専業銀行などの登場で銀行経営のあり方が変化した。

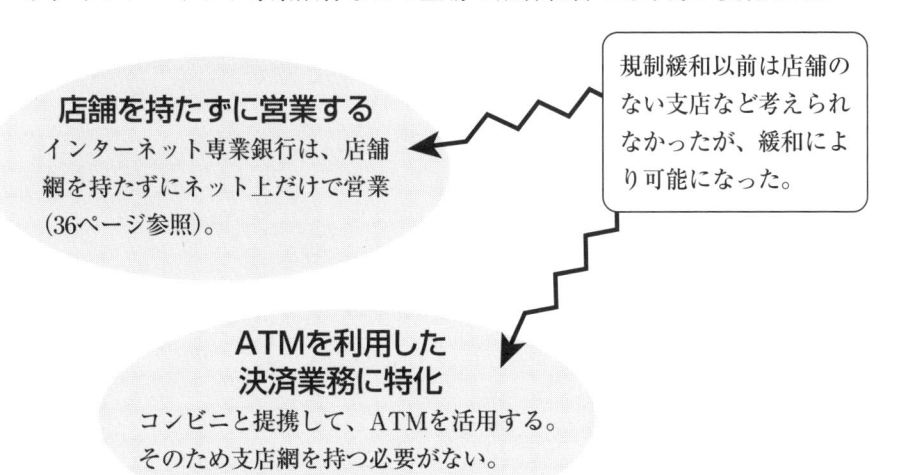

規制緩和以前は店舗のない支店など考えられなかったが、緩和により可能になった。

店舗を持たずに営業する

インターネット専業銀行は、店舗網を持たずにネット上だけで営業（36ページ参照）。

ATMを利用した決済業務に特化

コンビニと提携して、ATMを活用する。そのため支店網を持つ必要がない。

インターネット銀行

ITを利用すればコストを抑えられる

抑えたコストで良質のサービス

インターネットを活用して残高照会や振込、振替などをおこなうネット銀行は、新たな銀行のスタイルとして発展した。

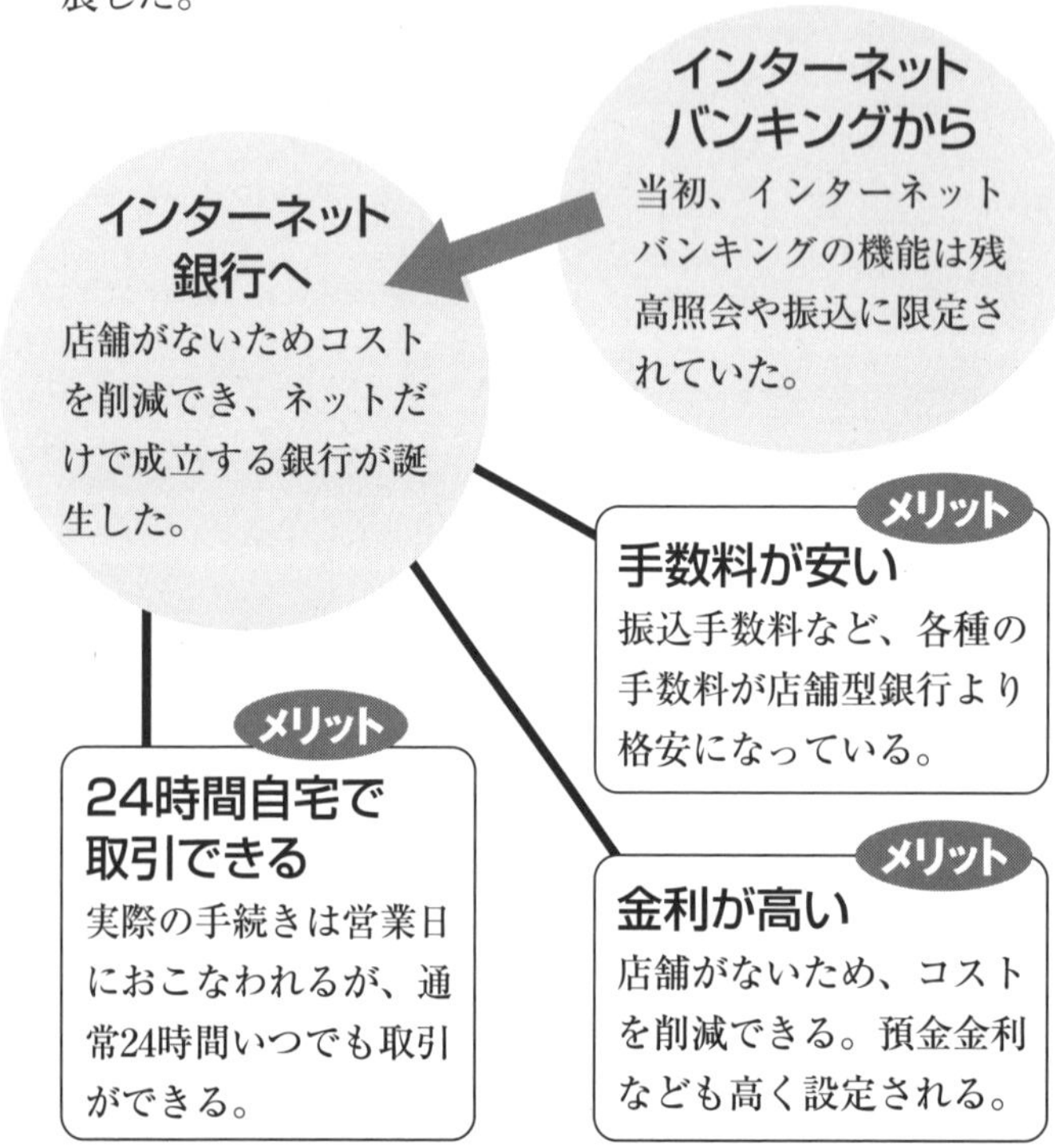

インターネットバンキングから
当初、インターネットバンキングの機能は残高照会や振込に限定されていた。
インターネット銀行へ
店舗がないためコストを削減でき、ネットだけで成立する銀行が誕生した。
メリット
手数料が安い
振込手数料など、各種の手数料が店舗型銀行より格安になっている。
メリット
24時間自宅で取引できる
実際の手続きは営業日におこなわれるが、通常24時間いつでも取引ができる。
メリット
金利が高い
店舗がないため、コストを削減できる。預金金利なども高く設定される。

インターネットを使って、さまざまな金融サービスを提供するシステムを、**インターネットバンキング**という。現在、多くの金融機関がこのシステムを導入している。

インターネット専業銀行になると、提供するサービスは多岐にわたる。オンラインでの残高照会や入出金明細照会、振込、定期預金作成、ローン返済、住所変更など、24時間いつでも利用できる。

店舗の家賃や余分な人件費がかからないため、各種手数料が安く、預金金利が高いのが特徴だ。

振込の確認なども、ネットを使えば、リアルタイムで瞬時に確認できる。

インターネット証券

手数料を10分の1にして顧客を獲得する

金融ビッグバンによる変化のひとつに、**インターネット証券**の登場がある。

証券会社は、株式の売買取引などを取り次いで手数料を取る。オンライントレードを専門に扱う証券会社は、大半が店舗を持たない。また、株式の売買手数料自由化もあり、手数料は10分の1にまで下落した。

また、プロ投資家が使う市場分析ツールやリアルタイムの株価表示などのサービスもあり、インターネット証券は一気に普及した。

サービスが充実し、メリットも多い

最大のメリットは取引手数料の安さだが、リアルタイム情報が入手できる、分析ツールが使えるといった利点も人気だ。

メリット

口座開設が手軽
面倒だった口座開設手続きが、オンラインでも申し込めるように。

取引手数料が安い
店舗で直接注文するのと比べ、オンライン注文は格安。

サービス

投資情報が受け取れる
株価の動きのほか、豊富な投資情報がリアルタイムで表示される。

金融商品が豊富
日本株のほか、外国株や投資信託、FXなど、多くの商品を取り扱う。

市場分析ツールが使える
チャート表示や市場動向分析など、市場分析に役立つツールが充実。

その株は売りにだしてくれないかいますぐだ！
あいつ、会社のパソコンでこんなことをやっていたのか

いくら手軽でも、就業時間中に株取引はまずいんじゃないのか

電子マネー

Suicaやedyの普及で キャッシュレスが現実に

金銭の価値（金額）データをICチップに書き込んで決済に利用するシステムを**電子マネー**と呼ぶ。

事前にお金をチャージするプリペイド式と、使った後でクレジット決済するポストペイ式がある。

種類が豊富。そのため、どのカードがどこで使えるか、わかりにくい面もある。

紛失した場合、ポストペイ式ならクレジットカードのように利用を止められるが、プリペイド式は手の打ちようがない場合が多く、セキュリティ問題も指摘される。

電子マネーの支払いのしくみ

プリペイド式電子マネーは、顧客と店舗のあいだに発行元が存在し、便利なキャッシュレスのシステムをつくり上げている。

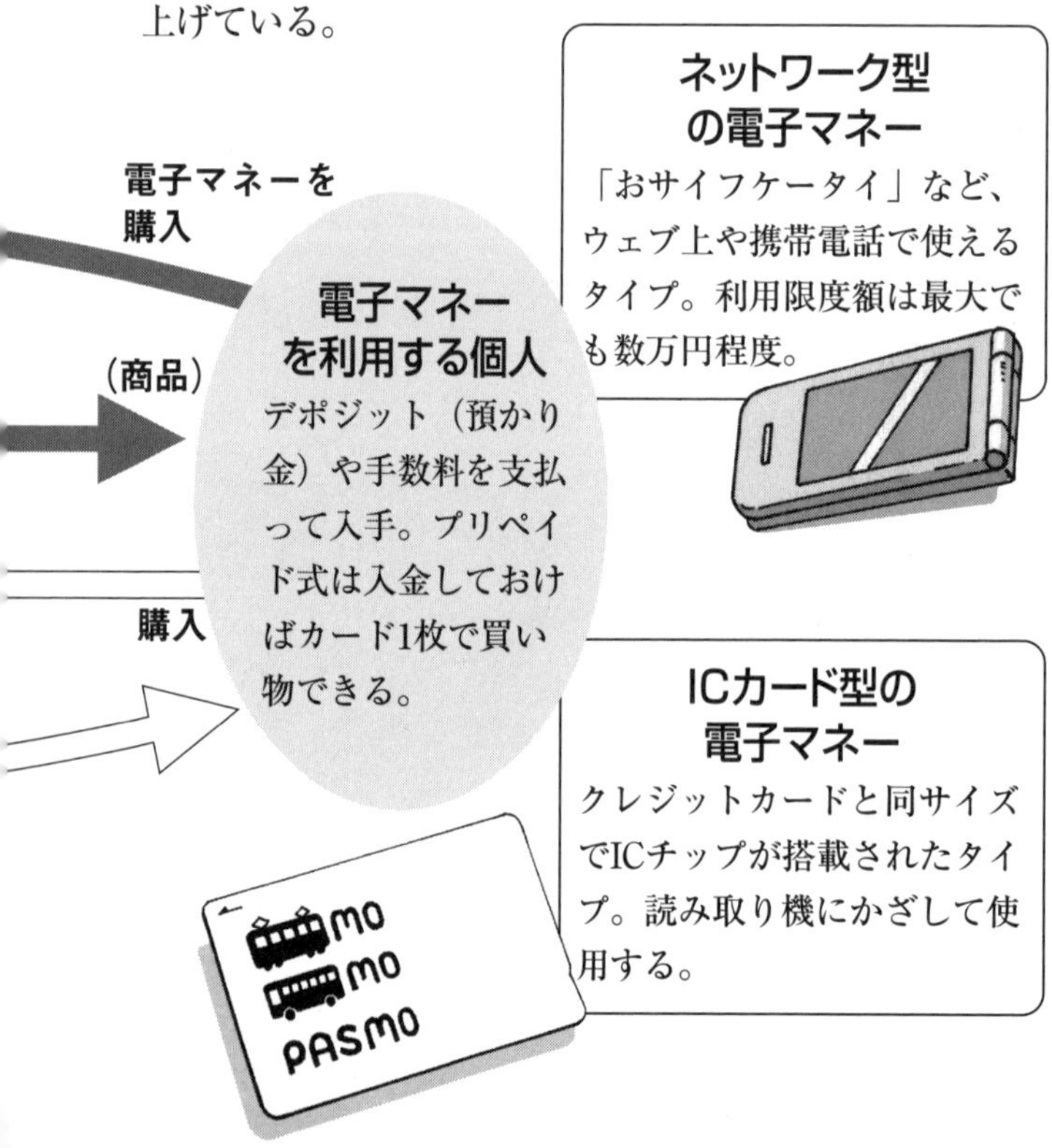

ネットワーク型の電子マネー
「おサイフケータイ」など、ウェブ上や携帯電話で使えるタイプ。利用限度額は最大でも数万円程度。
電子マネーを購入
電子マネーを利用する個人
デポジット（預かり金）や手数料を支払って入手。プリペイド式は入金しておけばカード1枚で買い物できる。
（商品）
購入
ICカード型の電子マネー
クレジットカードと同サイズでICチップが搭載されたタイプ。読み取り機にかざして使用する。
PASMO

ビジネスで動くマネーは大金だ
交渉などのビジネスシーンに
電子マネーが導入されれば、
支払いもよりスムーズになる

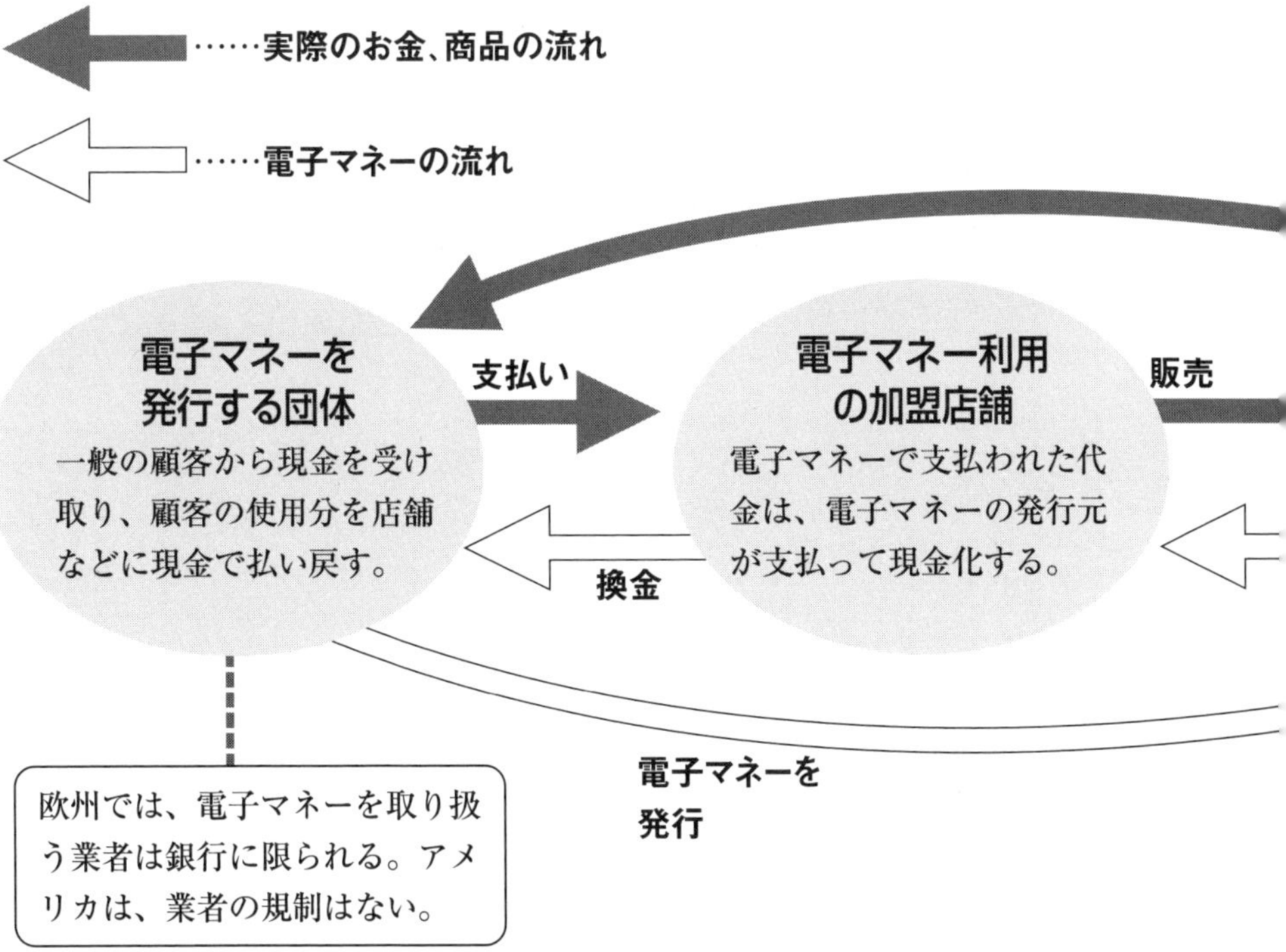
……実際のお金、商品の流れ
……電子マネーの流れ
電子マネーを
発行する団体
一般の顧客から現金を受け
取り、顧客の使用分を店舗
などに現金で払い戻す。
支払い
換金
電子マネー利用
の加盟店舗
電子マネーで支払われた代
金は、電子マネーの発行元
が支払って現金化する。
販売
電子マネーを
発行
欧州では、電子マネーを取り扱
う業者は銀行に限られる。アメ
リカは、業者の規制はない。

デビットカード

代金が即座に口座から引き落とされる支払い方法

買い物での支払いは、銀行のキャッシュカードでもできる。

これは**デビットカード**と呼ばれるシステム。利用するとその瞬間に銀行口座から代金が引き落とされる。使用する側は使いすぎの心配がなく、売り手も支払いが滞るリスクがない。クレジットカードのような分割払いはできないが、手数料がない点がメリットだ。

だが、デビットカードが使える店舗は、一部の「Ｊ－Ｄｅｂｉｔ加盟店」に限られており、欧米ほど幅広く定着はしていない。

デビットカードの支払いのしくみ

クレジットカードがなくてもキャッシュレスで買い物ができる。デビットカードは、電子マネーのひとつの形だ。

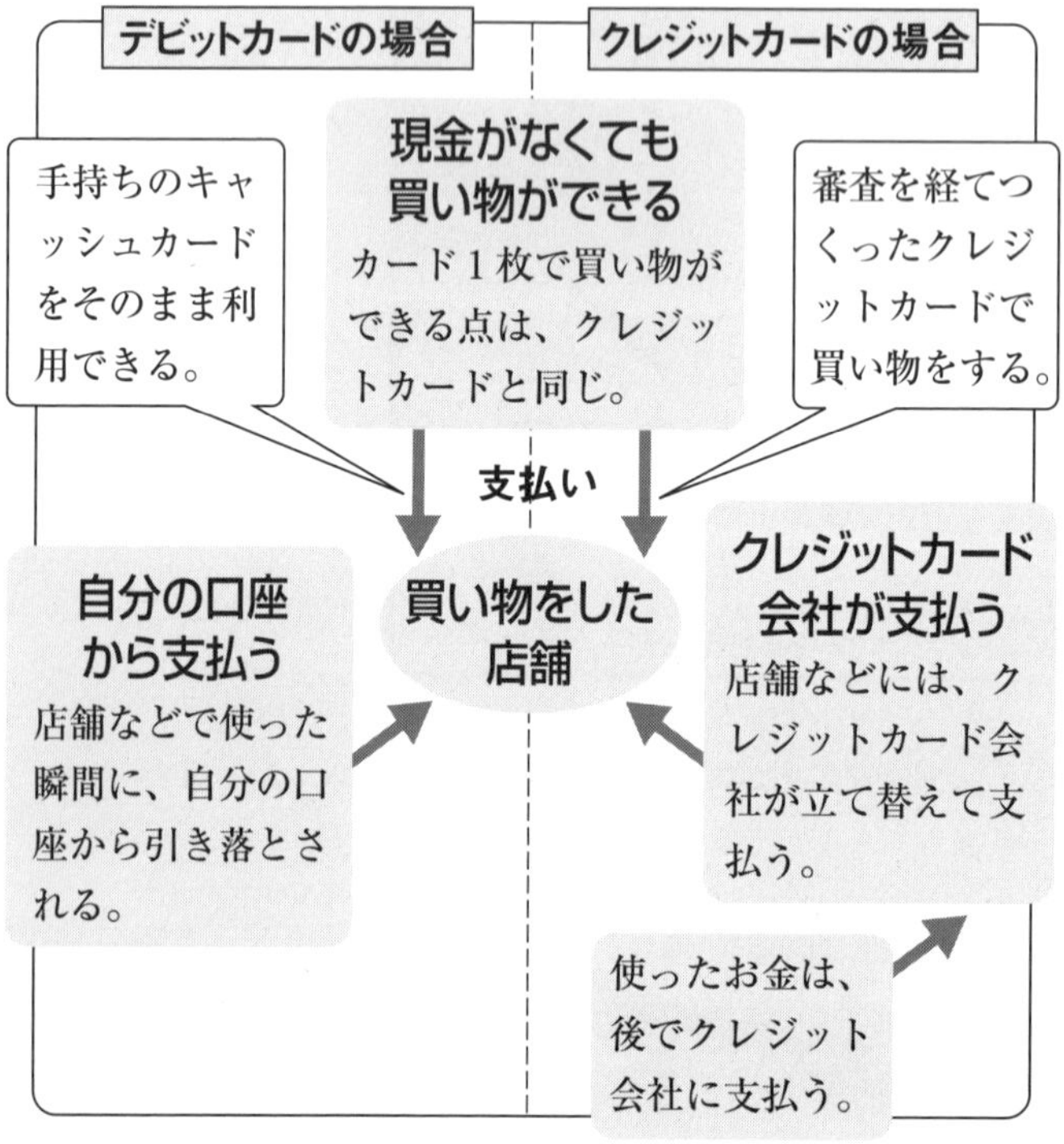
デビットカードの場合
クレジットカードの場合
手持ちのキャッシュカードをそのまま利用できる。
現金がなくても買い物ができる
カード１枚で買い物ができる点は、クレジットカードと同じ。
審査を経てつくったクレジットカードで買い物をする。
支払い
自分の口座から支払う
店舗などで使った瞬間に、自分の口座から引き落とされる。
買い物をした店舗
クレジットカード会社が支払う
店舗などには、クレジットカード会社が立て替えて支払う。
使ったお金は、後でクレジット会社に支払う。

デビットカードの特徴

クレジットカードのように審査がなく、キャッシュカードがあればだれでも利用できる点など、デビットカードには画期的な特徴がいくつもある。

	デビットカード
利用できる店舗	全国の百貨店、スーパーマーケット、コンビニエンスストアなど多数（J-Debit加盟のステッカーが貼ってある店舗）
使用するカード	現在使っている、銀行・金融機関のキャッシュカード
利用できる金額	金融機関の預金残高
決済時期	即時（分割はできない）

ここの支払いは、デビットカードでいいだろう？

電子化

株券がペーパーレス化され、さらに便利に

株式市場には、じつに数千もの企業が上場している。当然ながら、それらの株券を管理するには、大変な手間がかかった。そこで進められたのが、**株券の電子化（ペーパーレス化）**である。

２００９年1月には、すべての株式の情報が電子化されて、従来の紙の株券は、無効になった。

これにより、それまでの膨大な事務処理手続きが簡略化された。株式売買後の決済期間が短縮され、株券の発行企業は大幅なコスト削減ができた。

大企業では発行済み株式数は膨大

日本を代表する大企業の株式発行数は、ソニーが約10億株、パナソニックは約24億株にも及ぶ。

いままでの現物取引

株式を売買するたびに、紙の株券を実際にやりとりしていた。

いままでのデメリット

- 株券の印刷代や紙代など費用がかかる
- 株券の移動が大変だった
- 紛失や盗難の可能性があった
- 脱税などに使われる可能性があった

なんでもかんでも電子化か わしは好かんな
そんなこといってるから株で損しちゃったんじゃない
ITと金融は相性がよく、取引などにもどんどんITが使われている

2009年1月5日に完全移行された

株式の電子化は「証《しょう》券《けん》保《ほ》管《かん》振《ふり》替《かえ》機《き》構《こう》」によって実施された。約4000社分、3800億株あまりが電子化された。

保管振替制度（ほふり）があった

株券を一括管理する制度。株を売買した際の受け渡しや、諸手続きを簡素化する目的で構築された。

これからの電子取引

紙の株券はなくなり、情報だけでやりとりがおこなわれる。

タンス株（自宅で管理していた株券）はすべて無効になった。

これからのメリット

- 株式の売買取引等の管理が簡単
- 株券の発行費用がなくなり、企業の証券発行がスムーズになった
- 紛失や盗難の恐れがない
- 他人名義での脱税などを防げる

金融工学

リスクを計算して、最大の利益を追求する

アメリカでの不動産バブル崩壊をきっかけにはじまった、１００年に一度の経済危機は、過剰なデリバティブや証券化商品（第3章参照）の発行が原因といわれる。こうした金融商品を支えてきたのが**金融工学**と呼ばれる技術だ。

金融工学は、もとは高度な数学を用いてリスクを予測するため、ヘッジファンドなどが活用した。今回の金融危機は、金融工学では測れない市場の動きが招いた。しかし、いまの金融市場は、金融工学なくして語れないのも事実だ。

金融工学の誕生

20世紀半ばに基礎が築かれた新しい分野。心理的アプローチからの解明が多かった経済学に風穴を開けた。

経済・投資を数学で解明しようとした
ポール・サミュエルソンが経済学に数学の概念を導入して金融工学の道を開いた。

日本人も貢献していた
京都大学名誉教授で数学者だった伊藤《いとう》清《きよし》の「伊藤の定理」が金融工学発展に貢献。

金融工学がさかんに
90年代以降、金融工学を用いた金融取引が爆発的に普及した。

本格的に活用される
ヘッジファンドなどが投資に際し優れた数学者を採用して、積極的に金融工学を導入した。

過信は禁物
株価暴落などを引き起こす市場の動きは、たとえ金融工学を使っても、すべては予測できない。

大きな危機も招きかねない

アメリカの大手ヘッジファンドLTCM（Long Term Capital Management）破綻やリーマンショックでも、金融工学に基づいた投資が災いした。

ブラック・ショールズ式

$$Cc=S\cdot N\left(\frac{\ln\left(\frac{S}{K}\right)+\left(r+\frac{\sigma_{an}^2}{2}\right)T}{\sigma_{an}\sqrt{T}}\right)-K\cdot e^{-rt}\cdot N\left(\frac{\ln\left(\frac{S}{K}\right)+\left(r-\frac{\sigma_{an}^2}{2}\right)T}{\sigma_{an}\sqrt{T}}\right)$$

金融工学は難解すぎて、一般の人にとってはブラックボックスだ

より高度な計算が可能に

学者たちの切磋琢磨《せっさたくま》の末に金融工学は進化し、ますます高度な計算が可能に。

金融商品の複雑化

金融工学をベースに、証券化商品の組成《そせい》やデリバティブの活用が進んだ。

あまりにも高度で複雑なため、一般の投資家にはリスクが見えない。

その黒い箱の中身はなんですか?
金融工学の本だよ
難しすぎて、オレにもわからん

金融工学

金融商品の価格決定には高度な計算が必要

金融危機を誘発した、と槍玉に挙げられた金融工学は、それでもマーケットで必要とされている。

たとえば、格付け機関が債券の債《さい》務《む》不《ふ》履《り》行《こう》の確率を想定する際にも利用するし、生命保険や損害保険業界でも駆使されている。

保険料の計算は、数学や統計学に精通する**アクチュアリー**と呼ばれる人々がおこなうが、この計算に金融工学が応用され、より正確な数字を算出できるようになった。

金融商品の組成に、金融工学は不可欠な存在だ。

保険料を計算してみる

保険料は、それを専門におこなうアクチュアリー（保険数理士）が統計学や数学を用いて計算する。

損害保険の場合

たとえば、10万機の飛行機がそれぞれ1億円の荷を運ぶときの保険料はいくらになるだろうか。飛行機が事故に遭《あ》う確率を割りだせば保険料が計算できる。

事故率は1%とする

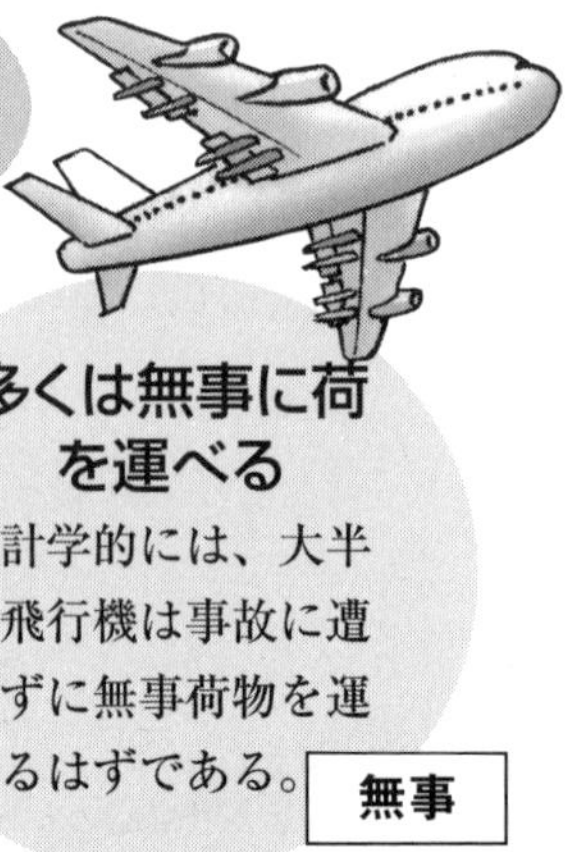

事故

事故に遭い荷を失う

事故に遭う確率は、統計学的には930〜1070機のあいだとなる。

無事

多くは無事に荷を運べる

統計学的には、大半の飛行機は事故に遭わずに無事荷物を運べるはずである。

嵐で難破したり
最近では
海賊被害もある
保険は絶対
入らないとな
船便での運搬の際も
保険は同様に重要

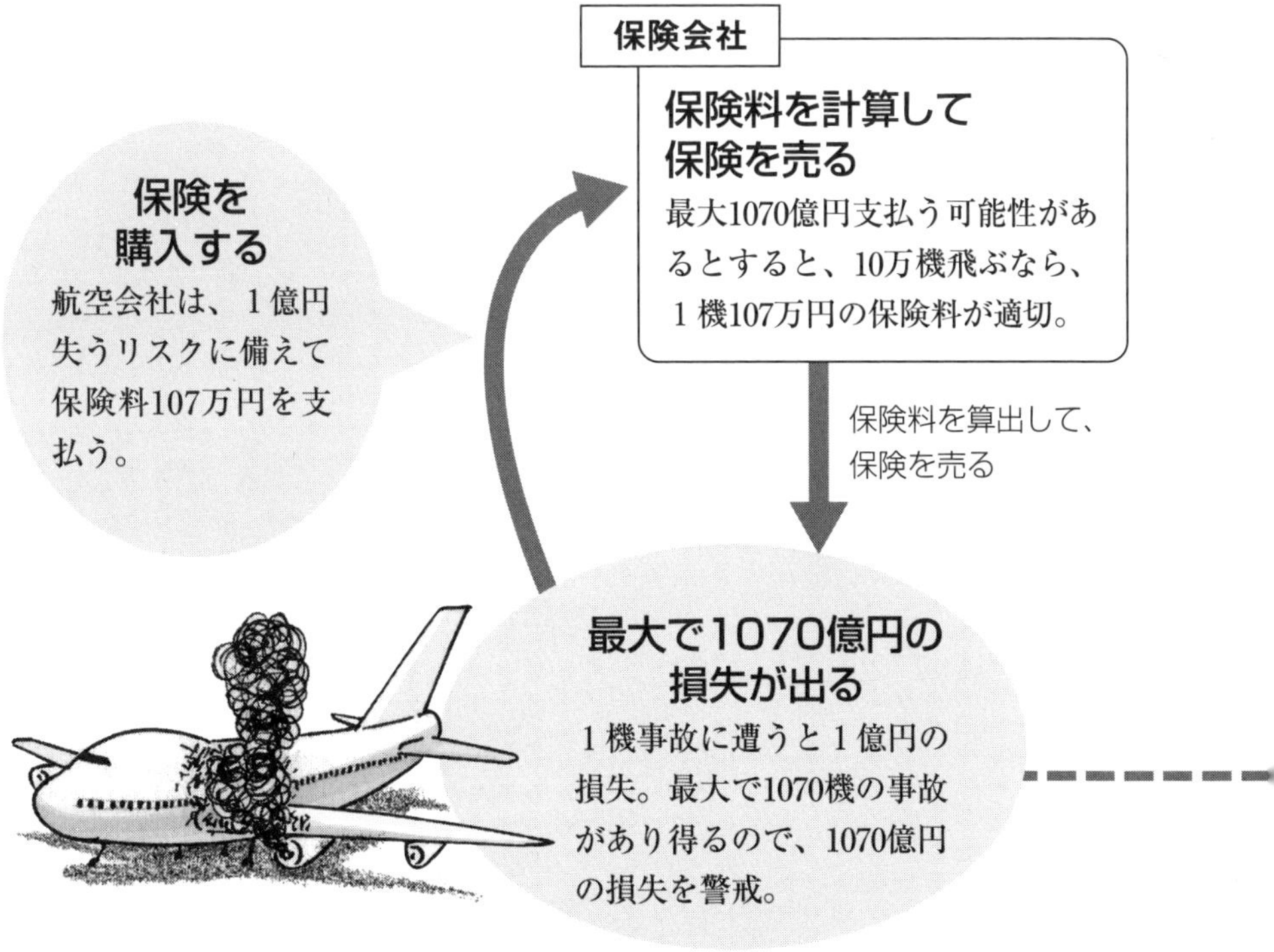
保険会社
保険料を計算して
保険を売る
最大1070億円支払う可能性があるとすると、10万機飛ぶなら、１機107万円の保険料が適切。
保険料を算出して、
保険を売る
保険を
購入する
航空会社は、１億円失うリスクに備えて保険料107万円を支払う。
最大で1070億円の
損失が出る
１機事故に遭うと１億円の損失。最大で1070機の事故があり得るので、1070億円の損失を警戒。

COLUMN

ロング・ターム・キャピタル・マネジメント

LTCM（Long Term Capital Management）

1994～1998年（アメリカ）

—ノーベル経済学賞受賞者を抱えたヘッジファンド—

マイロン・ショールズ

ショールズ、マートンの黄金コンビが運用

金融工学のさきがけとなった「ブラック・ショールズ式」。この式を作成したマイロン・ショールズと、ショールズの弟子ロバート・マートンは、１９９７年のノーベル経済学賞を受賞している。

2人は、アメリカの著名なヘッジファンド、ＬＴＣＭの取締役会に名を連ねていた。しかしＬＴＣＭは、97年のアジア通貨危機、98年のロシア危機に耐え切れず経営破綻。16兆８７５０億円という空前の巨額損失を計上した。

ノーベル賞受賞者が、最先端の金融工学を駆使しても、市場の荒波に抗《あらが》うことはできなかったのだ。

ロシア発端の通貨危機で破綻

設立当初、順調に業績を伸ばしていたＬＴＣＭ。破綻の原因は、借金に苦しむロシアが、対外債務の返済を90日間停止するモラトリアム（返済猶予）を実施したためだ。

ロシアのルーブル建て債券に莫大な金額を投資していたＬＴＣＭは、この未曾有《みぞう》の事態がもたらした突発的な大暴落に対応できず、巨額の損失をだしてしまった。

おかげで、瞬時に世界は金融不安に陥り、ヘッジファンドが起こした世界で最初の経済危機となった。事態を収束させたのは、異例の救済措置を実施したニューヨーク連邦準備銀行だった。

デリバティブ商品の売れ行きがすごいぞ！

第3章

権利や価格を取引するデリバティブが急拡大した

——金融派生商品と証券化商品——

もともとはリスク回避、資金調達のためにつくられた
デリバティブや、証券化などの技術には、
ネガティブなイメージを抱きがちだ。
しかし、購入のしかたによっては有益な金融商品になる。

デリバティブ

リスクを回避し、巨額の取引をおこなえる

デリバティブは、日本語で「金融派生商品」と訳される。文字通り、株式や債券、為替といった金融商品から派生してできた商品のことだ。先物取引やオプション取引、スワップ取引などを指す。

　デリバティブの特徴としては、少額の資金を担保（証拠金）に大きなお金を動かす**レバレッジ**を効かせられる点や、将来のマーケット価格の不確実性を回避できるという点がある。設計上、投資につきもののリスクを抑制できる点が挙げられる。

知っておきたい基礎知識

デリバティブとは

元になる資産から、派生してつくられた金融商品のことを指す。

元になる資産
原油や牛肉・豚肉など普段から取引されている資産。

→

そこから生まれる資産
ガソリンやハム、ベーコンなど、元の資産を加工したもの。

たとえば……

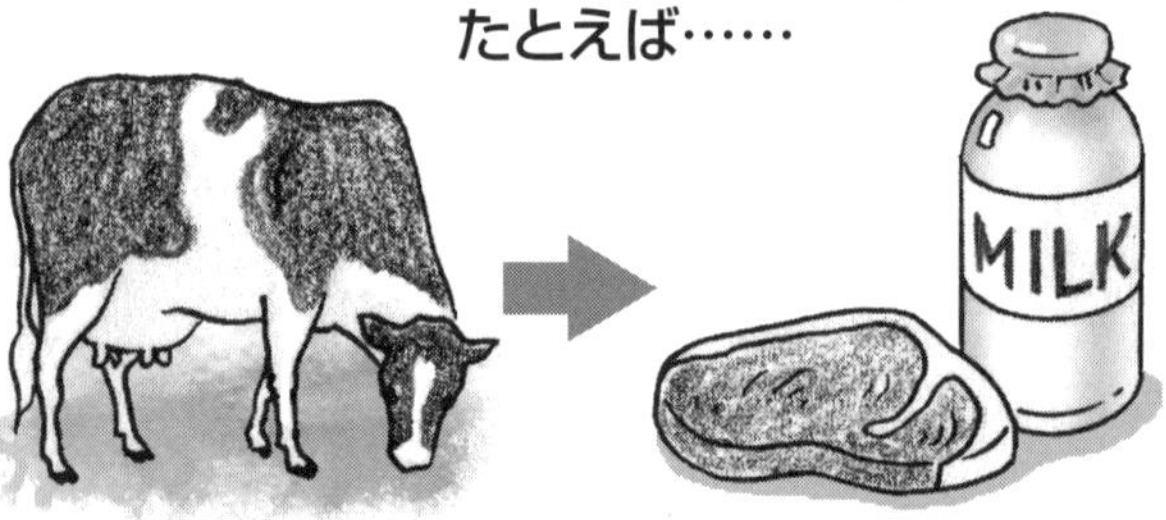

元になる金融商品（株、債券など） → **金融派生商品（デリバティブ）**

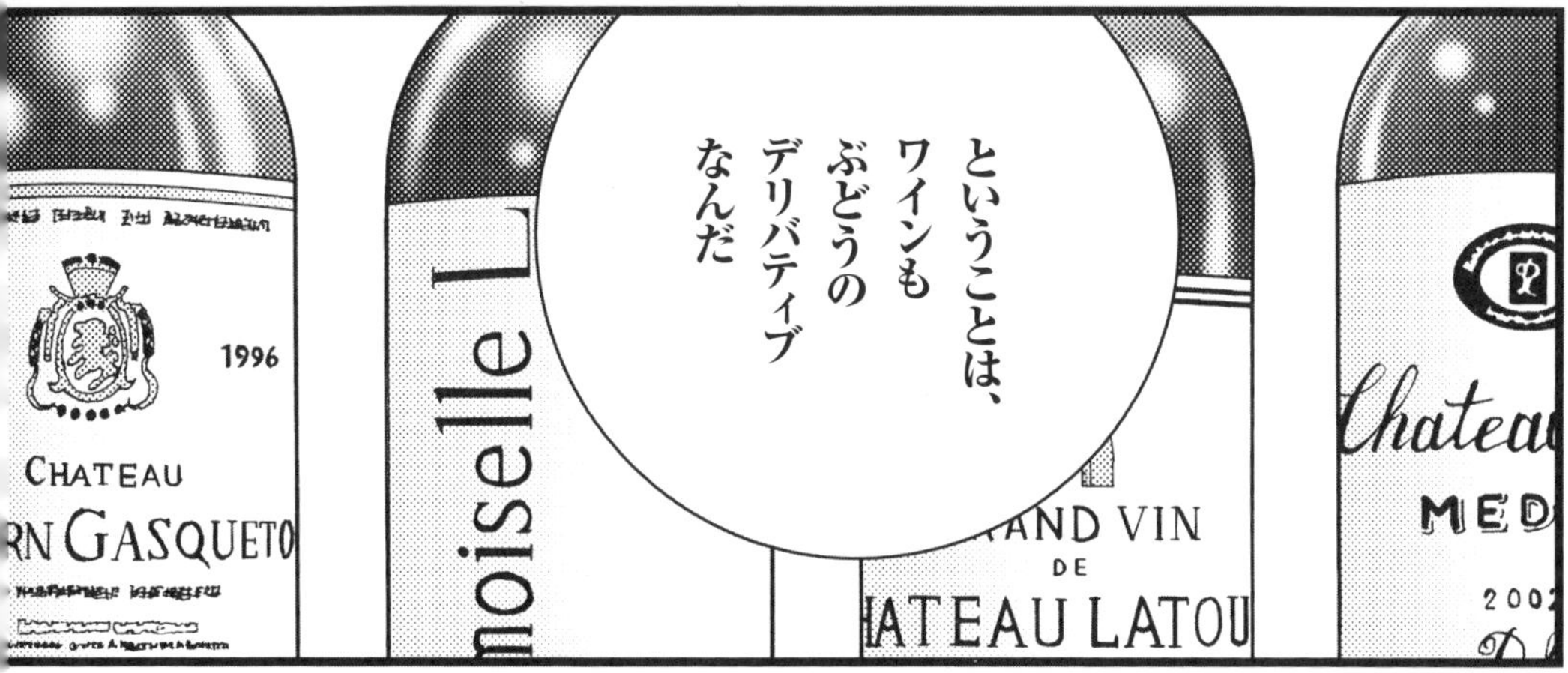
ということは、
ワインも
ぶどうの
デリバティブ
なんだ
CHATEAU
1996
DE

デリバティブが注目される

効率的に大きな収益を上げられる点に加え、リスクを減らすという2つの効果が注目されるようになった。

リスクヘッジ効果
将来の動きを先に決める金融商品のため、予想外の損失を回避する効果がある。

レバレッジ効果
手元に少額しかなくても、それを担保に元本の何倍もの取引ができる。

日本のデリバティブ取引残高

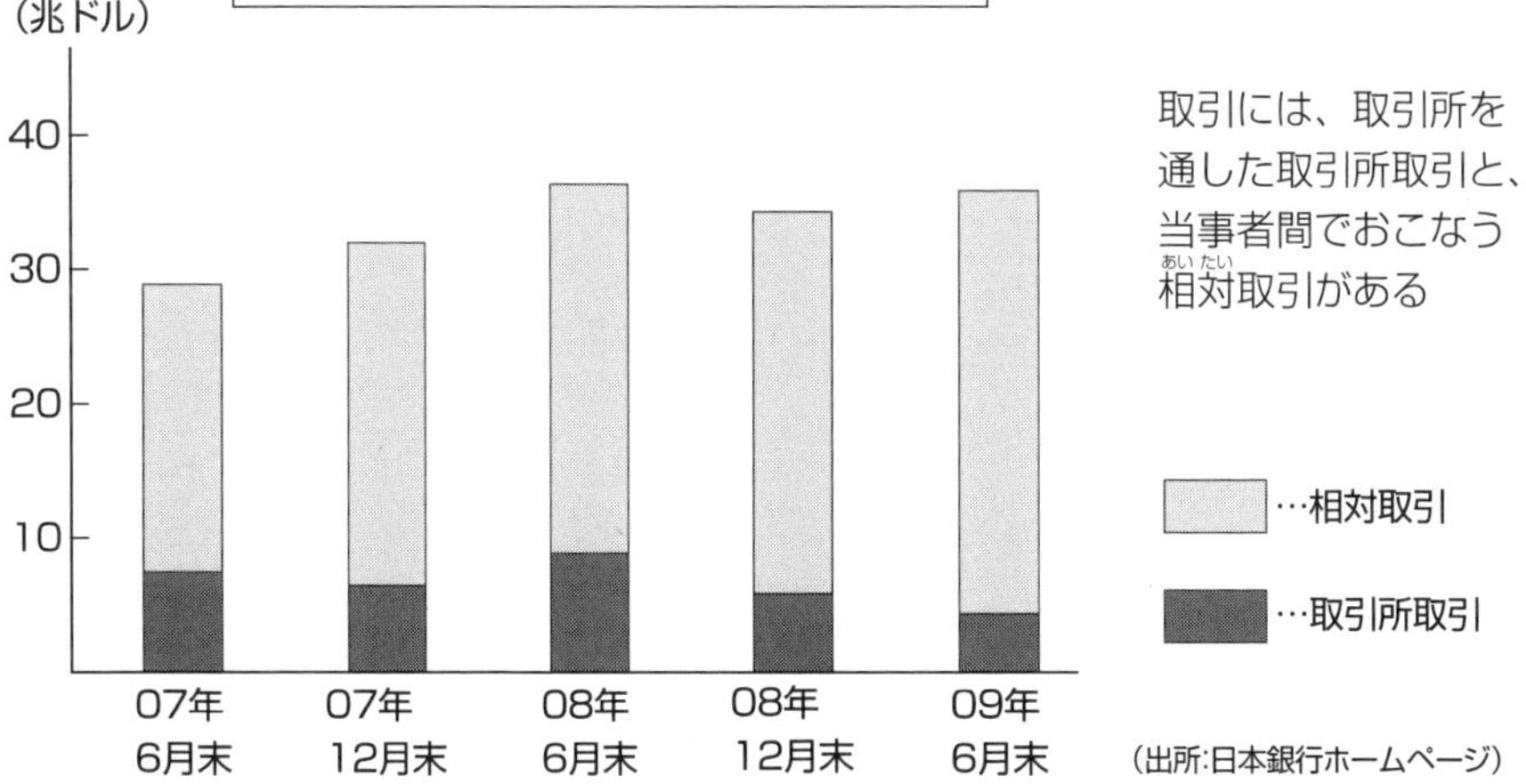
(兆ドル)
40
30
20
10
07年 6月末
07年 12月末
08年 6月末
08年 12月末
09年 6月末
取引には、取引所を通した取引所取引と、当事者間でおこなう相対《あいたい》取引がある
…相対取引
…取引所取引

(出所:日本銀行ホームページ)

先物取引

将来購入する品物の価格を、いま決めておく

買い手・売り手のリスクを回避できる

事前に条件を決めて契約することにより、突然の高騰《こうとう》や暴落で売れない、買えないリスクを回避できる。

今年は不作だ。米の値段は上がる。10kg2200円で買う契約をしよう
米の価格
現時点での米価格10kg2000円
いまの時点で将来の売買契約をする
米の価格は天候しだい。将来どう動くかは未知数だが、事前に数量や金額を決めてしまう。
2000円
契約時

先物取引は、将来の売買について、現時点で約束する取引だ。事前に売買価格や数量など条件を決め、取引当日に価格が動いていても、事前の条件通りに取引をする。

米の取引を例に考えてみる。将来の米の価格が、先物取引で決めた取引価格よりも高くなっていれば、安く購入した差額分が利益となる。将来の米の価格が安くなって、損をするリスクも当然ある。

先物取引は、不確実な将来の収入・支出を現時点で確定でき、買い手・売り手双方に利点がある。

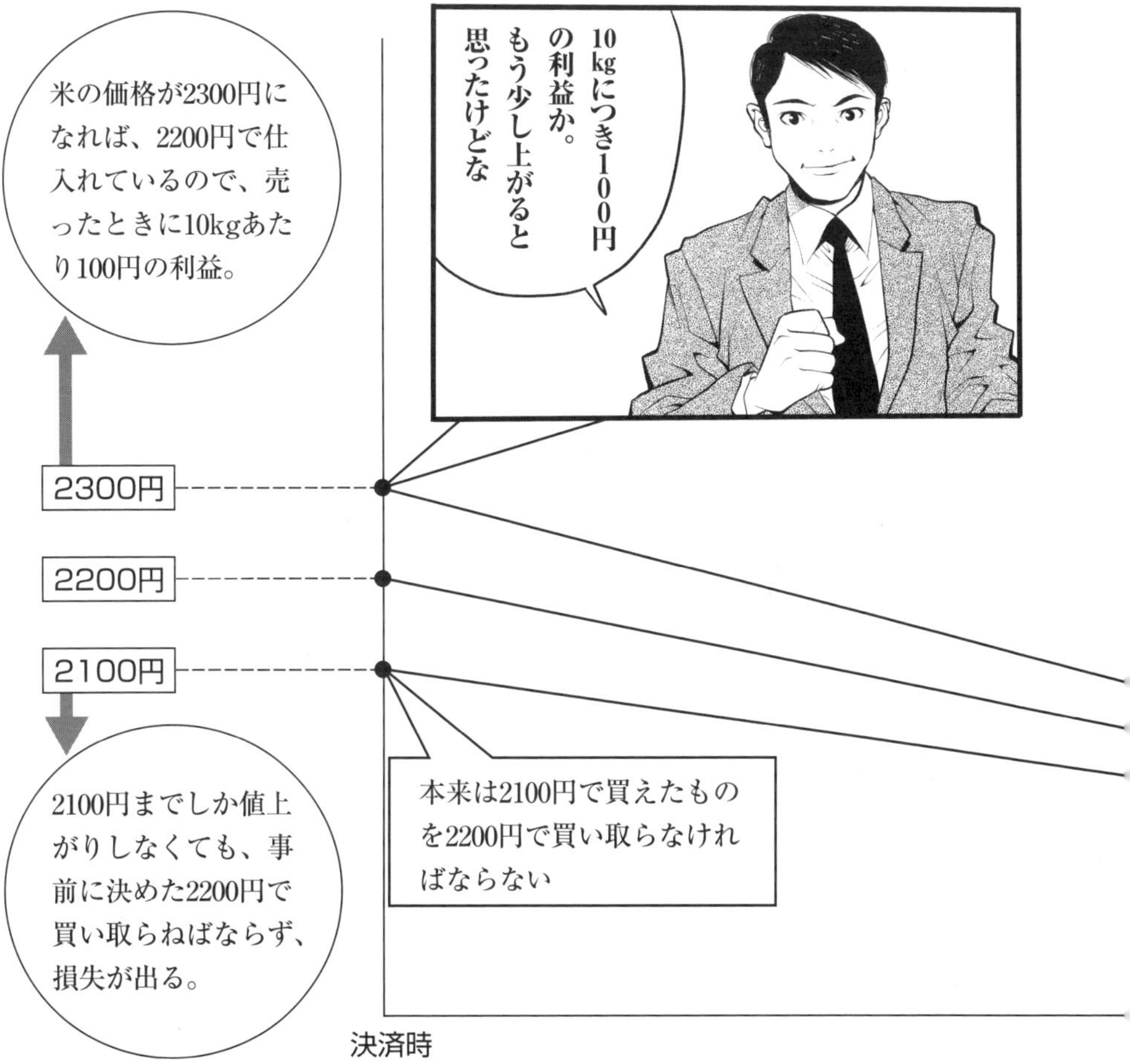
米の価格が2300円になれば、2200円で仕入れているので、売ったときに10kgあたり100円の利益。
10kgにつき100円の利益か。もう少し上がると思ったけどな
2300円
2200円
2100円
2100円までしか値上がりしなくても、事前に決めた2200円で買い取らねばならず、損失が出る。
本来は2100円で買えたものを2200円で買い取らなければならない
決済時

MINI COLUMN

先物取引は江戸時代からおこなわれている

日本で先物取引がはじまったのは江戸時代のこと。大阪の堂島《どうじま》にあった米相場がその原型とされている。

米はいま以上に貴重な存在で、経済の基盤となっていた。その価格は、天候や天災などで、かなり大きく変動する。取引には、つねにリスクが伴《ともな》っていた。

そこで、商人たちは価格の安定を図るために、収穫前に一定の価格で米を売買するシステムを構築したのだ。このシステムのおかげで、豊作で値崩れが怖い農家も、凶作で価格高騰が怖い買い手も、安心して取引できた。

IN GOD WE TRUST
LIBERTY
オプション取引

一定の価格で「売買する権利」を取引する

オプション料はタダではない

一定の価格で売買する権利をオプションといい、そのオプションの価格をオプション・プレミアムなどと呼ぶ。

オプション料っていくらするんだ？
より有利な条件のオプションは値段も高くなります

株式などを「売買する権利」の取引を、**オプション取引**という。

オプション市場では、買う権利（**コール・オプション**）と売る権利（**プット・オプション**）が売買される。前者は、将来の決められた期日までのあいだ、対象の商品を一定の価格で購入できる権利。後者は、期日までに、一定価格で売却できる権利だ。

価格の予想が外れたら、権利を放棄したり、転売したりすることも可能。その場合、オプションの購入価格が損失となる。

オプション取引で利益を上げる

コールの場合は、価格が予想より下がると損失となり、プットの場合は、価格が予想より上がると損失が出る。この大前提を覚えておこう。

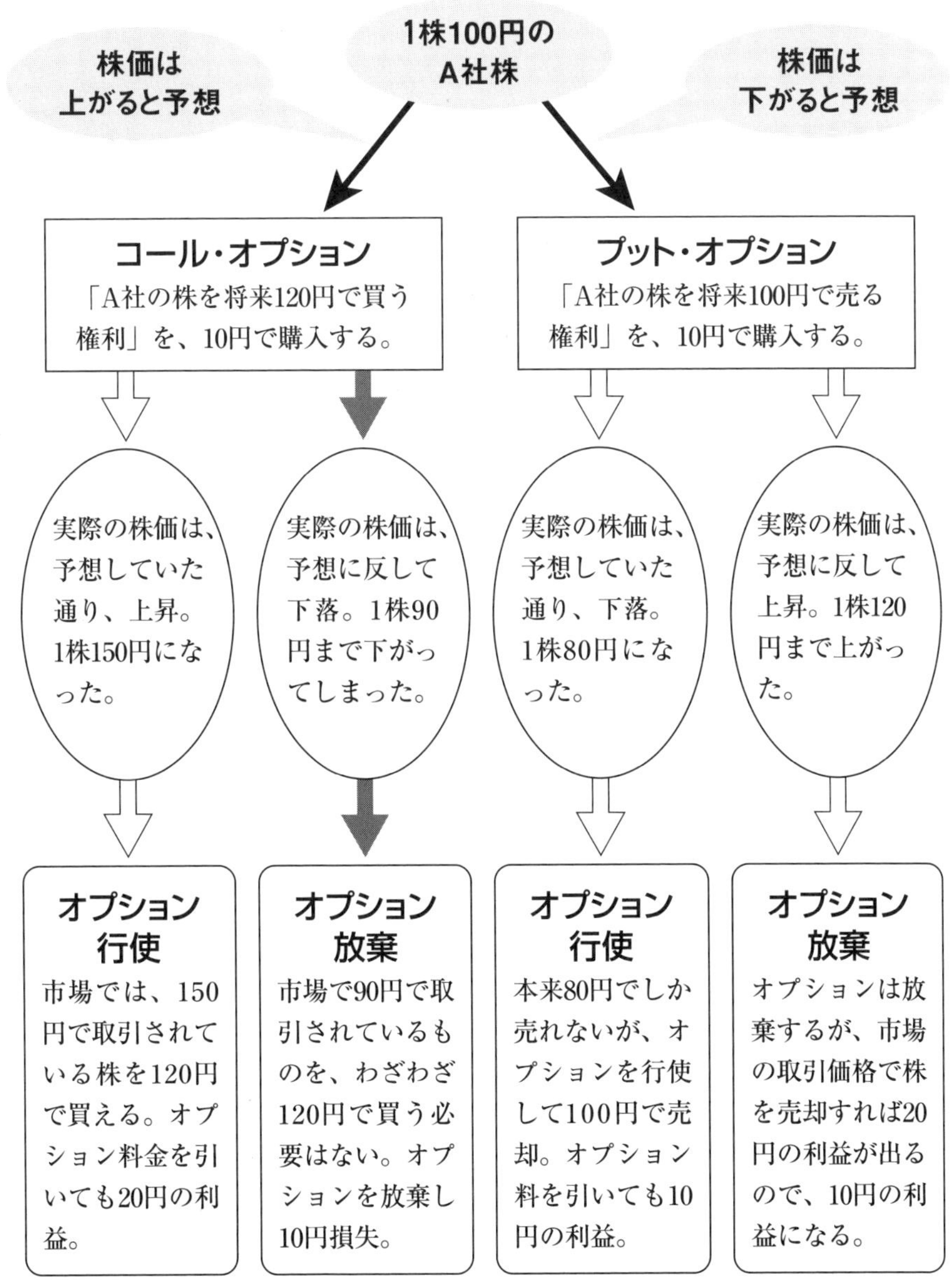

1株100円の
A社株
株価は
上がると予想
株価は
下がると予想
コール・オプション
「A社の株を将来120円で買う権利」を、10円で購入する。
プット・オプション
「A社の株を将来100円で売る権利」を、10円で購入する。
実際の株価は、予想していた通り、上昇。1株150円になった。
実際の株価は、予想に反して下落。1株90円まで下がってしまった。
実際の株価は、予想していた通り、下落。1株80円になった。
実際の株価は、予想に反して上昇。1株120円まで上がった。
オプション
行使
市場では、150円で取引されている株を120円で買える。オプション料金を引いても20円の利益。
オプション
放棄
市場で90円で取引されているものを、わざわざ120円で買う必要はない。オプションを放棄し10円損失。
オプション
行使
本来80円でしか売れないが、オプションを行使して100円で売却。オプション料を引いても10円の利益。
オプション
放棄
オプションは放棄するが、市場の取引価格で株を売却すれば20円の利益が出るので、10円の利益になる。

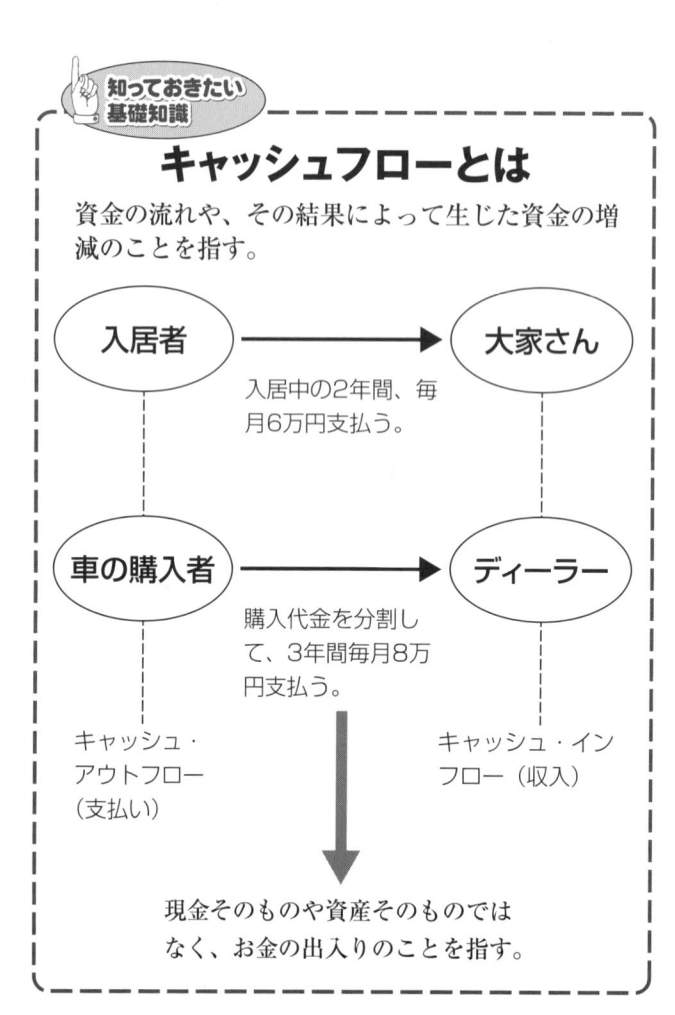

スワップ取引

有利な取引を求めて債務の「条件」を交換する

スワップとは本来「交換する」という意味だ。

金融取引において、通貨、金利、期間などを、複数の当事者間で交換する取引を、**スワップ取引**と呼ぶ。おもに金利を交換する**金利スワップ**と、通貨を交換する**通貨スワップ**がある。

金利スワップは、固定金利と変動金利など、同一通貨で異なる金利の支払いを交換する取引だ。

通貨スワップは、異なる通貨間で将来のキャッシュフローを交換する。

知っておきたい基礎知識

キャッシュフローとは

資金の流れや、その結果によって生じた資金の増減のことを指す。

入居者 → 大家さん

入居中の2年間、毎月6万円支払う。

車の購入者 → ディーラー

購入代金を分割して、3年間毎月8万円支払う。

キャッシュ・アウトフロー（支払い）

キャッシュ・インフロー（収入）

現金そのものや資産そのものではなく、お金の出入りのことを指す。

通貨スワップの例

日本のA社と、アメリカのB社が、それぞれ100万ドル、1億円を欲しているケースで考えてみよう。レートは1ドル＝100円と仮定する。

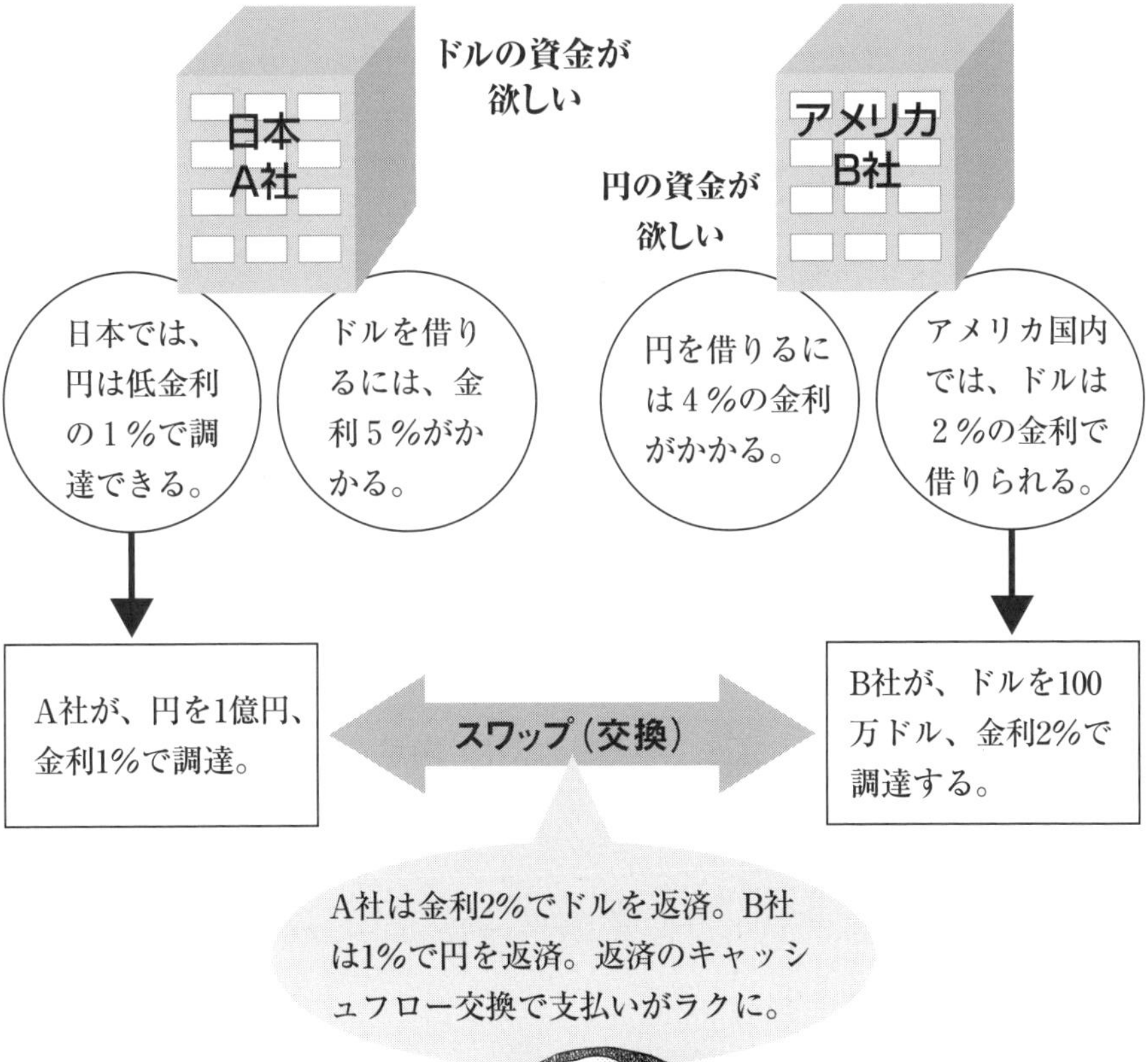
日本
A社
ドルの資金が欲しい
アメリカ
B社
円の資金が欲しい
日本では、円は低金利の１％で調達できる。
ドルを借りるには、金利５％がかかる。
円を借りるには４％の金利がかかる。
アメリカ国内では、ドルは２％の金利で借りられる。
A社が、円を1億円、金利1%で調達。
スワップ（交換）
B社が、ドルを100万ドル、金利2%で調達する。
A社は金利2%でドルを返済。B社は1%で円を返済。返済のキャッシュフロー交換で支払いがラクに。

借金も金利や返済日が決まったキャッシュフローのひとつや
きちっと返済してくれな困るで！

証券化

債権をすぐに現金にする手法が生まれた

価値のある債権や不動産でも、あまり高額になると、すぐに買い手が見つからず、現金化しにくい。そうした場合に、資産を証券に換えて売ることを**証券化**という。

収入を生む資産であれば、なんでも証券化できる。たとえば、銀行が企業や個人に貸しだした資金の返済を受け取る権利も証券化できる。

債券などの金融商品は、格付け機関によってランク分けされている。格付けがより高いほうが、安全な債券とされている。

サブプライム問題にもなった格付け

債券などの元本や利息の支払いが滞るリスクを示した記号を格付けという。通常、BBB以上を投資適格とする。

AAA	もっとも信用力が高い……カナダ国債、フィンランド国債など
AA	非常に信用力が高い……日本国債、オーストラリア国債など
A	信用力が高い……中国債など
BBB	信用力が良好……ブラジル国債、クロアチア国債など
BB	投機的……コロンビア国債、インドネシア国債など
B	非常に投機的……ガーナ国債、ドミニカ国債など
CCC	相当重大な信用リスク……エクアドル国債など
CC	非常に高い水準の信用リスク
C	極めて高い水準の信用リスク
RD、D	一部債務不履行、債務不履行……アルゼンチン国債など

（出所:フィッチ・レーティングスホームページ）

ローンの証券化のしくみ

証券化は、資金が集められ金融機関が儲かる便利なしくみと考えられていた。しかしその複雑さゆえ内容を理解せずに購入する投資家も多い。

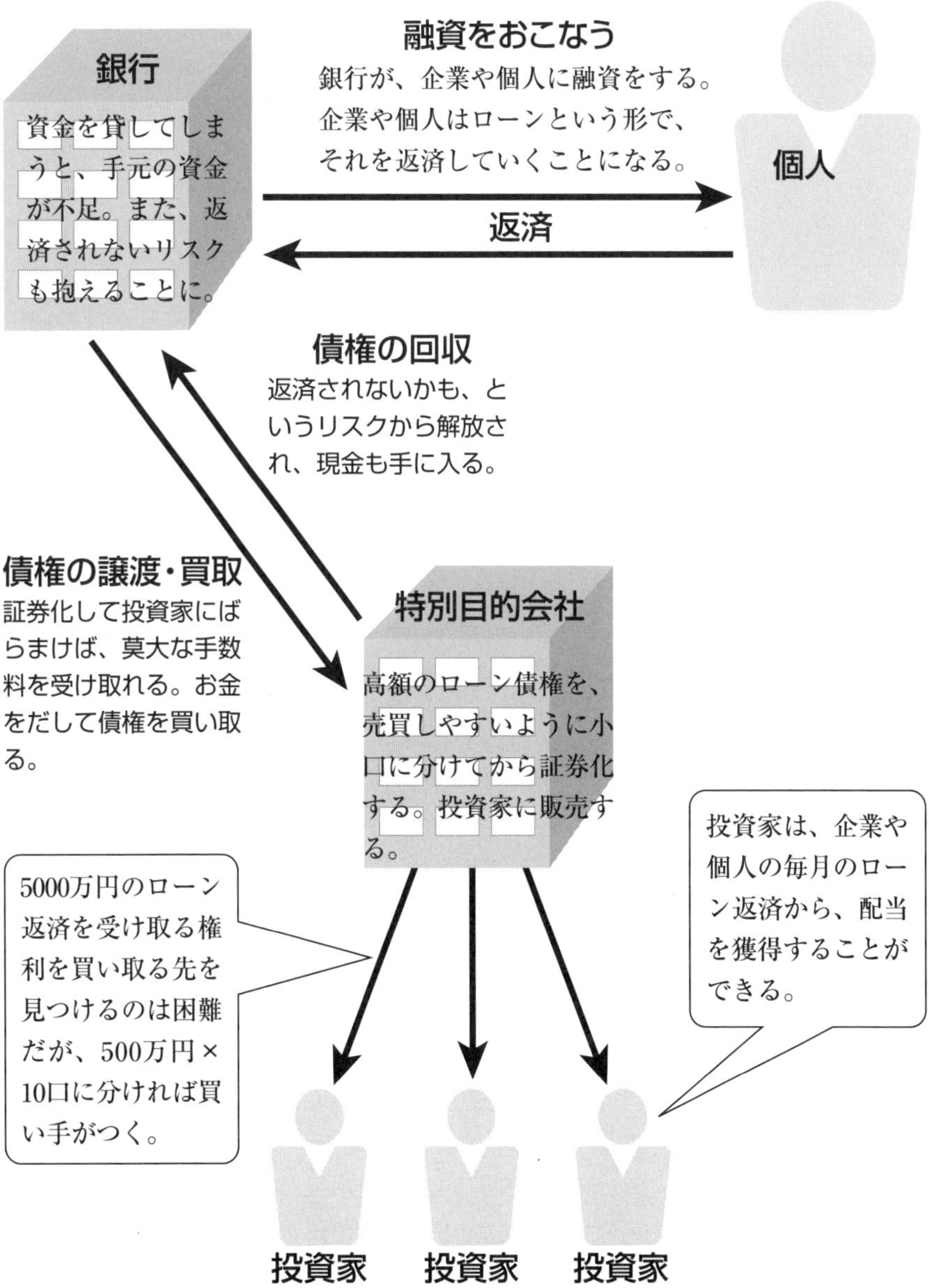

銀行
資金を貸してしまうと、手元の資金が不足。また、返済されないリスクも抱えることに。
融資をおこなう
銀行が、企業や個人に融資をする。企業や個人はローンという形で、それを返済していくことになる。
個人
返済
債権の回収
返済されないかも、というリスクから解放され、現金も手に入る。
債権の譲渡・買取
証券化して投資家にばらまけば、莫大な手数料を受け取れる。お金をだして債権を買い取る。
特別目的会社
高額のローン債権を、売買しやすいように小口に分けてから証券化する。投資家に販売する。
5000万円のローン返済を受け取る権利を買い取る先を見つけるのは困難だが、500万円×10口に分ければ買い手がつく。
投資家は、企業や個人の毎月のローン返済から、配当を獲得することができる。
投資家
投資家
投資家

IN GOD WE TRUST
LIBERTY
CDS

アメリカの不動産バブル崩壊の一因となった

CDS（クレジット・デフォルト・スワップ）は、企業の債務不履行・破綻に伴うリスクを対象にしたデリバティブ。いわば、取引先の破綻に備える保険だ。

銀行が、取引先のA社の破綻に備えたい場合に、金融機関とCDS契約をする。その場合、実際A社が破綻した際に、回収できなかった出資金を受け取れる。

多くのCDS契約を結べば金融機関は儲かるが、万一企業の破綻が相次ぐと、多額の支払いで自らが破綻の危機に陥ることになる。

CDSのしくみ

CDS（Credit Default Swap）は、倒産リスクに備える保険。しかし、大きなリスクもはらんでいる。

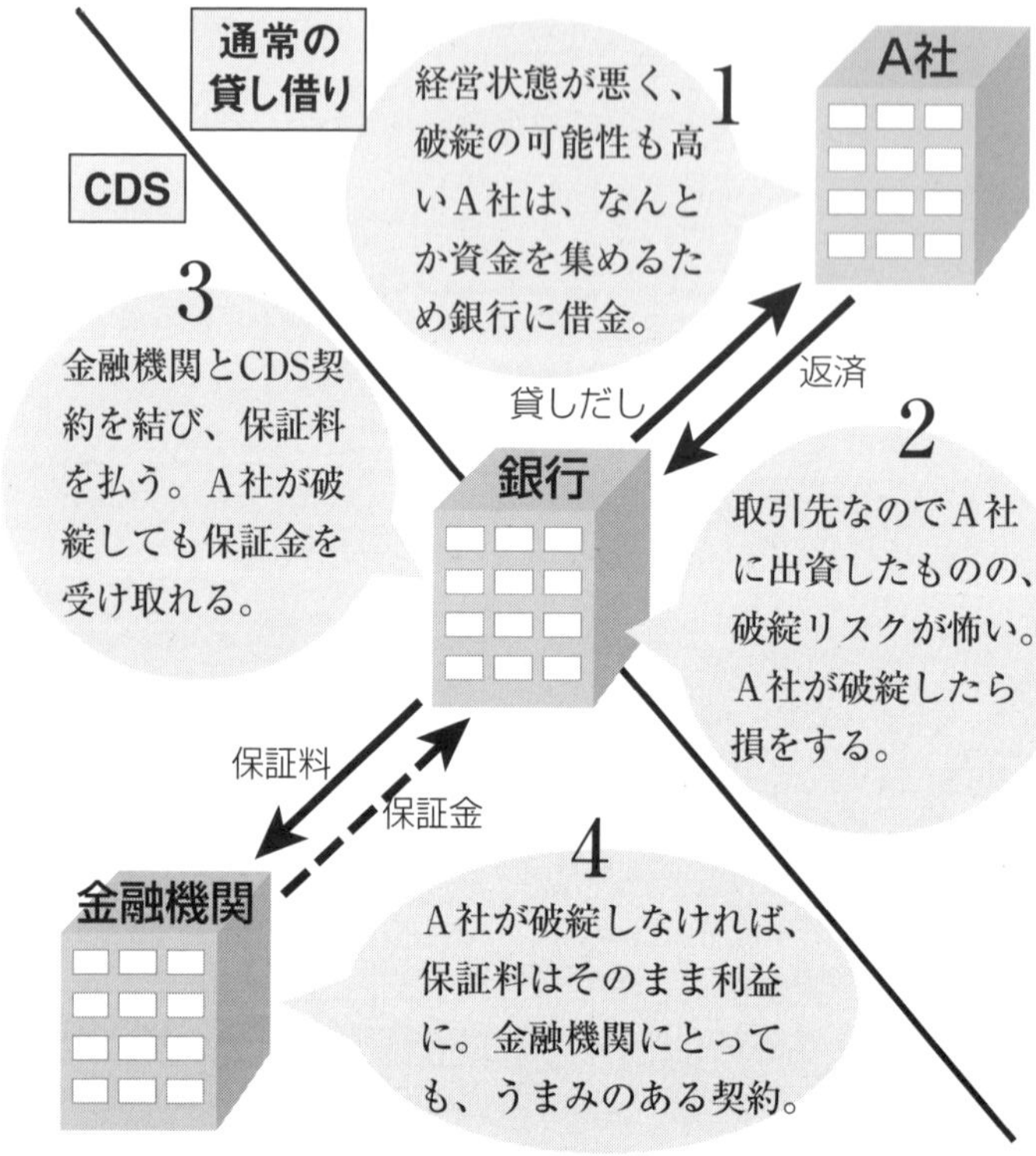
通常の貸し借り
CDS
A社
1
経営状態が悪く、破綻の可能性も高いA社は、なんとか資金を集めるため銀行に借金。
貸しだし
返済
銀行
2
取引先なのでA社に出資したものの、破綻リスクが怖い。A社が破綻したら損をする。
3
金融機関とCDS契約を結び、保証料を払う。A社が破綻しても保証金を受け取れる。
保証料
保証金
金融機関
4
A社が破綻しなければ、保証料はそのまま利益に。金融機関にとっても、うまみのある契約。

大変です！A社が倒産しました！
なんだと！A社にはかなりの額を融資しているんだぞ
その資金はすべて、焦げつくことになります
CDS契約はしていないんですか？

税制度が優遇されたタックスヘイブン

税率がゼロか非常に低い国・地域をタックスヘイブンといい、節税対策に利用される。

ニュース THE 23
近年、脱税目的でタックスヘイブンを利用する事件が多発しています

このタックスヘブンというのはなんなの？　タックスは税金というのはわかるけど、ヘブンって天国のことじゃなかったかしら？

よく勘違いされるがヘブン(Heaven)ではなく、ヘイブン（Haven）だ。税金避《ひ》暑《しょ》地《ち》などと訳すのが正しい。タックスヘイブンでは、法人税などが極端に安い、あるいはゼロというところもあり、節税・脱税に使われることも多いんだ。

たしかに日本では、どんなに稼いでも税金でがっぽり持っていかれるからね。利用したくなる気持ちもわかるわ。けど、それじゃあ日本の政府の税収は、減ってしまうんじゃないの？

そうだ。だから、タックスヘイブンにある企業にも課税ができるよう、制度がつくられている。

タックスヘイブンに課税できる制度があるんだ

タックスヘイブンのしくみ

企業や富裕層にとって、税負担は大きな問題。しかし、タックスヘイブンに子会社をつくるなどして資産を移してしまえば、この問題をクリアできる。

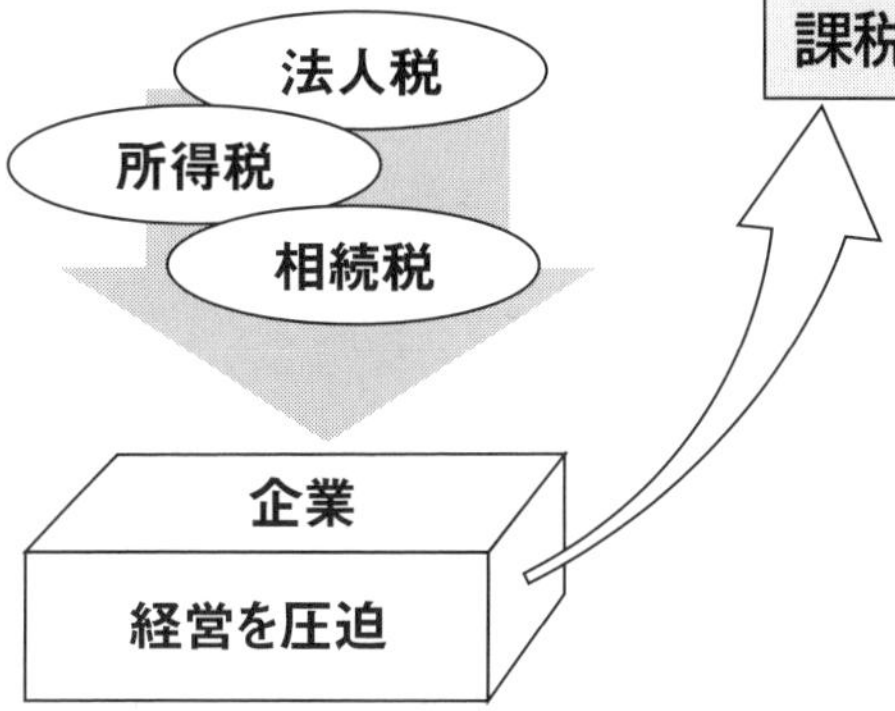

タックスヘイブンでは課税されない

タックスヘイブンに子会社をつくって実際に活動させ、利益を積み上げるようにすれば、自国から高い税金を課せられずに済む。

タックスヘイブン対策税制

国としては、大規模な税金逃れを見過ごすわけにはいかない。そのため各国それぞれに、タックスヘイブン対策の税制を定めている。

日本の企業である

その会社の株式の50%超を、日本の居住者もしくは日本の法人が保有している。

税金が25%以下である

上の条件を満たし、その会社がタックスヘイブンに位置するか、所得に対する租税負担割合が25%以下。

適用の対象

タックスヘイブン対策税制を適用されるため、日本政府から税金を徴収されることになる。

信用取引

元手の資金がなくても取引に参加できる

為替取引などの場合、元手がなくても証拠金を預けることで取引できることはすでに詳述した。同じことが株式取引でも可能だ。

通常の株式取引は、手持ちの資金で株式を購入する。しかし、手持ちの資金がないときは、お金を借りて購入できるのだ。さらに、値下がりしそうな株式を借りて、先に売ることもできる。あとで買い戻して差額分を精算するのだ。

こうした取引を**信用取引**と呼び、一定の委託保証金を預けることでおこなうことができる。

株価が下がるときも利益をだせる

信用取引では、買いだけでなく売りから取引をはじめることもできる。その場合、株価が下がると利益をだすことができる。

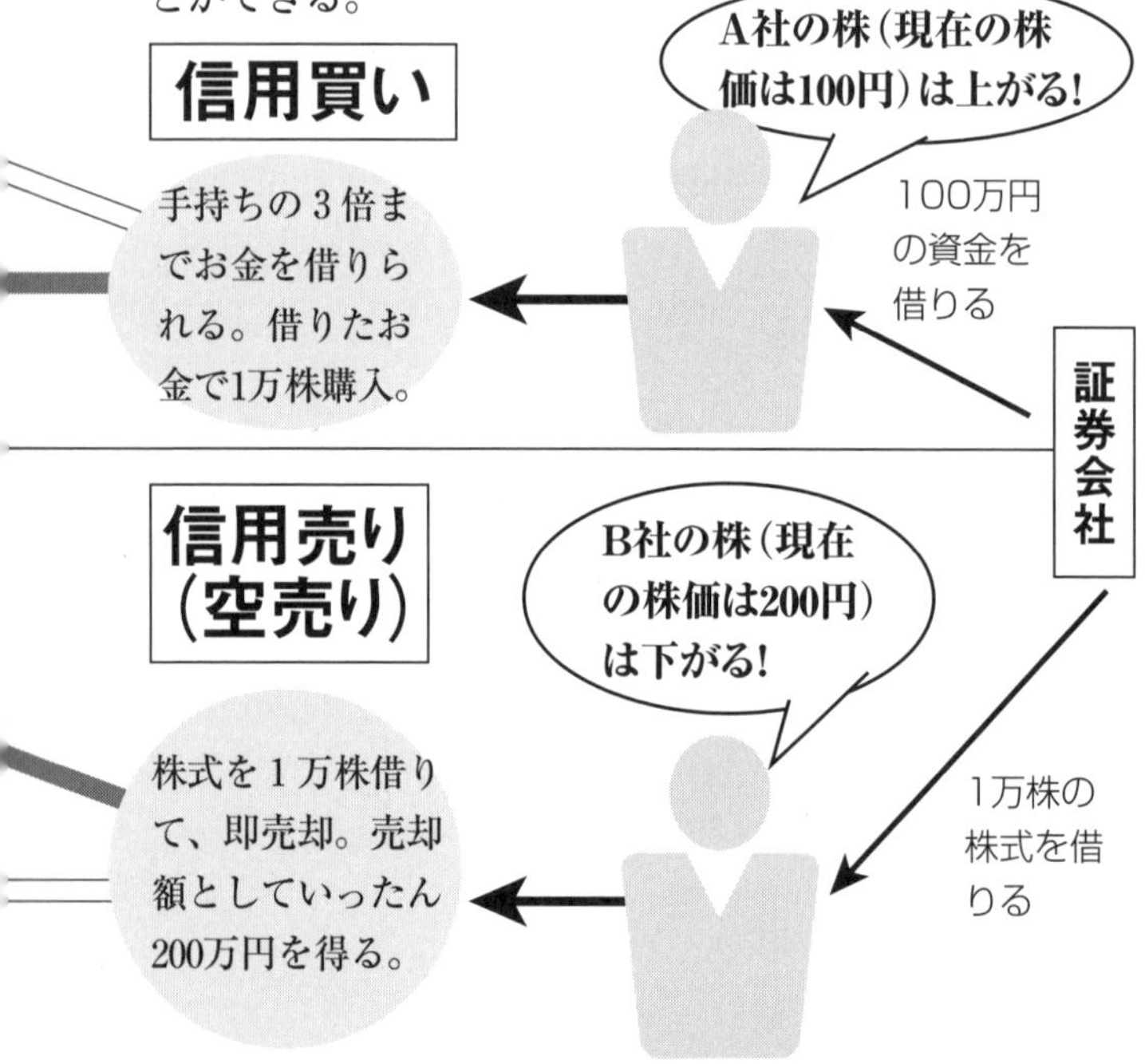

信用買い
A社の株（現在の株価は100円）は上がる!
100万円の資金を借りる
手持ちの3倍までお金を借りられる。借りたお金で1万株購入。
証券会社
信用売り（空売り）
B社の株（現在の株価は200円）は下がる!
1万株の株式を借りる
株式を1万株借りて、即売却。売却額としていったん200万円を得る。

早いとこ借金返済のカネをつくらないと信用取引なら元手はいらないから、証拠金さえあれば……

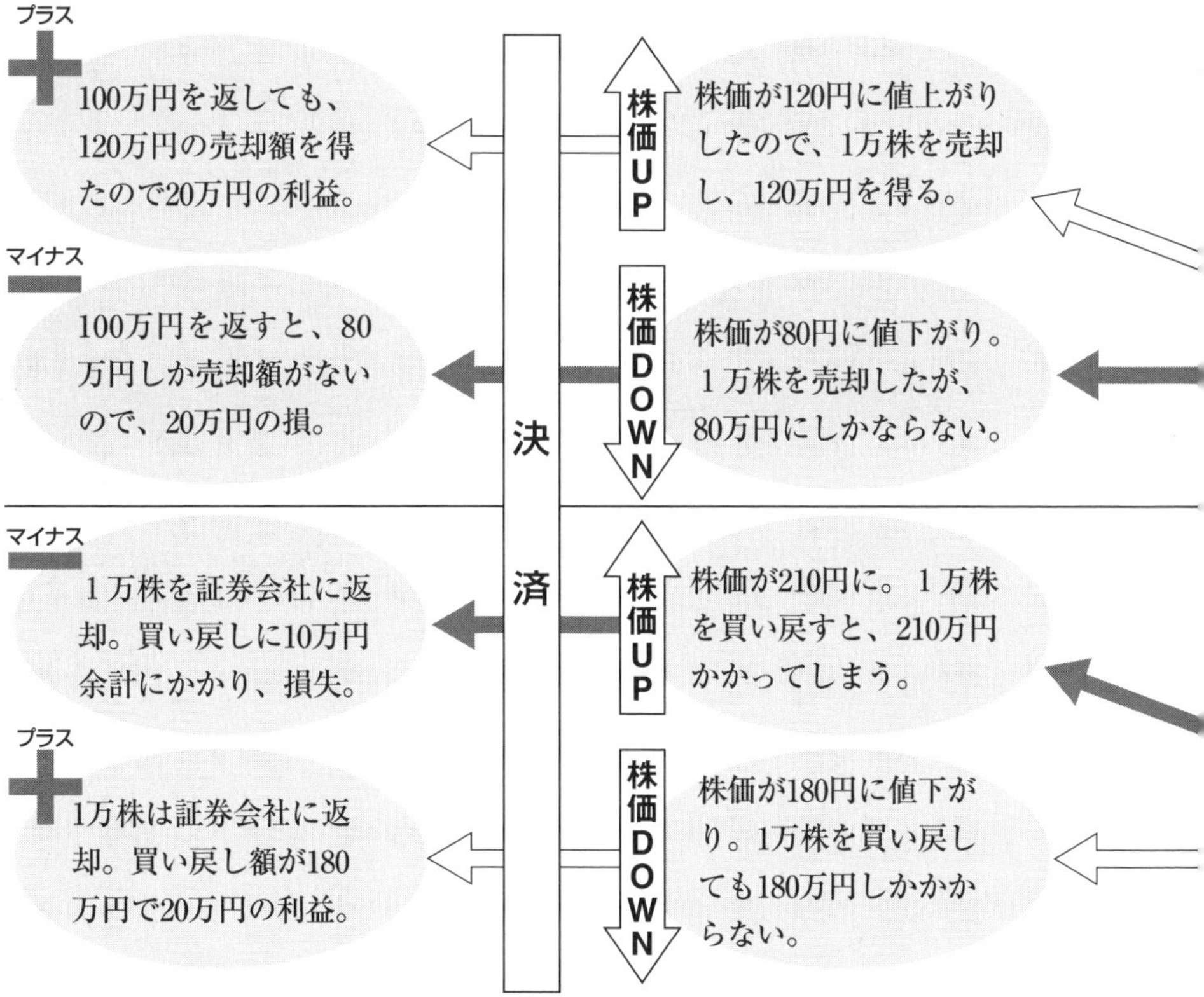
決済
株価UP
株価が120円に値上がりしたので、1万株を売却し、120万円を得る。
プラス
100万円を返しても、120万円の売却額を得たので20万円の利益。
株価DOWN
株価が80円に値下がり。1万株を売却したが、80万円にしかならない。
マイナス
100万円を返すと、80万円しか売却額がないので、20万円の損。
株価UP
株価が210円に。1万株を買い戻すと、210万円かかってしまう。
マイナス
1万株を証券会社に返却。買い戻しに10万円余計にかかり、損失。
株価DOWN
株価が180円に値下がり。1万株を買い戻しても180万円しかかからない。
プラス
1万株は証券会社に返却。買い戻し額が180万円で20万円の利益。

アジア全域を巻き込む通貨危機が起きた

1997年、タイを発生源として、近隣諸国の通貨が暴落。経済的大ダメージを被った。

ニュース THE 23
1997年、タイで発生した通貨危機が、アジア全域に広がる事件がありました

いま考えてもゾッとする事件だったわ。でも通貨危機って実際にどういう影響があるのかよくわからないの。

通貨危機とは言葉通り、通貨価値が極端に下落することをいうんだ。お金は低いところから高いところへ流れるというのは知ってるね（29ページ参照）。通常、ひとつの国の為替レートが安定していることや、金利が高いことは、大きなメリットなんだ。

ほかの国は、金利が高いところで運用したいし、為替リスク（22ページ参照）を嫌うからよね。

そう。ところが、その国の経済状況が悪くなると、為替レートが不安定になったりして海外からの資金がほかの国に行ってしまう。通貨危機とは、そのことで一国の経済が大ダメージを受けるほど大規模なものをいうんだよ。

通貨危機発生のしくみ

アジア通貨危機はタイが震源地となり、東アジアや東南アジア諸国に飛び火した。きっかけは、タイがドルペッグ制から変動相場制に移行したことだった。

ドルペッグ制をとっていた

ドルペッグ制とは、為替レートの変動を、ドルに連動させること。そうすることで、自国通貨にはない安定性が得られる。

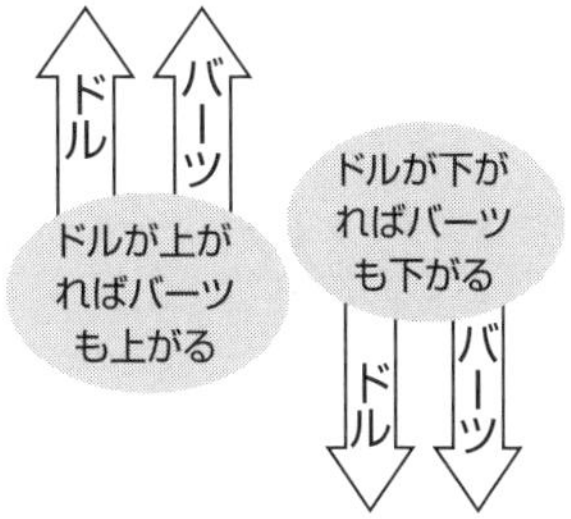

ドル
バーツ
ドルが上がればバーツも上がる
ドルが下がればバーツも下がる
ドル
バーツ

当　時

クリントン政権下で経済が好調。結果的にドルの価値も上がり、ドル高になっていた。

タイの経済力が下がる

バーツも高くなる

ドルと事実上ペッグしているので、ドルが上がればバーツの価値も上がる。

バーツ高になると輸出減

バーツ高になると、輸出力が低下し、経済状況が悪化してしまう。

タイの国力低下

それまで黒字だった貿易収支が、突然赤字になり、国力が大幅に低下してしまった。

資金が逃げはじめる

経済的に不安定な国からは、海外からの資金が逃げていく。

ヘッジファンドの登場

バーツの値下がりを見込んだヘッジファンドが大量にバーツの空売りをおこなったことで、ますます市場が動揺。暴落に拍車をかけた。

通貨危機に

バーツの投げ売りがはじまり通貨危機に。周辺地域にも影響が及ぶ。

ヘッジファンドの動きが大きく影響した

COLUMN

リチャード・S・ファルド・ジュニア

1946年～（アメリカ）

―リーマン・ブラザーズを破綻に導いた男―

トレーダーとして、実績を積み上げてきた

１９４６年にニューヨークで生まれたファルドは、コロラド大学卒業後、ニューヨーク大学スターン経営学大学院でＭＢＡ（経営学修士）を取得した。

彼が入社したリーマン・ブラザーズの起源は、１８５０年にヘンリー、エマニュエル、マイヤーのリーマン３兄弟が設立したもの。もとは綿花や穀物類を扱う会社で、のちに金融業に携わった。１８６８年にアラバマ州からニューヨークに拠点を移し、業界第４位の投資銀行に成長した。

入社後、ファルドは債券トレーダーとして活躍し、１９９４年にＣＥＯ（最高経営責任者）に就任した。

金融危機に直面し、リーマンを破綻させる

ＣＥＯに就任したファルドは、経済誌で高く評価され、辣《らつ》腕《わん》をふるう。しかし、そのワンマンぶりが災いし、やがて破綻を招くことになる。

当初は利益を上げた住宅ローンの証券化商品は、やがてサブプライムローン問題としてリスクが明らかに。

この債権を大量に抱えたリーマンは、莫大な損失を被った。またレバレッジを効かせた取引額は、自社の有形固定資産（帳簿上ではなく、実際に目に見える機械装置や不動産資産）の何十倍にものぼった。

こうして、リーマン・ブラザーズは、史上最高額の負債を抱えて破綻したのである。

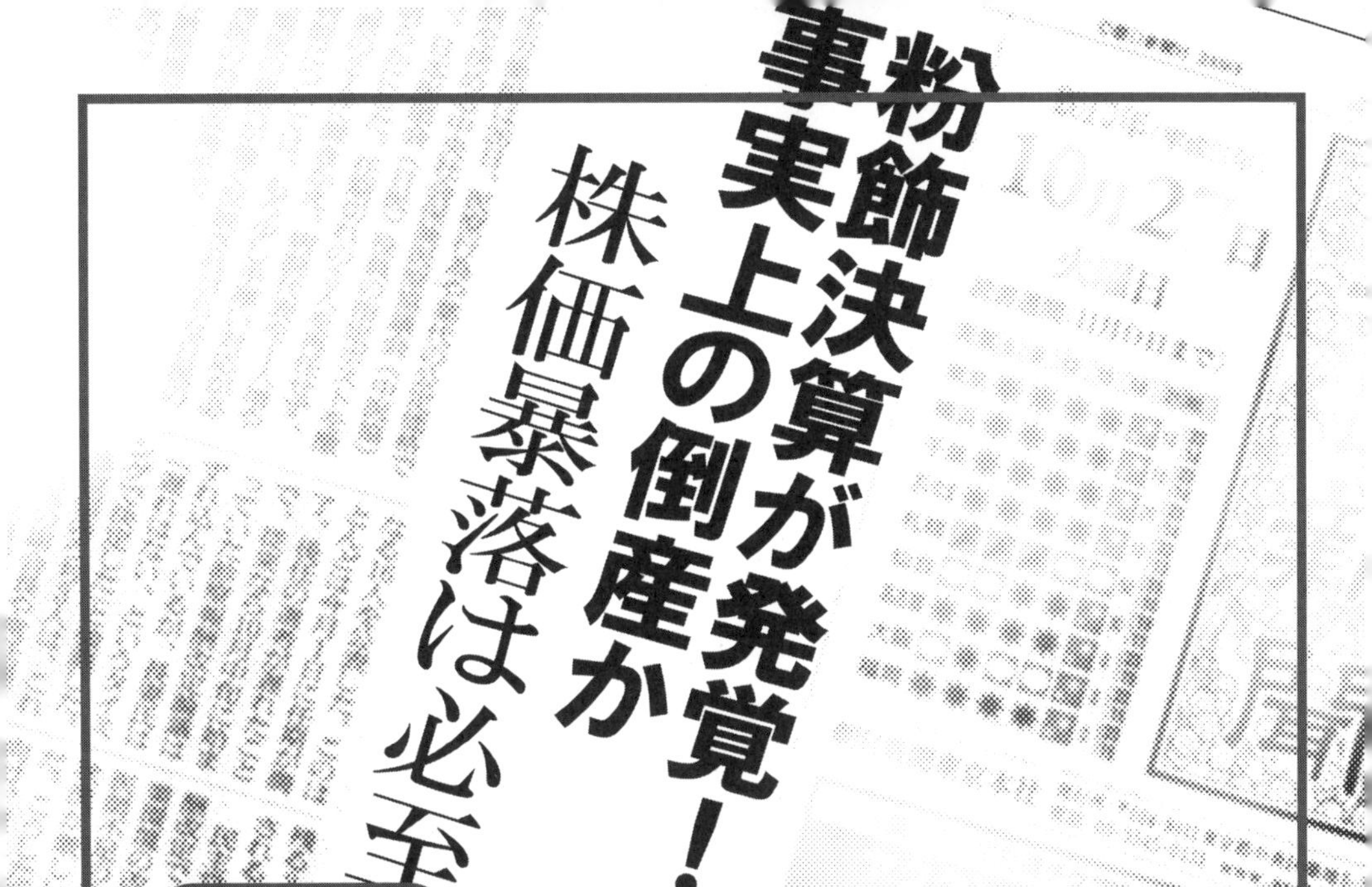
粉飾決算が発覚！
事実上の倒産か
株価暴落は必

第4章

証券市場で資金調達と資産運用をおこなう

――証券・債券市場のしくみ――

株式は、もっとも一般的な有価証券だろう。
企業が資金調達のために発行する。
株式が流通する市場は、企業にとっては資金調達、
投資家にとっては資産運用をおこなう場所だ。

金融市場

取引の期間や参加者で市場を分類できる

金融市場はお金の貸し借りをする場だ。その種類は幅広い。まず、大きく分けると国内市場と国際市場に分かれる。国内市場だけ見ても、**長期金融市場**と**短期金融市場**に分かれる。そして、この2つのなかにもさらに細かい種類がある。

まず長期金融市場は、**株式市場**と**債券市場**に分かれる。短期金融市場はより複雑で、まず**インターバンク市場**と**オープン市場**に分かれ、さらにそれぞれが細分化される。加えて最近は、デリバティブ市場の台頭も目立ってきた。

金融市場の分類

借入の期間と市場の参加者によって、長期金融市場と短期金融市場、インターバンク市場とオープン市場に分類できる。

参加者は銀行

金融機関どうしが過不足分の資金をやりとりする短期金融市場。

インターバンク市場

金融機関のみ参加するインターバンク市場は、コール市場、手形売買市場、銀行間預金市場の3つに分類できる。

コール市場

借入期間が1ヵ月以内の、短期的な貸し借りをおこなう。

手形売買市場

借入金の支払期日を明記した約束手形を、銀行どうしで売買する。

銀行間預金市場

銀行どうしが預金という形で、資金を貸し借りする。円デポ市場とも呼ばれる。

市場が整っていると、
取引がスムーズ

長期金融市場
取引が１年以上に及ぶ、比較的長期間の資金のやりとりをする。

株式市場
企業が発行した株式を売買する。売買は証券会社を通じておこなう。

債券市場
国や地方公共団体などが発行した公共債、企業が発行した社債などを売買する。

期間

参加者

企業・個人が参加
金融機関以外の企業や個人も参加できる金融市場。

オープン市場
文字通り、多くの参加者に公開されたオープン市場には、債券現先市場など、５つの市場がある。

債《さい》券《けん》現《げん》先《さき》市《し》場《じょう》
期日に買い戻すことを前提として債券を売り、買い戻すまで資金を借りる。

債券レポ取引市場
現金を担保として債券の貸し借りをおこなう。債券現先市場と本質は同じ。

CD市場、CP市場、FB・TB市場
CD（譲渡性預金）、CP（コマーシャルペーパー）、FB（政府短期証券）、TB（割引短期国債）の売買を、それぞれの市場でおこなう。

短期金融市場
取引が１年未満の、比較的短期の資金のやりとりをする。

証券

株式を買うことは、企業に出資すること

知っておきたい基礎知識

証券の分類

「価値がある証券＝有価証券」には、貨幣証券、物品証券、資本証券の3種類がある。

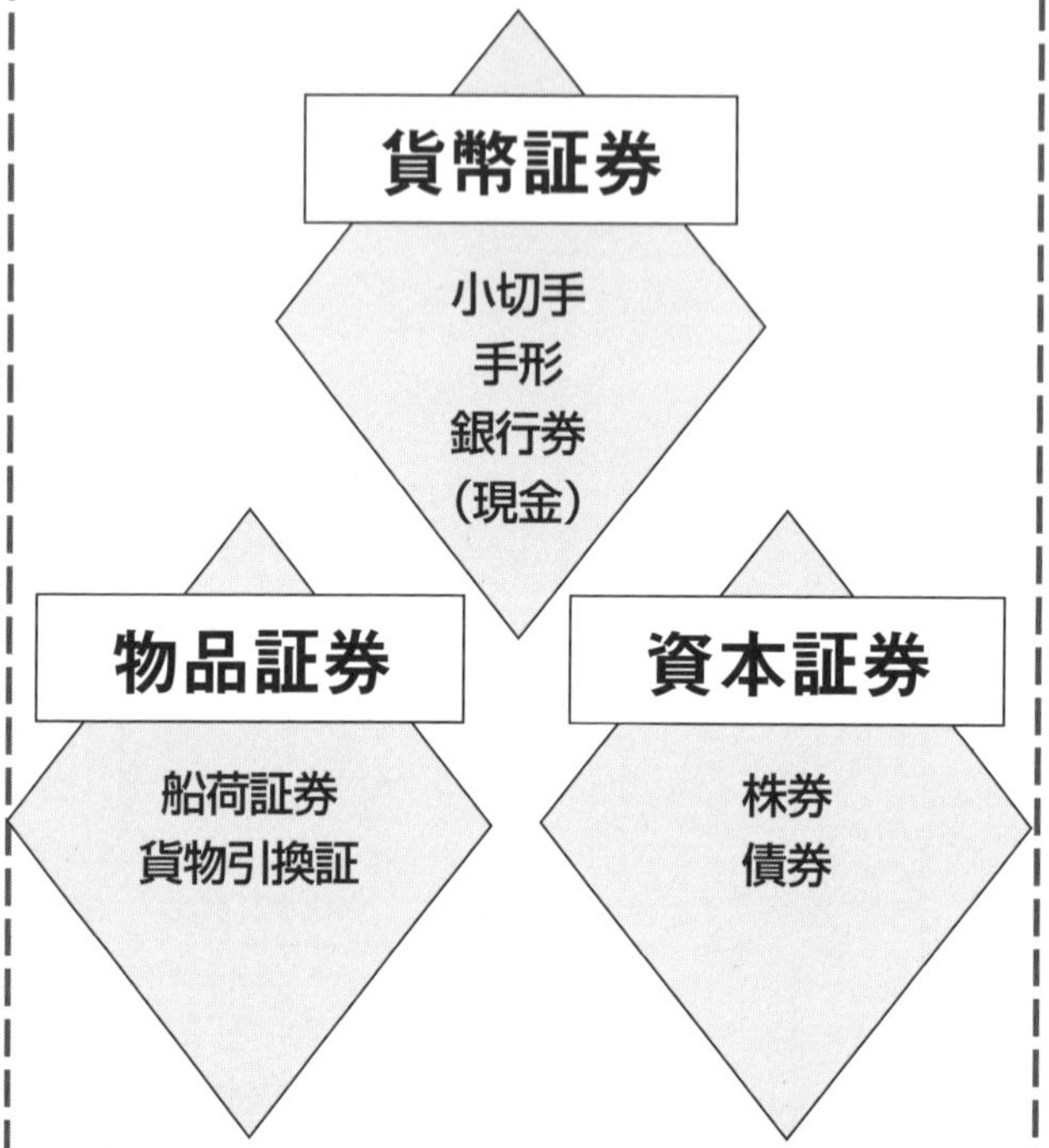
貨幣証券
小切手
手形
銀行券
（現金）
物品証券
船荷証券
貨物引換証
資本証券
株券
債券

株式は企業が資金集めのために発行するもの。投資家が株式を買うことにより企業は資金を得て、経営資金を調達する。

株を買った人は**株主**と呼ばれる。株主は、いわば企業のスポンサーだ。そのため、所有株式の割合に応じて、会社の経営に参加する権利と、会社の利益の一部を分配金として受け取る権利がある。

企業にとっては、銀行からの借入金や社債と違い、返済や利息支払いの義務なしに資金を集められる点がメリットだ。

株券発行は資金調達の手段

企業運営には莫大な資金が必要。銀行から借り入れることもできるが、出資者に対して返済義務のない株式の発行も有効な手段のひとつだ。

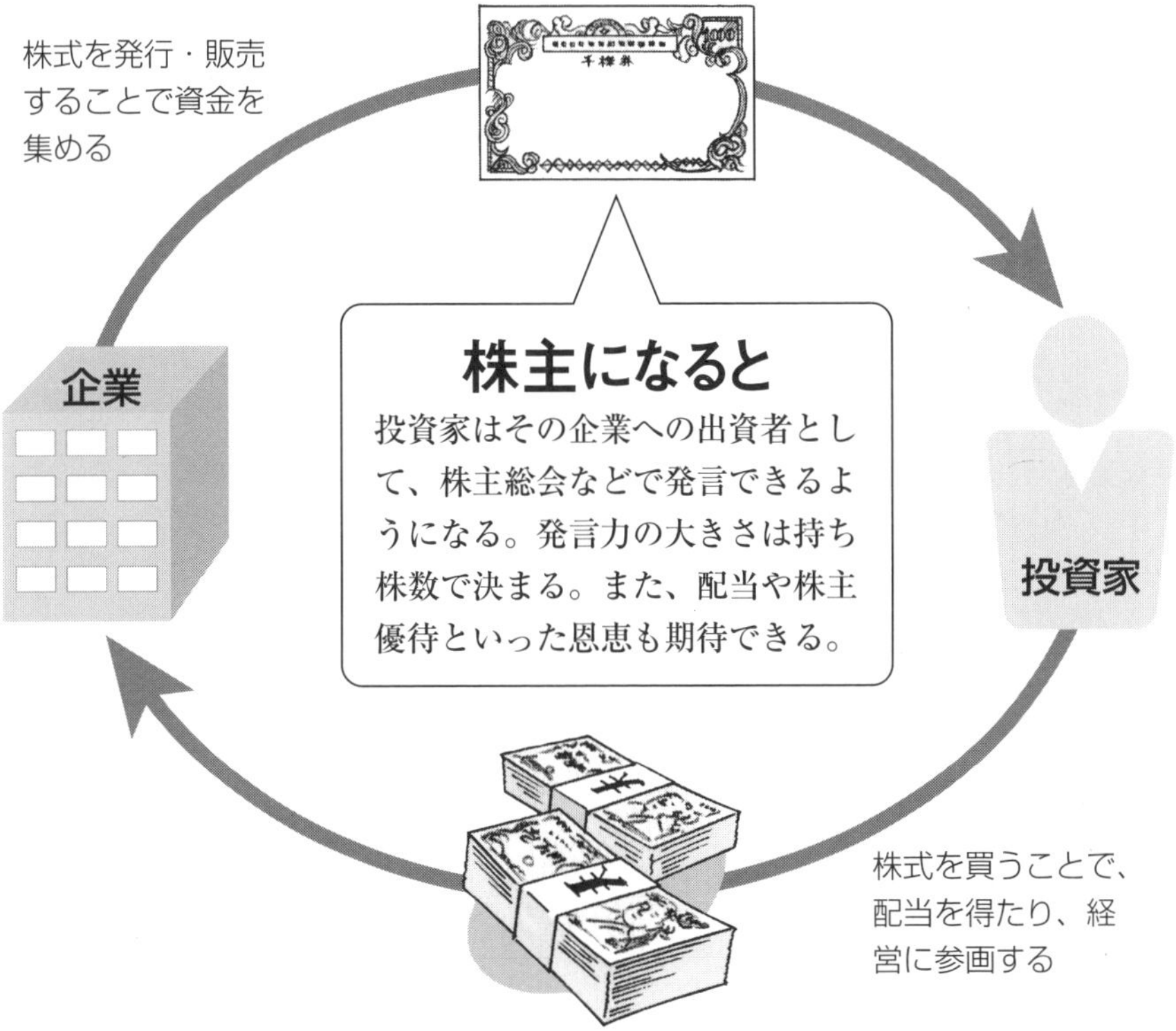
株式を発行・販売することで資金を集める
企業
株主になると
投資家はその企業への出資者として、株主総会などで発言できるようになる。発言力の大きさは持ち株数で決まる。また、配当や株主優待といった恩恵も期待できる。
投資家
株式を買うことで、配当を得たり、経営に参画する

株券はお金と同じように価値がある。2009年1月までは、金庫に大切にしまわれることも多かった。現在は電子化されている

証券

東証やジャスダックで取引されている

投資家が株式を売買する際、仲介役となるのが**証券会社**だ。証券会社が取り次いだ顧客からの、買いと売りの注文を結びつけるのが**証券取引所**である。

日本には東京、大阪、名古屋、福岡、札幌に証券取引所があるほか、ジャスダックなど中堅企業向け市場も設けられている。

東京、大阪、名古屋の3つの市場は、第一部と第二部に分かれ、第一部のほうが上場条件が厳しい。そのほか、各取引所にはマザーズなどの新興企業向け市場もある。

発行市場と流通市場がある

企業が株式を発行し、証券会社に委託して流通させるまでの過程を発行市場、実際に株式が売買される市場を流通市場と呼ぶ。

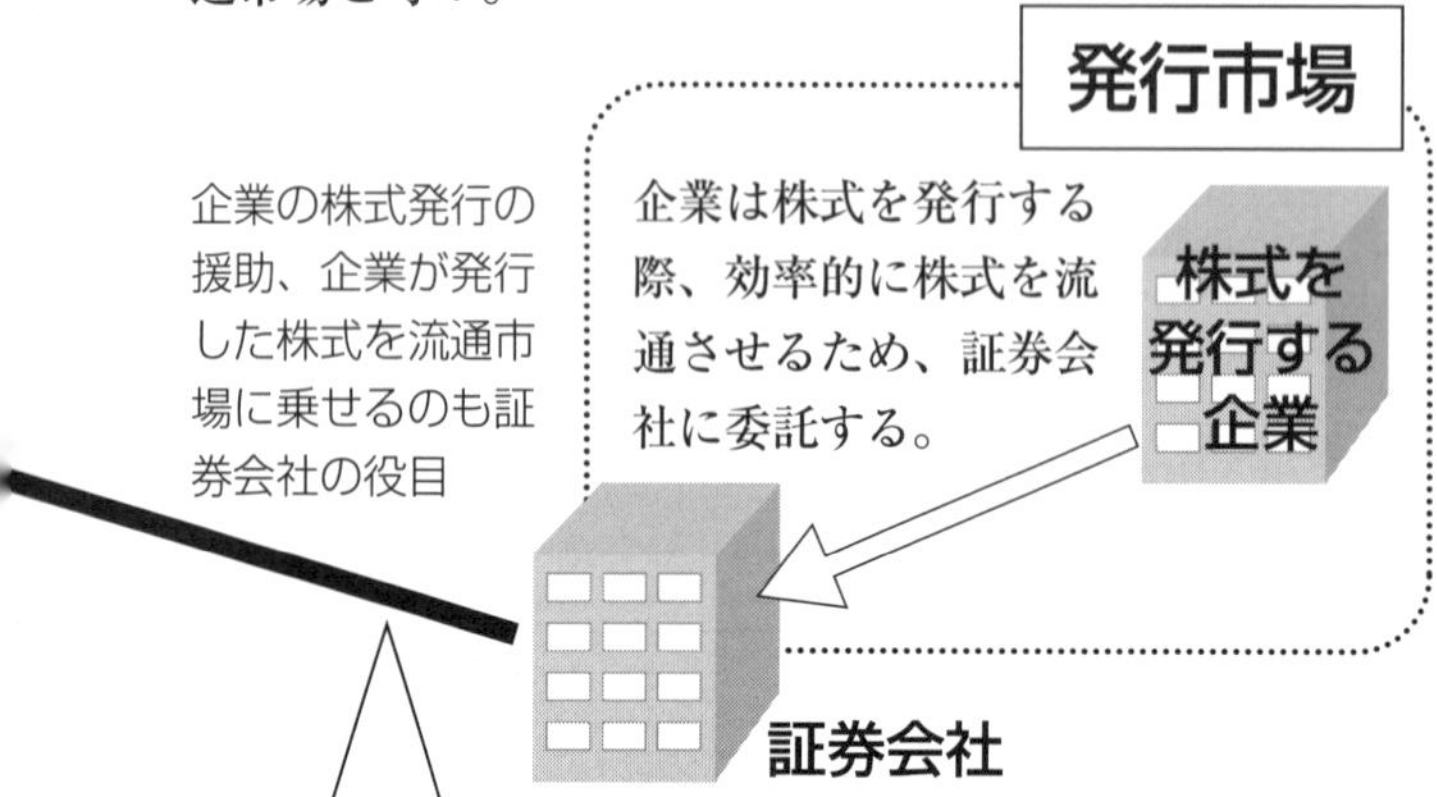

発行市場
企業は株式を発行する際、効率的に株式を流通させるため、証券会社に委託する。
株式を発行する企業
証券会社
企業の株式発行の援助、企業が発行した株式を流通市場に乗せるのも証券会社の役目

株式公開（上場《じょうじょう》）には厳しい基準が

- 上場時、株主数2200人以上
- 上場時、流通株式数2万単位以上
- 流通株式数の比率が上場株券等の35%以上
- 上場時、時価総額が500億円以上
- 連結純資産10億円以上　　など

（東証一部の場合）

東京は世界三大取引所のひとつ

証券取引所は世界中の国々にあるが、そのなかでも東京証券取引所はニューヨーク、ロンドンと並び、世界の三大取引所のひとつに数えられている。

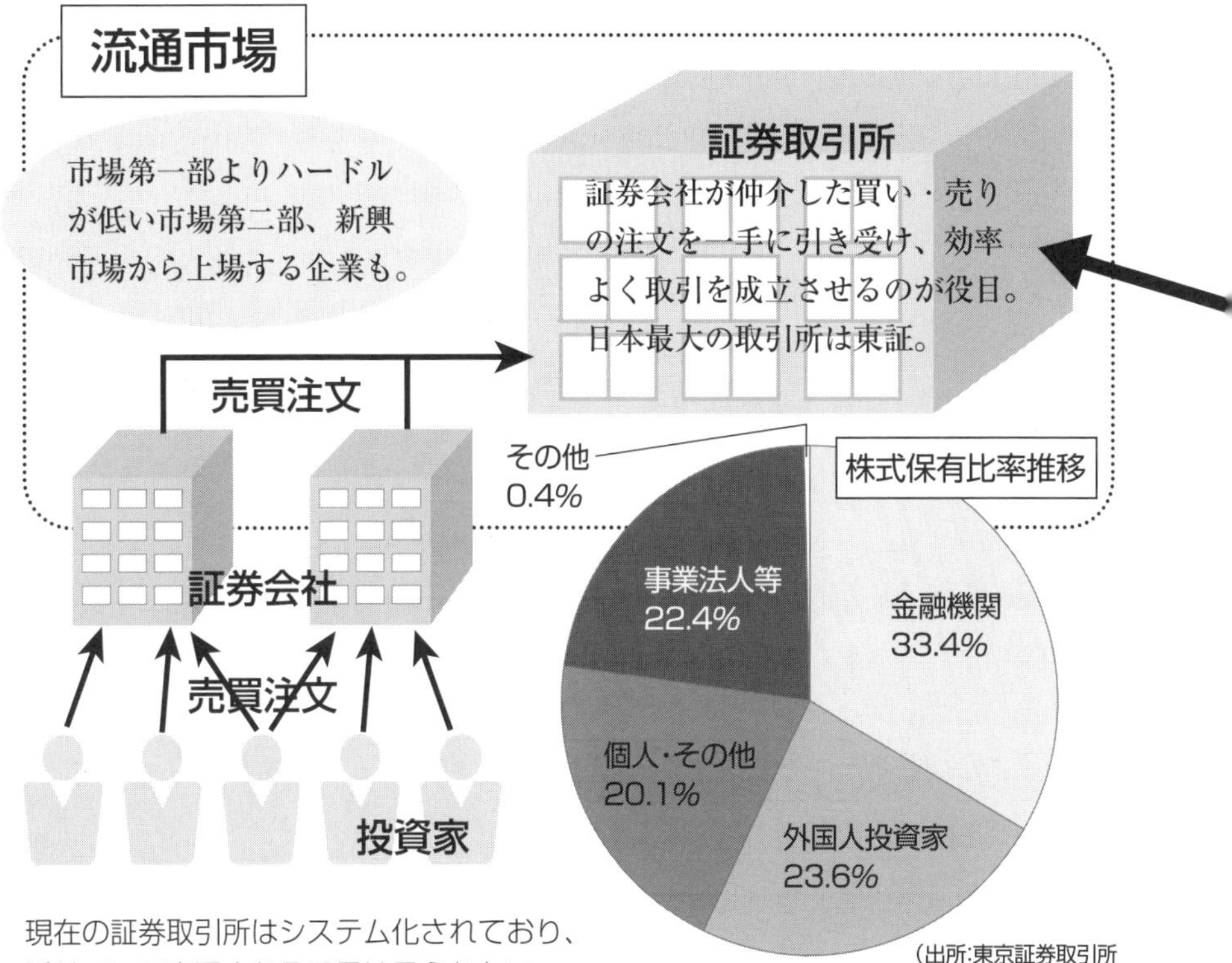

流通市場
市場第一部よりハードルが低い市場第二部、新興市場から上場する企業も。
証券取引所
証券会社が仲介した買い・売りの注文を一手に引き受け、効率よく取引を成立させるのが役目。日本最大の取引所は東証。
売買注文
証券会社
売買注文
投資家
株式保有比率推移
その他 0.4%
事業法人等 22.4%
金融機関 33.4%
個人・その他 20.1%
外国人投資家 23.6%

(出所:東京証券取引所 2008年のデータ)

現在の証券取引所はシステム化されており、手サインで売買される風景は見られない

証券

企業の業績や人気が株価を決める

流通市場で取引される株式の価格は、市場が開いているときに、刻々と変化する。

株価は、個人や企業を含むすべての**投資家の需要と供給**によって決まるものだ。買いたい人が多ければ、株価が高くても売れるので値が上がる。反対に売りたい人が多ければ、値下がりする。

ただし、資金量が大きい投資家（企業など）が参入すると、その動きに市場が翻弄《ほんろう》される場合も。最近は海外の大口投資家が目立ち、その動向で市場が乱高下しやすい。

欲しがる人が多ければ株価は上がる

業績がよい会社の株式は成長が期待でき、買いたい人が増える。株式の数は限られるため、買いたい人が多ければ値上がりする。

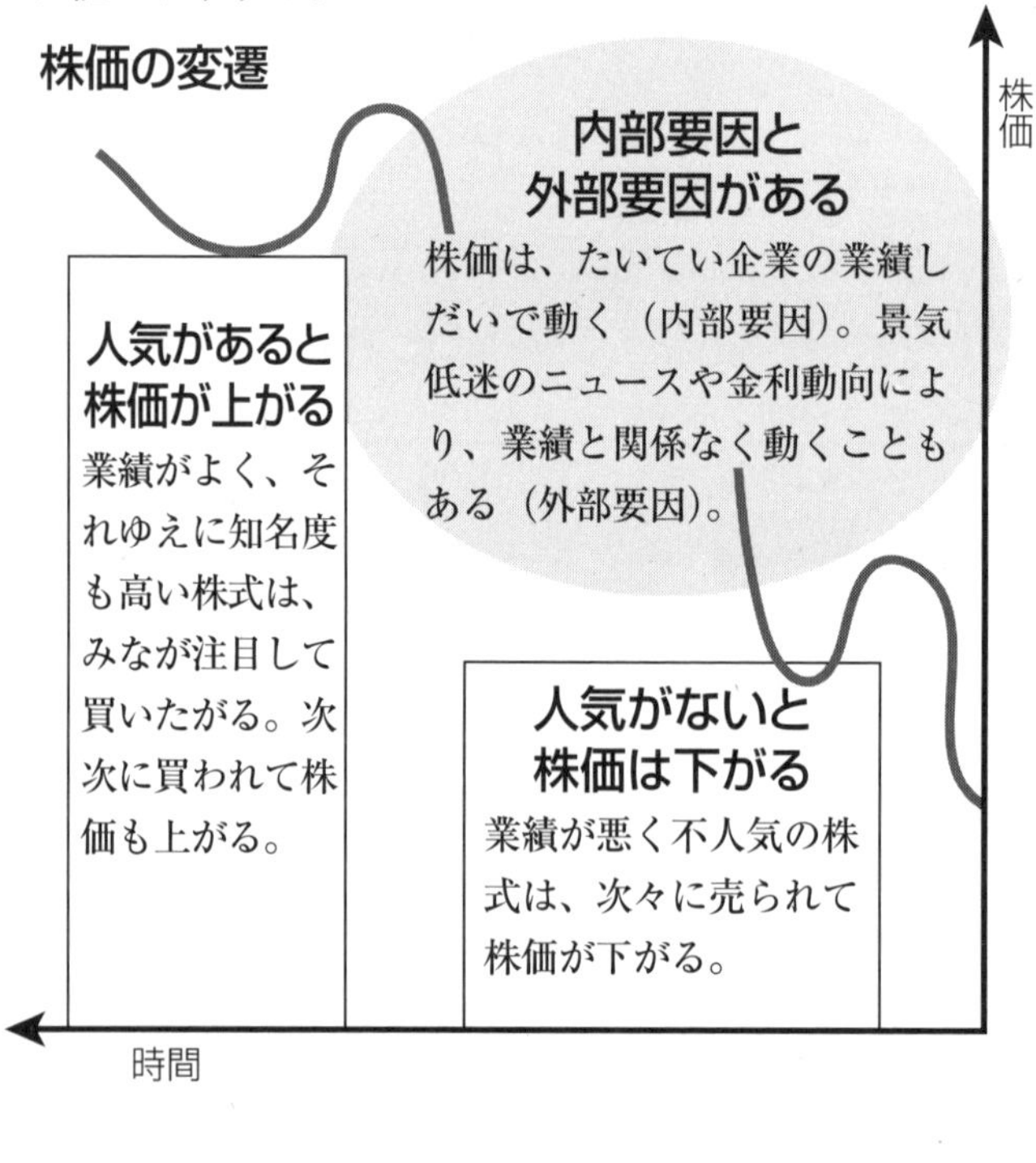

株価の変遷
株価
時間
内部要因と
外部要因がある
株価は、たいてい企業の業績しだいで動く（内部要因）。景気低迷のニュースや金利動向により、業績と関係なく動くこともある（外部要因）。
人気があると
株価が上がる
業績がよく、それゆえに知名度も高い株式は、みなが注目して買いたがる。次次に買われて株価も上がる。
人気がないと
株価は下がる
業績が悪く不人気の株式は、次々に売られて株価が下がる。

粉飾決算が発覚！
事実上の倒産か
株価暴落は必至
新聞やテレビの
ニュースに敏感
になろう

世界のできごとが株価を左右する

リーマンショックなどの世界金融危機や、GM（ゼネラル・モーターズ）の破綻といった大事件が起こると、世界経済の失速懸《け》念《ねん》から、各国で株価が変動する。

金利

金利DOWN
預金しても利息がつかないと、株式に投資する人が増え、市場が活況に。

預貯金との比較で考える
金利しだいで、投資熱が高まる時期と預貯金志向に傾く時期がある。どちらが有利か考える。

金利UP
預貯金の金利がアップすると、資金が投資商品から預貯金に流れ、株価はダウンする。

業績

業績DOWN
業績が悪化すれば、株が値下がりするうえに配当が減少する可能性もあり、人気は低迷。

ニュースにも影響される
想定を上回る業績下方修正のニュースが流れると、先行きが懸念され、株価下落要因に。

業績UP
業績が上がると、株の値上がり益のほかに配当が増えることも期待され、人気が高まる。

経済の指標になるTOPIXや日経平均

ＴＯＰＩＸや日経平均株価は景気を映す鏡。その動きは、つねに注目されている。

ニュース THE 23
本日、日経平均が大幅に上昇しました

TOPIXとか日経平均ってなんのこと？耳にすることは多いけど、よくわかんないのよ。

TOPIX（東証株価指数）も日経平均株価も、経済の大切な指標となる指数だよ。TOPIXは、東証一部に上場している全銘柄を、時価総額（株価×株式数）で計算する。日経平均株価は、東証一部に上場している銘柄のうち、代表的な225銘柄の株価を単純平均したものだ。

なるほど。TOPIXや日経平均の動きは、市場の株価と連動しているってことだね。株価は企業の業績と関係しているのよね。

そう。つまりTOPIXや日経平均の動きは、企業の業績の変化を示すものでもある。この指標を見れば、日本の経済全体を概観することもできるんだ。

経済指標から読む

日経平均株価は、日本を代表する企業の株価から算出されるため、その動きを見れば日本経済全体の動きを知ることができる。

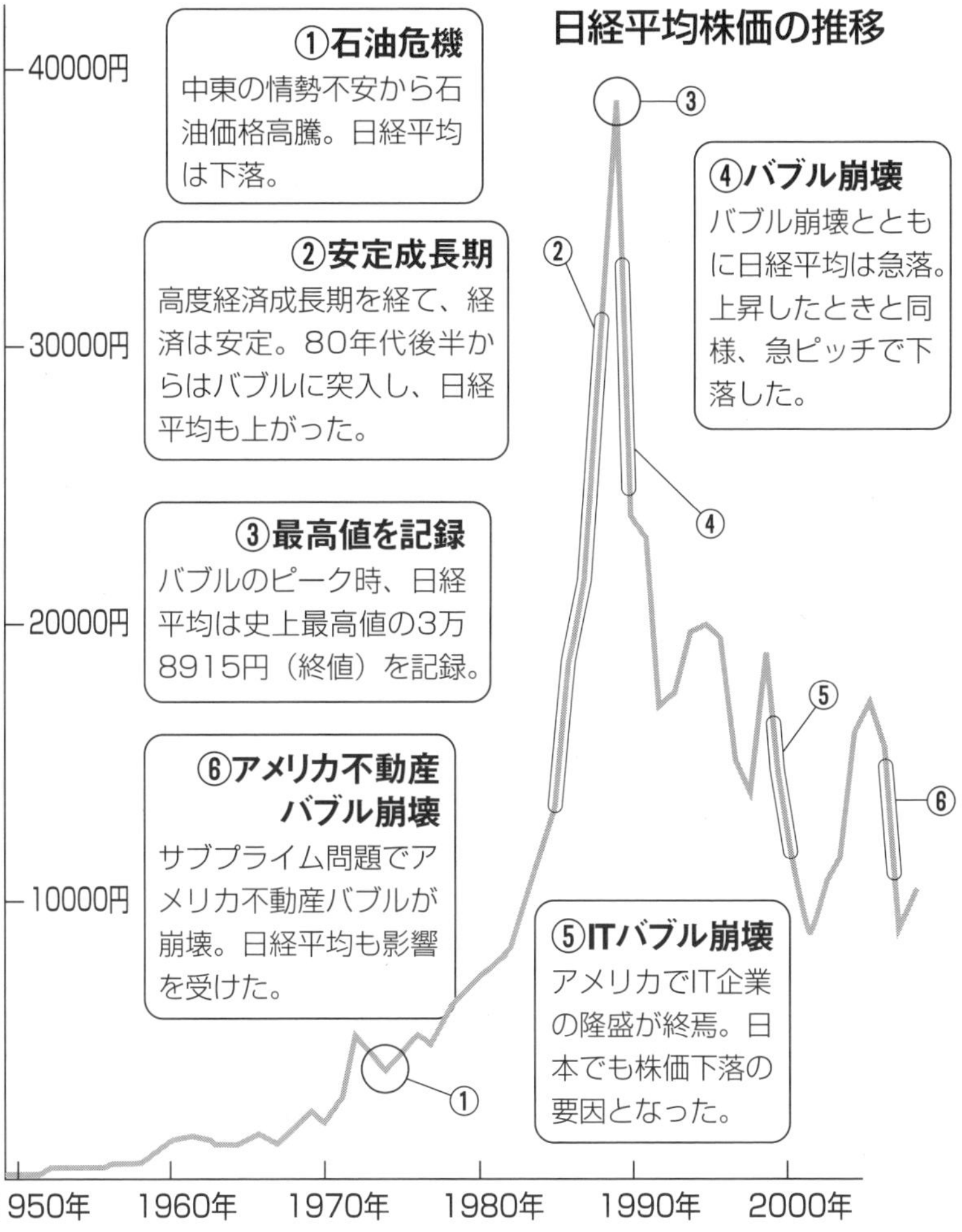
日経平均株価の推移
40000円
30000円
20000円
10000円
1950年
1960年
1970年
1980年
1990年
2000年
①石油危機
中東の情勢不安から石油価格高騰。日経平均は下落。
②安定成長期
高度経済成長期を経て、経済は安定。80年代後半からはバブルに突入し、日経平均も上がった。
③最高値を記録
バブルのピーク時、日経平均は史上最高値の3万8915円（終値）を記録。
④バブル崩壊
バブル崩壊とともに日経平均は急落。上昇したときと同様、急ピッチで下落した。
⑤ITバブル崩壊
アメリカでIT企業の隆盛が終焉。日本でも株価下落の要因となった。
⑥アメリカ不動産バブル崩壊
サブプライム問題でアメリカ不動産バブルが崩壊。日経平均も影響を受けた。
①
②
③
④
⑤
⑥

（出所：日本経済新聞社ホームページ）

債券

投資家どうしのやりとりを仲介する店頭取引が多い

債券は企業の借金

債券の購入者は、満期日に元本と利息を償還してもらう権利を持つが、途中で会社が倒産すると、債券は無価値になってしまう。

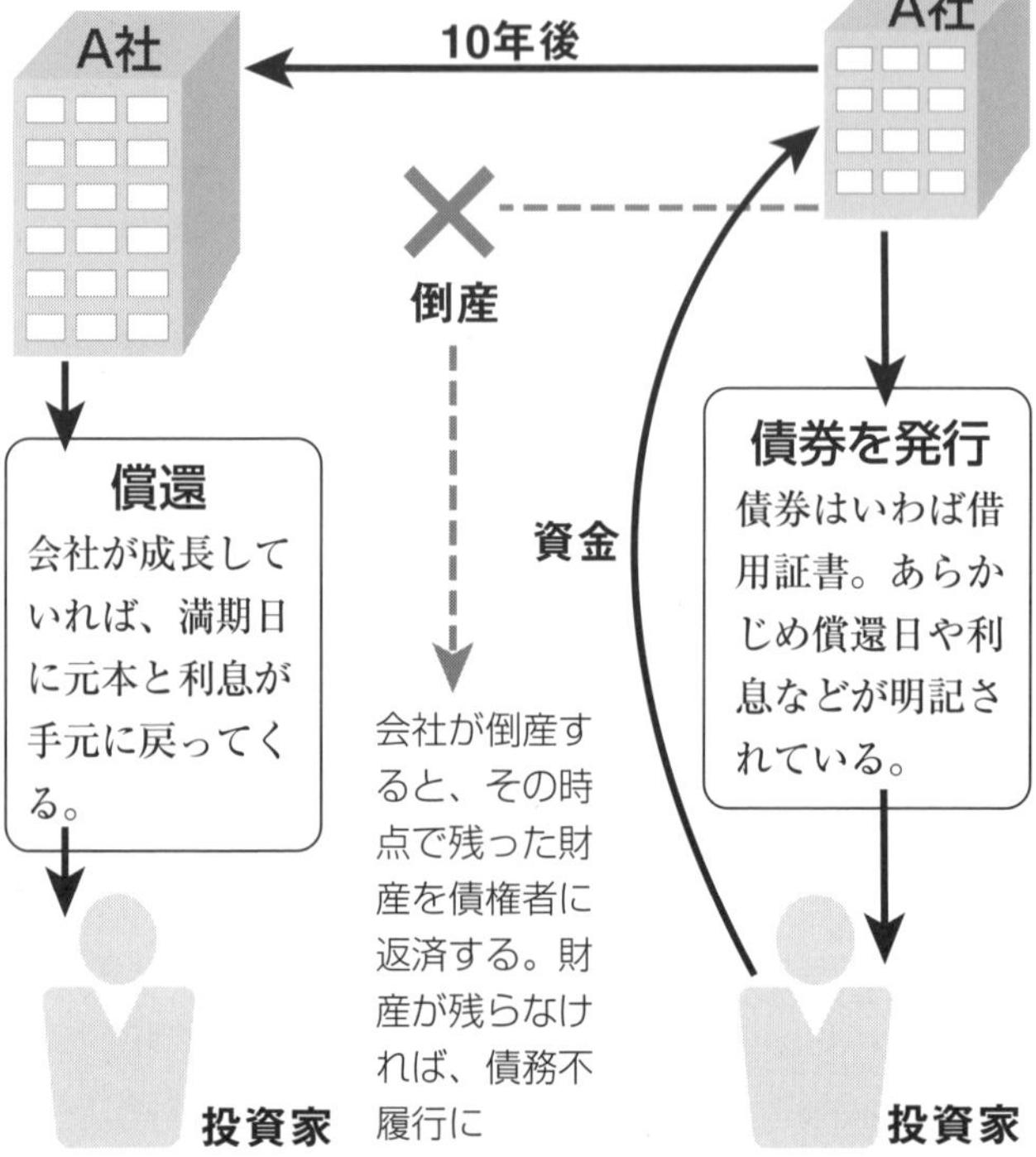
A社
10年後
A社
倒産
償還
会社が成長していれば、満期日に元本と利息が手元に戻ってくる。
資金
債券を発行
債券はいわば借用証書。あらかじめ償還日や利息などが明記されている。
会社が倒産すると、その時点で残った財産を債権者に返済する。財産が残らなければ、債務不履行に
投資家
投資家

債券は、国や地方公共団体、企業が資金調達のために発行する。証券会社などで購入できる。

債券にも上場の制度があり、株式と同じように取引所取引で売買できる。しかし、株式よりも種類が多く、取引所ですべてを扱うには限界がある。

そのため、投資家からの売買注文を証券会社が相手方となって成立させる店頭取引が一般的だ。

債券には満期日があり、その日になれば元本と利息が償還《しょうかん》されるが、途中で転売することもできる。

最近は六本木に事務所を構えるところでも倒産が多いらしいな
社債を発行して資金を集められないのか？

債券の価格は市場の利率に左右される

満期日前に債券を売却する際、価格は市場金利しだいで変わる。市場金利が上昇すると債券相場は下落、逆に市場金利が下落すると、債券相場は上昇する傾向がある。

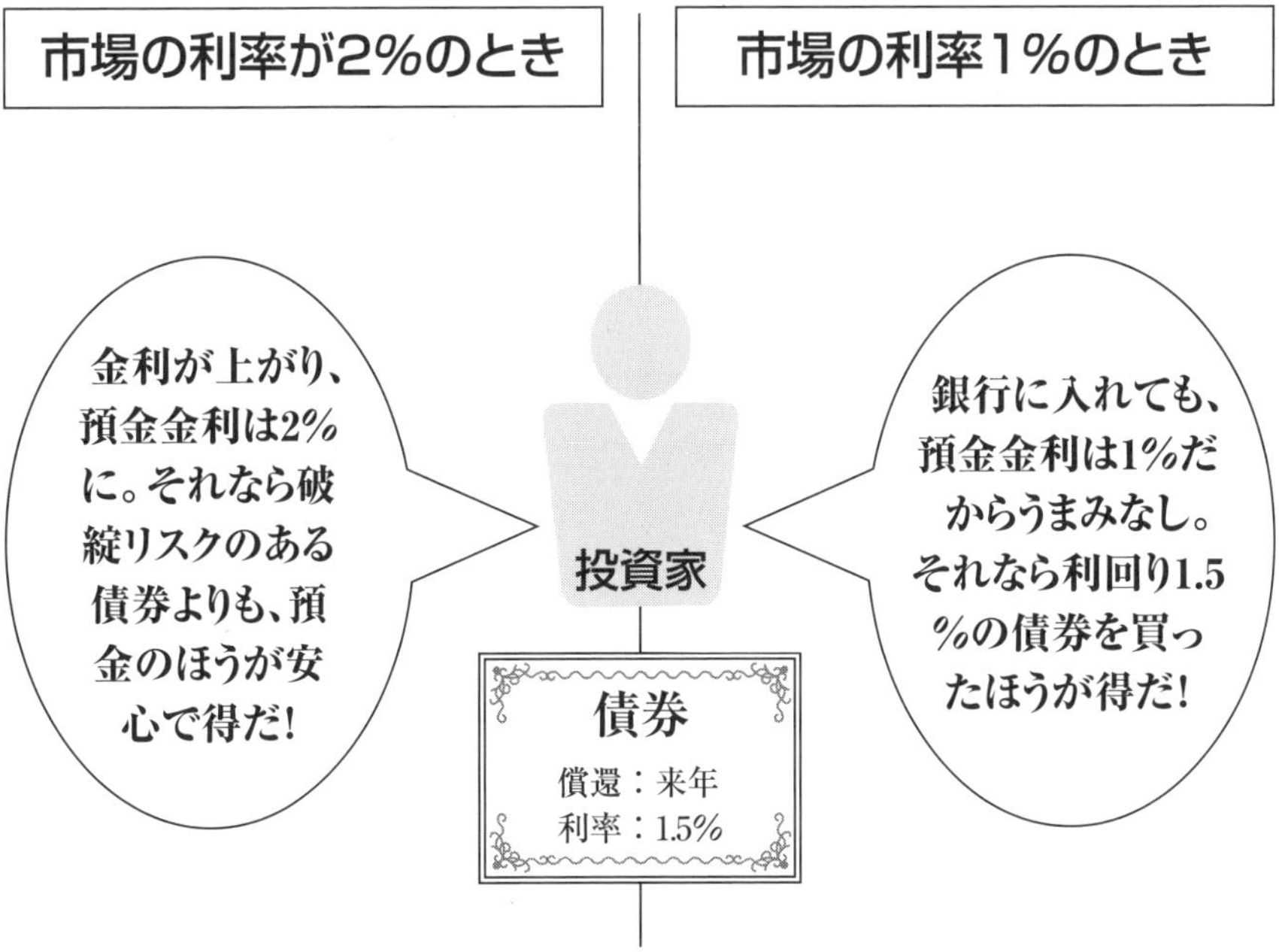
市場の利率が2%のとき
市場の利率1%のとき
金利が上がり、預金金利は2%に。それなら破綻リスクのある債券よりも、預金のほうが安心で得だ!
投資家
銀行に入れても、預金金利は1%だからうまみなし。それなら利回り1.5%の債券を買ったほうが得だ!
債券
償還：来年
利率：1.5%

債券

企業だけでなく国も債券を発行している

債券の種類

国内で売買できる債券には、公共債、民間債、海外の債券(外国債)がある。特徴ごとに細かく分類されている。

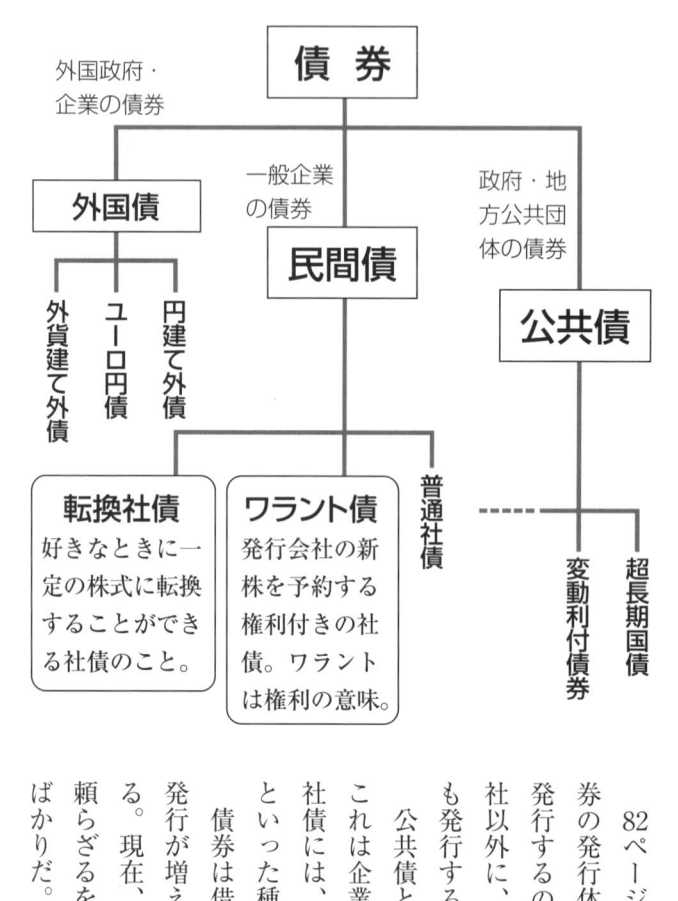

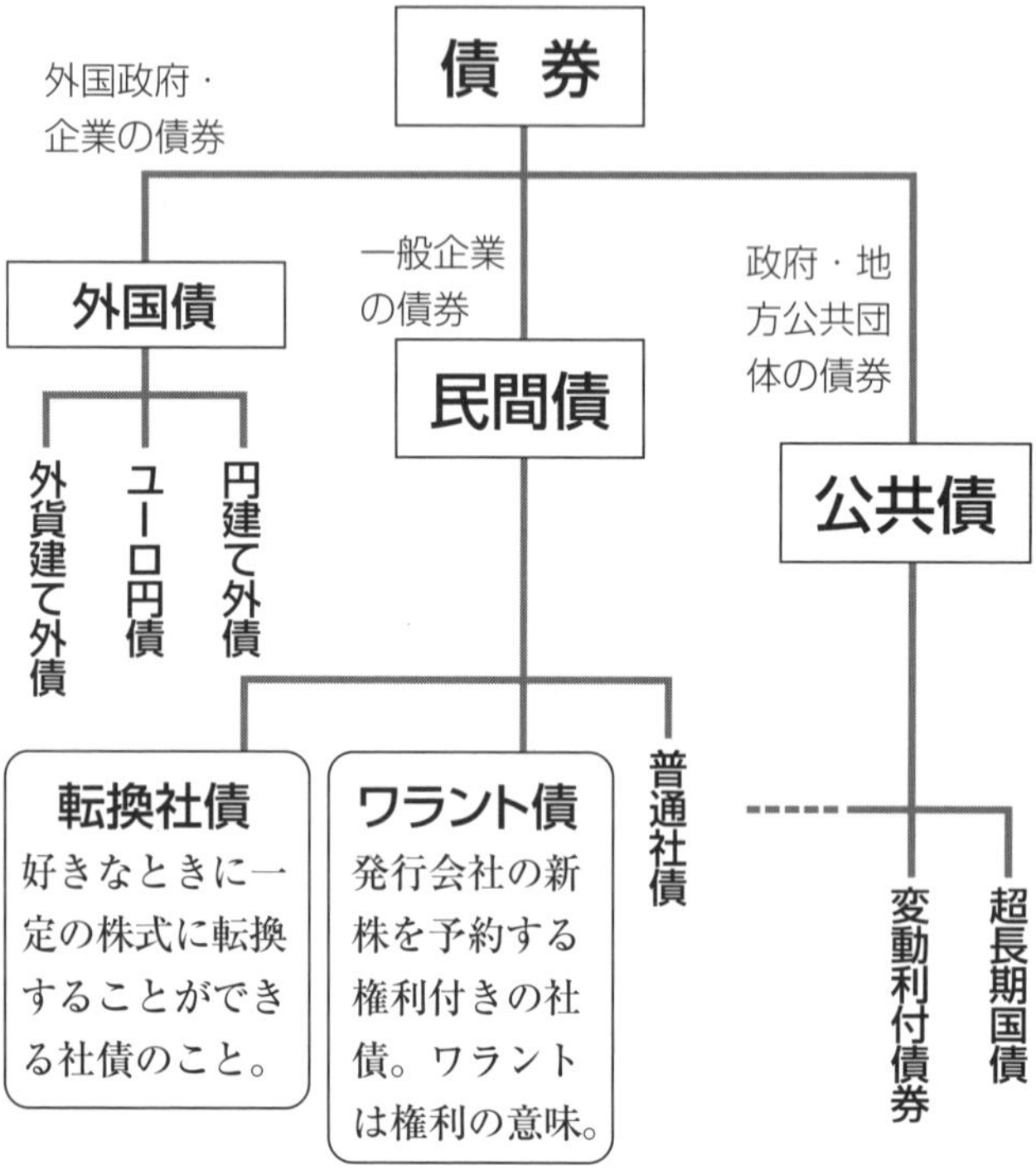
債　券
外国政府・企業の債券
外国債
一般企業の債券
民間債
政府・地方公共団体の債券
公共債
外貨建て外債
ユーロ円債
円建て外債
転換社債
好きなときに一定の株式に転換することができる社債のこと。
ワラント債
発行会社の新株を予約する権利付きの社債。ワラントは権利の意味。
普通社債
変動利付債券
超長期国債

82ページでも触れたように、債券の発行体はさまざまだ。株式を発行するのは企業だが、債券は会社以外に、国や地方公共団体なども発行する。**公共債**と呼ぶ。

公共債と対をなすのが**民間債**で、これは企業が発行する社債を指す。社債には、転換社債やワラント債といった種類がある。

債券は借金と同じだ。公共債の発行が増えると、国の借金が増える。現在、債券による資金調達に頼らざるを得ず、国の財政は傾くばかりだ。

政府の財政は危機的状況

債券を発行し続け、借金を重ねていった結果、日本政府が抱える借金は、公債だけで約600兆円という未曾有の金額に跳ね上がっている。

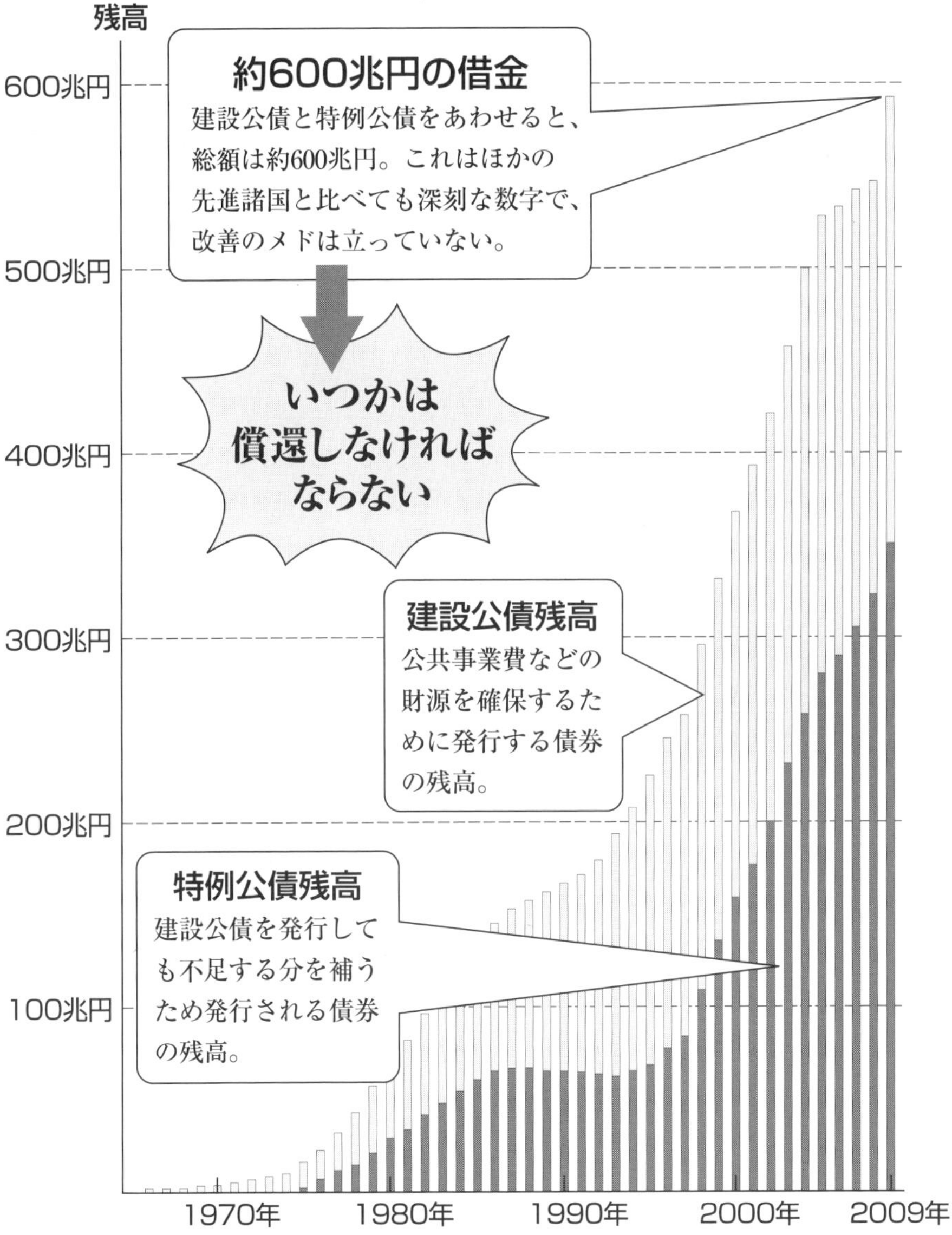

残高
600兆円
500兆円
400兆円
300兆円
200兆円
100兆円
1970年
1980年
1990年
2000年
2009年
約600兆円の借金
建設公債と特例公債をあわせると、総額は約600兆円。これはほかの先進諸国と比べても深刻な数字で、改善のメドは立っていない。
いつかは償還しなければならない
建設公債残高
公共事業費などの財源を確保するために発行する債券の残高。
特例公債残高
建設公債を発行しても不足する分を補うため発行される債券の残高。

（出所:財務省『公債残高の累増』）

投資信託

少額からたくさんの銘柄に投資できる

投資家から資金を集め、その資金を運用のプロがさまざまな金融商品に分散投資する金融商品を、**投資信託（投信）**と呼ぶ。運用による利益は、出資した金額に応じて分配される。

株式の取引をはじめるには、それなりに知識や資金が必要だ。投信は相場を知りつくしたファンドマネジャーが運用する。複数の商品に分散投資することで、一気に資産が目減りするリスクを軽減できる。

1万円前後から購入可能だ。

4つのメリット

投資信託には、少額資金ではじめられるなどのメリットがあり、投資の初心者にもはじめやすい商品設計となっている。

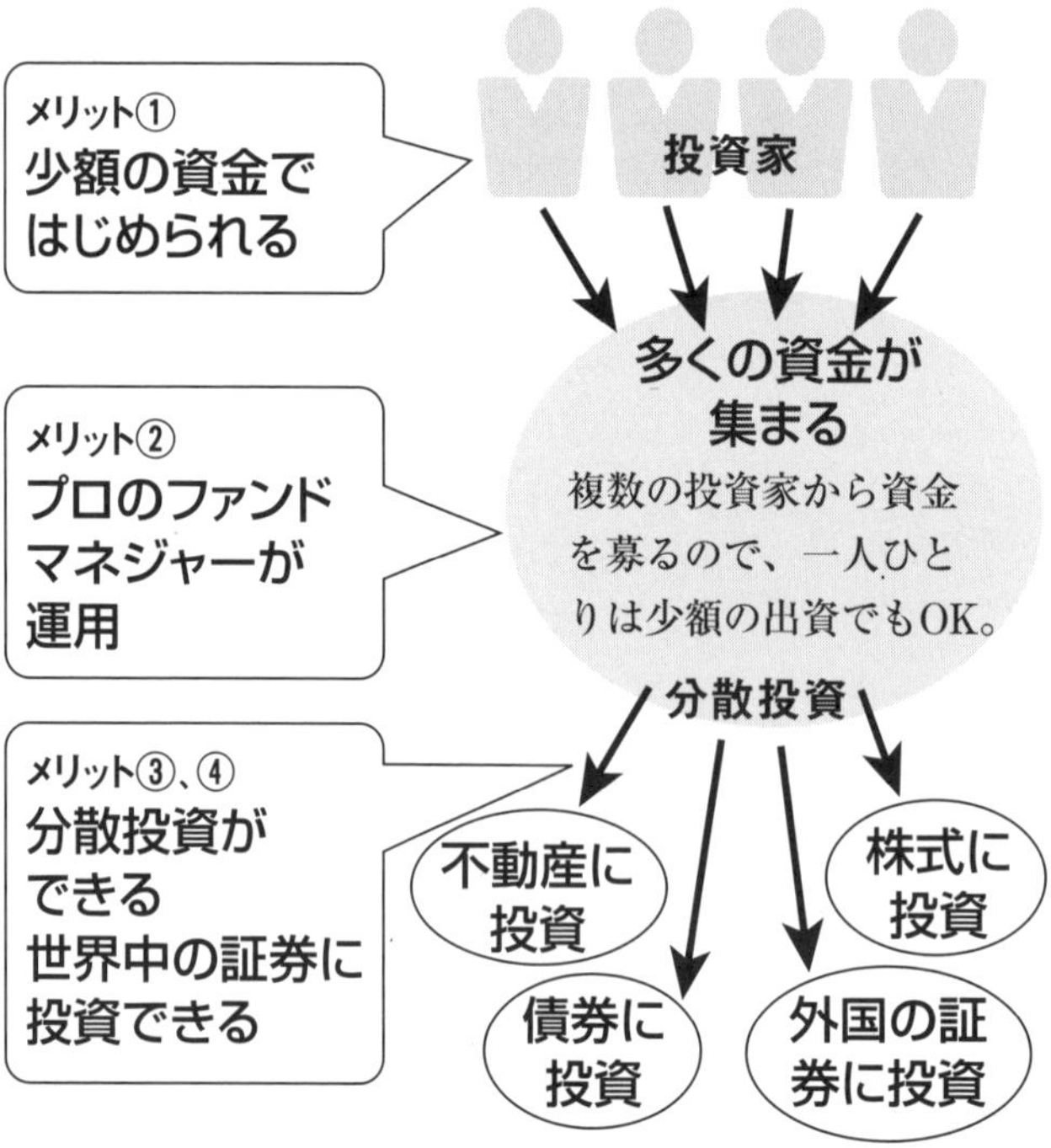

メリット①
少額の資金ではじめられる
メリット②
プロのファンドマネジャーが運用
メリット③、④
分散投資ができる
世界中の証券に投資できる
投資家
多くの資金が集まる
複数の投資家から資金を募るので、一人ひとりは少額の出資でもOK。
分散投資
不動産に投資
債券に投資
外国の証券に投資
株式に投資

運用実績のなかから、信託報酬を引かせていただきます

各金融機関は手数料で儲ける

投信は株式などの投資商品よりもかかわる人間が多い。投資家は販売手数料や信託報酬など、さまざまな手数料を支払わなければならない。

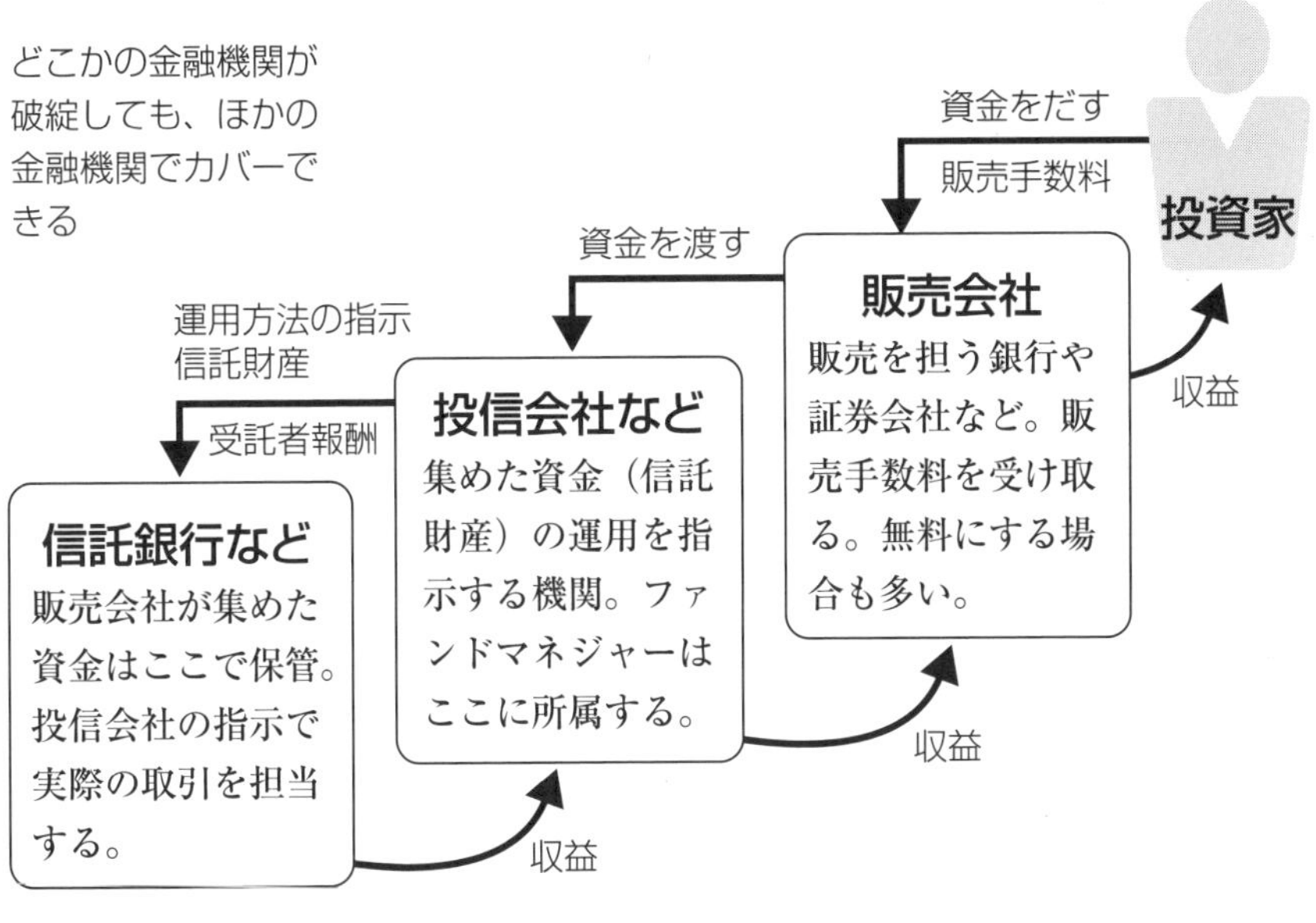
どこかの金融機関が破綻しても、ほかの金融機関でカバーできる
投資家
資金をだす
販売手数料
販売会社
販売を担う銀行や証券会社など。販売手数料を受け取る。無料にする場合も多い。
収益
資金を渡す
投信会社など
集めた資金（信託財産）の運用を指示する機関。ファンドマネジャーはここに所属する。
収益
運用方法の指示
信託財産
受託者報酬
信託銀行など
販売会社が集めた資金はここで保管。投信会社の指示で実際の取引を担当する。
収益

口座をつくって、株式・債券に投資する

いざ投資をはじめようとしたら、まず証券会社に口座をつくらなければならない。

ニュース
THE 23
投資ブームで、株に投資する人が増えています

最近、私も株の投資をはじめようと思っていたとこなの。株で儲かったという話もよく聞くから。

株の投資をはじめるには、まず証券会社に口座を持つ必要がある。投資をするといっても、直接、証券取引所に入って売買に参加することはできない。すべて、証券会社に売買の委託をしておこなっている。そのために口座をつくるんだ。

そうだったんだ。デイトレーダーと呼ばれる人も同じなの？　てっきり、自分で取引に参加するのだと思っていたわ。

デイトレーダーも同じように、証券会社に口座を持っている。株の投資は、すべて自己責任。儲かるのも、損をするのも自分しだいだよ。

株式投資をはじめる

株、債券、投資信託など、金融商品の売買に参加するためには、証券会社に口座を持つ必要がある。個人間で取引する相対取引もある。

1 資料請求・口座開設
インターネットなどでいろいろな証券会社を調べる。手数料や口座管理費などが会社によって異なる。

現在、こうした手続きは、ほとんどオンラインでできるようになっている。

2 必要書類の提出
口座開設の手続きをすると、提出が必要な書類が送られてくる。記入して提出する。口座開設の際、入会手数料が必要になることも。

証券会社の口座は銀行と同様に、現金を預けておくと利息がつく。ただし、公共料金の引き落としや振り込みはできない。

3 口座に入金する
株式などを売買するための資金を、証券会社の口座に入金する。

売買注文や口座への入金も、オンラインで済ませられる。手数料を支払い、売買注文をだす。

4 売買注文をだす
気に入った企業や、業績が伸びそうな銘柄(企業の株)の買い注文をだす。

5 損益が確定する
買った銘柄が購入時よりも高く売れれば、その差額が利益になる。もちろん、値下がりして損することもありうる。

外貨預金

超低金利の日本から見ると魅力的な商品

日本は世界の先進国のなかで、もっとも低金利だ。そのため、預貯金口座に資金を預けてもほとんど増やすことはできない。

金融危機の影響で、諸外国もかなり金利水準を落としたため、以前ほどの差はなくなっている。しかし、それでもどこも日本よりは高金利だ。

外貨で預金をすれば、高い金利を享受できるため、**外貨建て資産**を持つ人も多い。ただし、為替変動のリスクや、両替時にコストがかかるなど、デメリットもある。

魅力があれば、リスクもある

金融商品はメリットとデメリットがつきもの。外貨預金も、高金利というメリットの半面、為替リスクがある。

日本	アメリカ	オーストラリア	ニュージーランド	イギリス
無担保コール翌日物	フェデラルファンドレート	キャッシュレート	オフィシャルキャッシュレート	レポ金利
0.1%	0.25%	3.25%	2.5%	0.5%

（各金利は2009年10月現在）

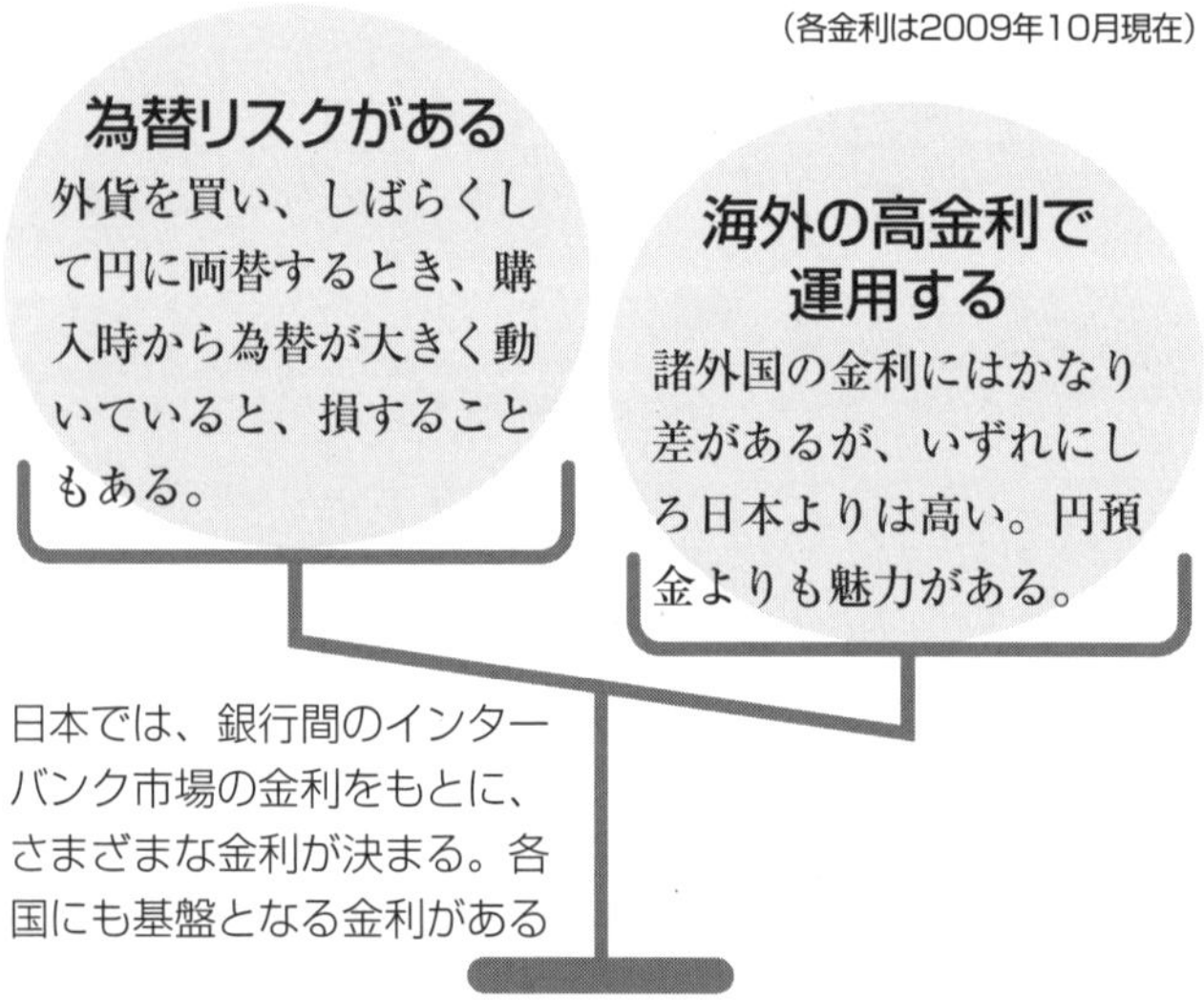

為替リスクがある
外貨を買い、しばらくして円に両替するとき、購入時から為替が大きく動いていると、損することもある。
海外の高金利で運用する
諸外国の金利にはかなり差があるが、いずれにしろ日本よりは高い。円預金よりも魅力がある。
日本では、銀行間のインターバンク市場の金利をもとに、さまざまな金利が決まる。各国にも基盤となる金利がある

外貨預金のしくみ

日本円を外国通貨に交換して預金する。取り扱う通貨は金融機関によって異なる。為替相場は日々変動しているので、円に戻す時期が重要だ。

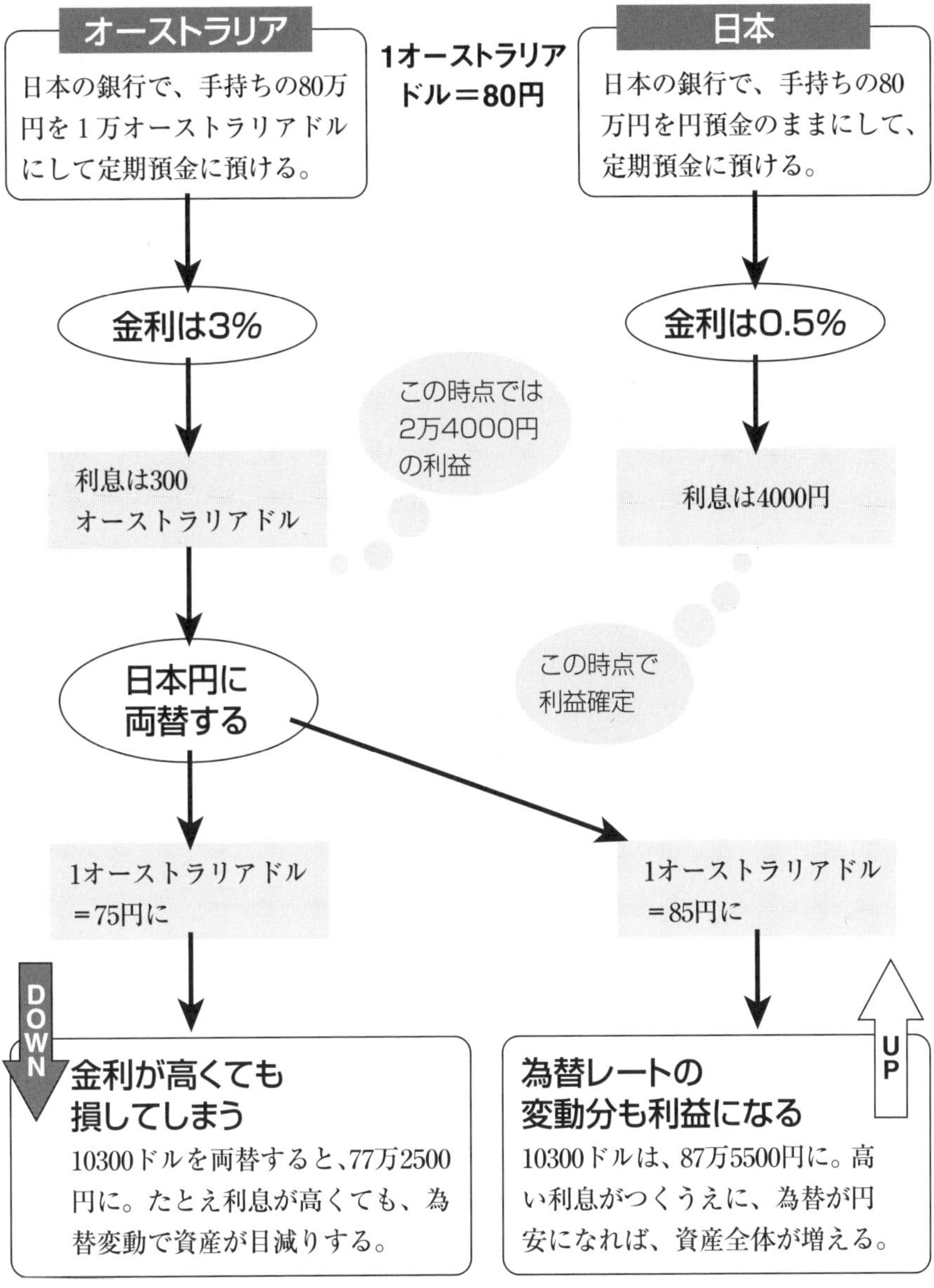

オーストラリア
日本の銀行で、手持ちの80万円を1万オーストラリアドルにして定期預金に預ける。
1オーストラリアドル＝80円
日本
日本の銀行で、手持ちの80万円を円預金のままにして、定期預金に預ける。
金利は3%
金利は0.5%
この時点では2万4000円の利益
利息は300オーストラリアドル
利息は4000円
この時点で利益確定
日本円に両替する
1オーストラリアドル＝75円に
1オーストラリアドル＝85円に
DOWN
UP
金利が高くても損してしまう
10300ドルを両替すると、77万2500円に。たとえ利息が高くても、為替変動で資産が目減りする。
為替レートの変動分も利益になる
10300ドルは、87万5500円に。高い利息がつくうえに、為替が円安になれば、資産全体が増える。

インサイダー取引

優先的に知り得た情報での売買は違法

〈市場の公正さを保とうとしている〉

大金が動く株式市場には、不正を目論《もくろ》む参加者も。市場の公正さを保つため、金融庁は厳しい管理体制で臨んでいる。

不正取引の例

インサイダー取引
内部者しか知り得ない機密情報に基づいて、それが市場に公表される前に株式の売買をし、不正に利益を得る。

株価操作
大量の資金を投入して、株価を人為的に上下動させることで利益を得ようとする。

損失補てん
一部の大口投資家などが株式の売買によって被った損失を、証券会社が穴埋めする。

↑ 監視

証券取引等監視委員会
「市場の番人」と呼ばれる株式市場の監視役。金融庁の管轄で、不正取引や粉飾決算等を調査する。

インサイダーとは内部者という意味だ。会社の内情に通じる人間が、株価が動く要因になる機密情報を入手し、市場に公表される前に株式を売買する取引を**インサイダー取引**と呼ぶ。

こうした行為は証券取引法で厳しく取り締まられている。市場は**証券取引等監視委員会**によって監視されており、明らかに不審な注文がだされた場合は、彼らが注文者を調査する権限を持つ。

不正取引が露見《ろけん》した場合は、5年以下の懲役《ちょうえき》や罰金が科せられる。

会長が亡くなった！すぐ本社に連絡しないと！
カリスマ会長の死は、確実に株価に影響する。それを利用して株式売買するのは、インサイダー取引にあたり違法だ
待て！連絡する前に株を売るんだ

内部者は取引を制限される

インサイダー取引を未然に防ぐため、会社側は従業員の株式売買を制限するなど対策を講じている。また証券会社社員なども株式売買に制限がある。

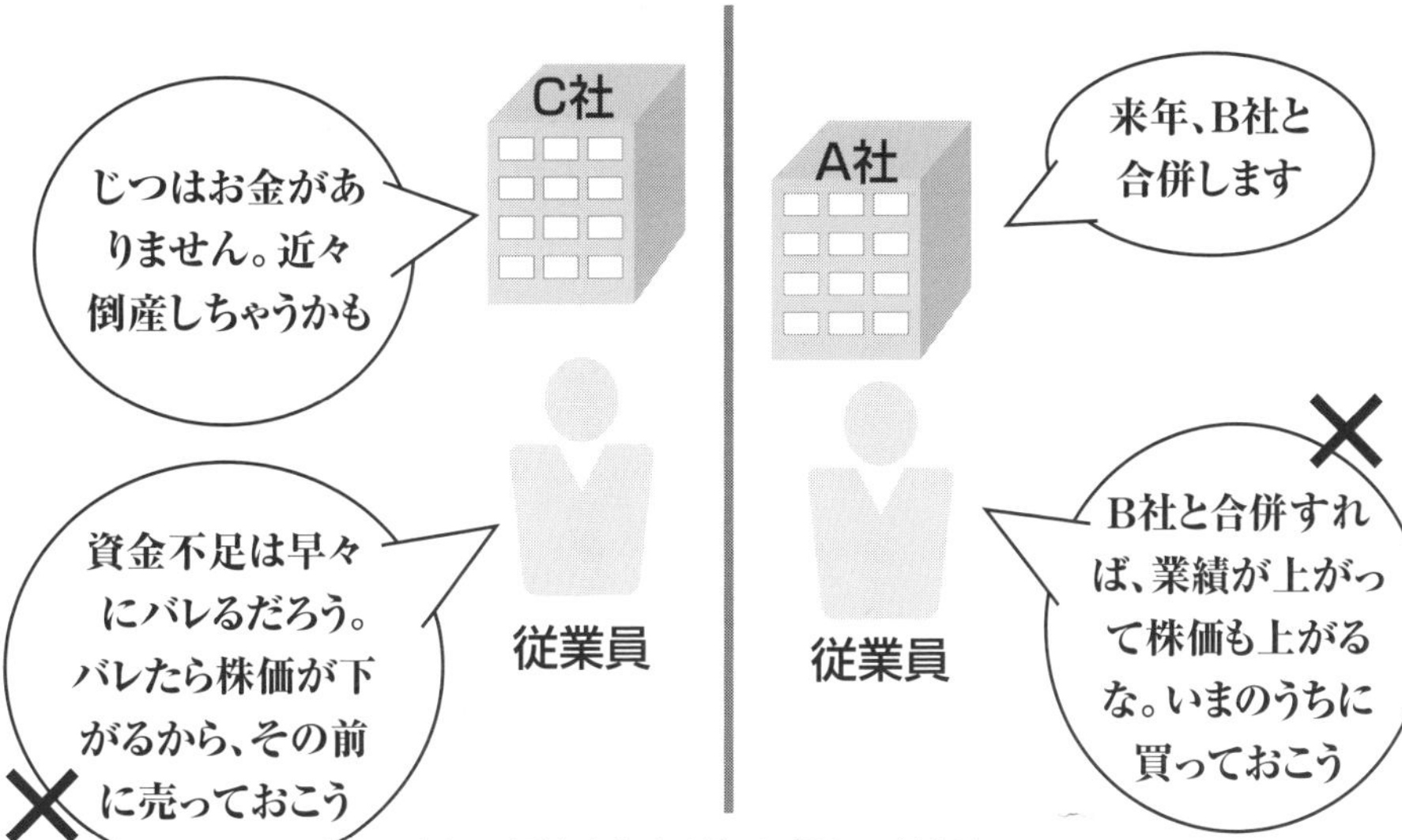
C社
じつはお金がありません。近々倒産しちゃうかも
従業員
資金不足は早々にバレるだろう。バレたら株価が下がるから、その前に売っておこう
A社
来年、B社と合併します
従業員
B社と合併すれば、業績が上がって株価も上がるな。いまのうちに買っておこう

市場の投資家たちが知り得ない情報をもとに、内部者は株式を売買できない

M&A

企業や事業の買収がさかんになっている

権利は保有率で変わる

株主は会社のスポンサーだ。会社の株式保有比率が高いほど、経営への発言力は増す。

1%以上保有
株主総会の、総会検査役選任請求権を獲得。

3%以上保有
総会招集請求権や役員の解任請求権を獲得。

5%以上保有
財務局に大量保有報告書を届ける必要がある。

10%以上保有
企業の解散を求める、解散請求権を獲得。

3分の1以上保有
拒否権を持ち、株主総会での特別決議を単独で阻止できる。

50%以上保有
取締役選任などの決議を単独で承認・阻止できる。

3分の2以上保有
株主総会での特別決議を単独で承認できる。

100%保有
グループ会社に組み込んで、完全に子会社化。

グローバル化が進むなか、生き残りをかけた**企業の合併・買収**が多発している。この合併・買収のことを、両者の英語頭文字を取って**M&A**と呼ぶ。

M&Aは相手会社の株式を取得することでおこなわれる。100パーセント取得できれば完全子会社となるが、それ以下の場合は持ち株比率によって立場は変わる。

100パーセントではなくても、比率が増せば増すほどその会社の経営への影響力は増し、結果的には事実上の子会社にできる。

アメリカでは、
「会社は株主のもの」という考えが強い
持ち株が増える分だけ、
経営に口をだせるのだ

M&A件数は増加傾向にある

近年は、技術革新のための資本力増強や国際競争力を身につけるために、M&Aをおこなって会社としてのパワーアップを図る動きが相次いでいる。

日本企業がかかわったM&A件数の推移

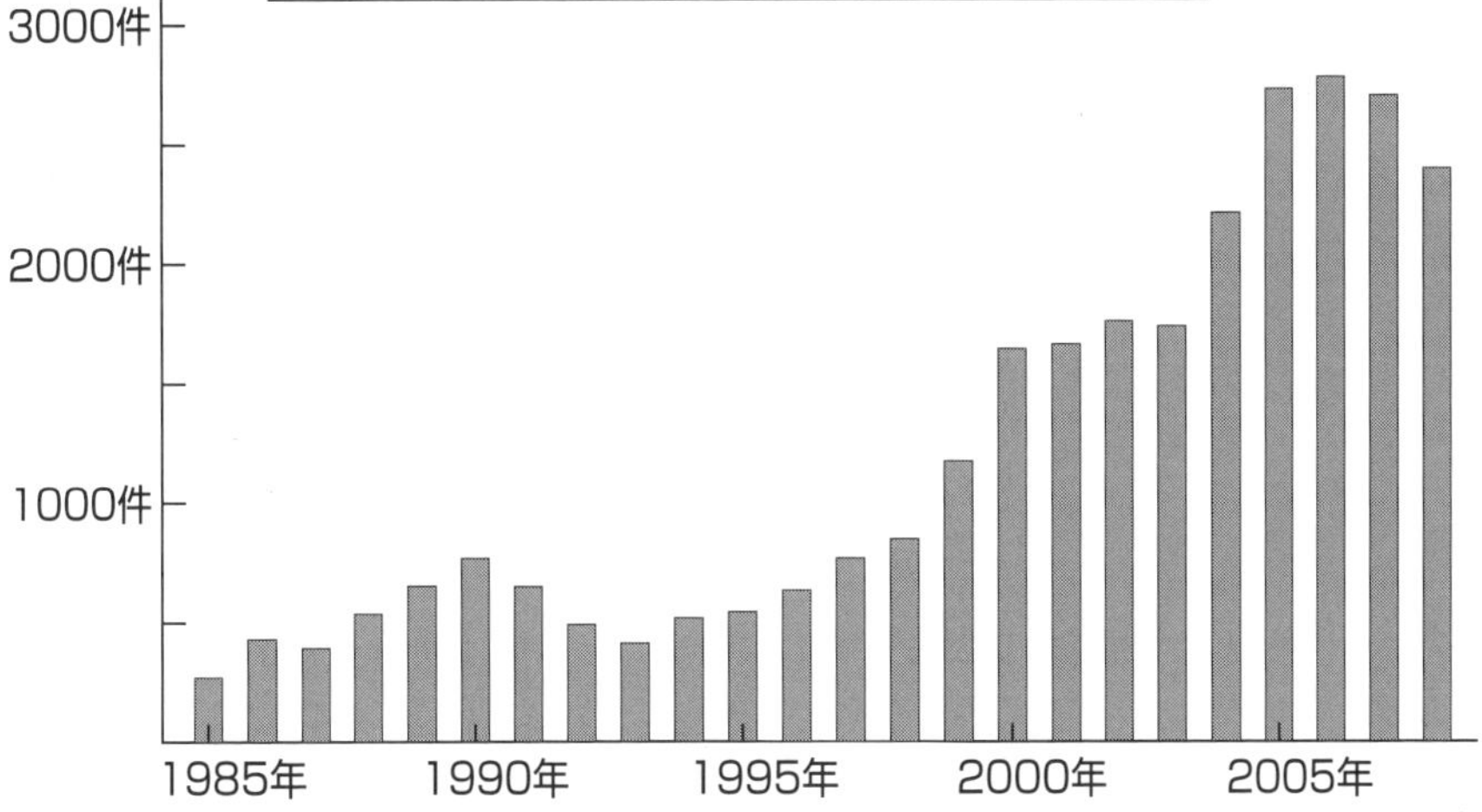

（出所：経済誌『MARR』ホームページ）

子会社が親会社から独立するMBOも増えた

敵対的買収と防衛策

敵対的買収の防衛策としてはいくつかの方法があるが、代表的なのが「ポイズンピル」と「ホワイトナイト」の2つだ。

プレミアムをつけて株を買い取る

市場で流通している価格に少し上乗せ（プレミアム）した金額で、株式保有者から株式を買い取る。

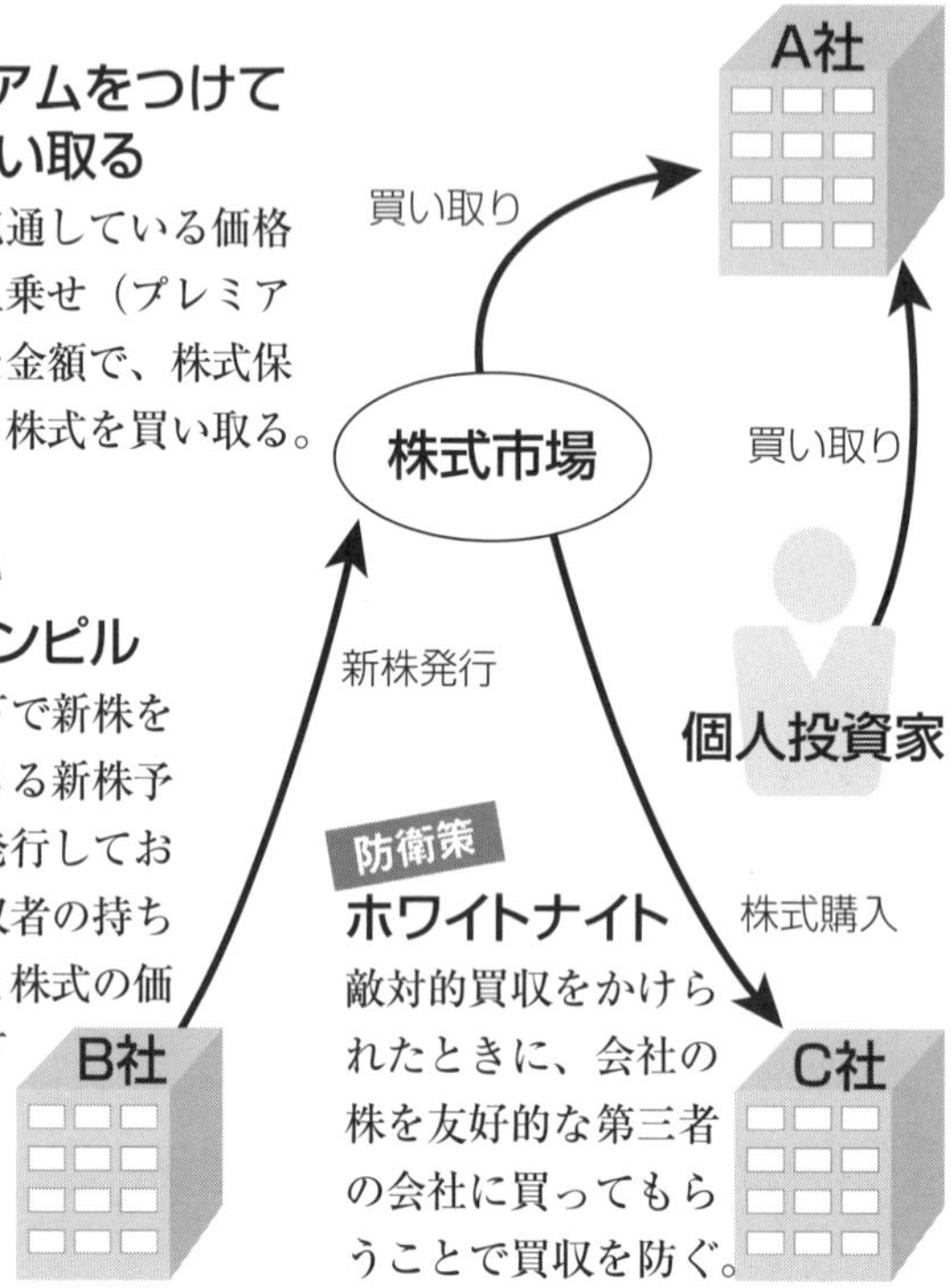

防衛策

ポイズンピル

時価以下で新株を購入できる新株予約権を発行しておき、買収者の持ち株比率と株式の価値を低下させる。

防衛策

ホワイトナイト

敵対的買収をかけられたときに、会社の株を友好的な第三者の会社に買ってもらうことで買収を防ぐ。

株式を買うには、市場で買う以外に**TOB（株式公開買いつけ）**という方法がある。TOBとは、ある会社の株式を買い集めることを宣言し、その株式を保有している人から買い取る方法。友好的におこなわれる場合もあるが、敵対的買収の側面も強い。

また、近年は**MBO**も増えてきた。経営陣が株主から株式を買い取って独立することで、友好的におこなわれる場合が多い。買収の資金は、金融機関や投資ファンドが用立てるケースもある。

新株
200万株
390万株
A社
510万株
B社

新株を発行して
発行済株式数を増やせば、
相手の保有比率を
下げることができる

M&Aの手法も多様化した

敵対的買収には、買収する側とされる側の激しい攻防がある。近年は、買収する側が多様で巧妙な手法を用いる傾向が見られる。

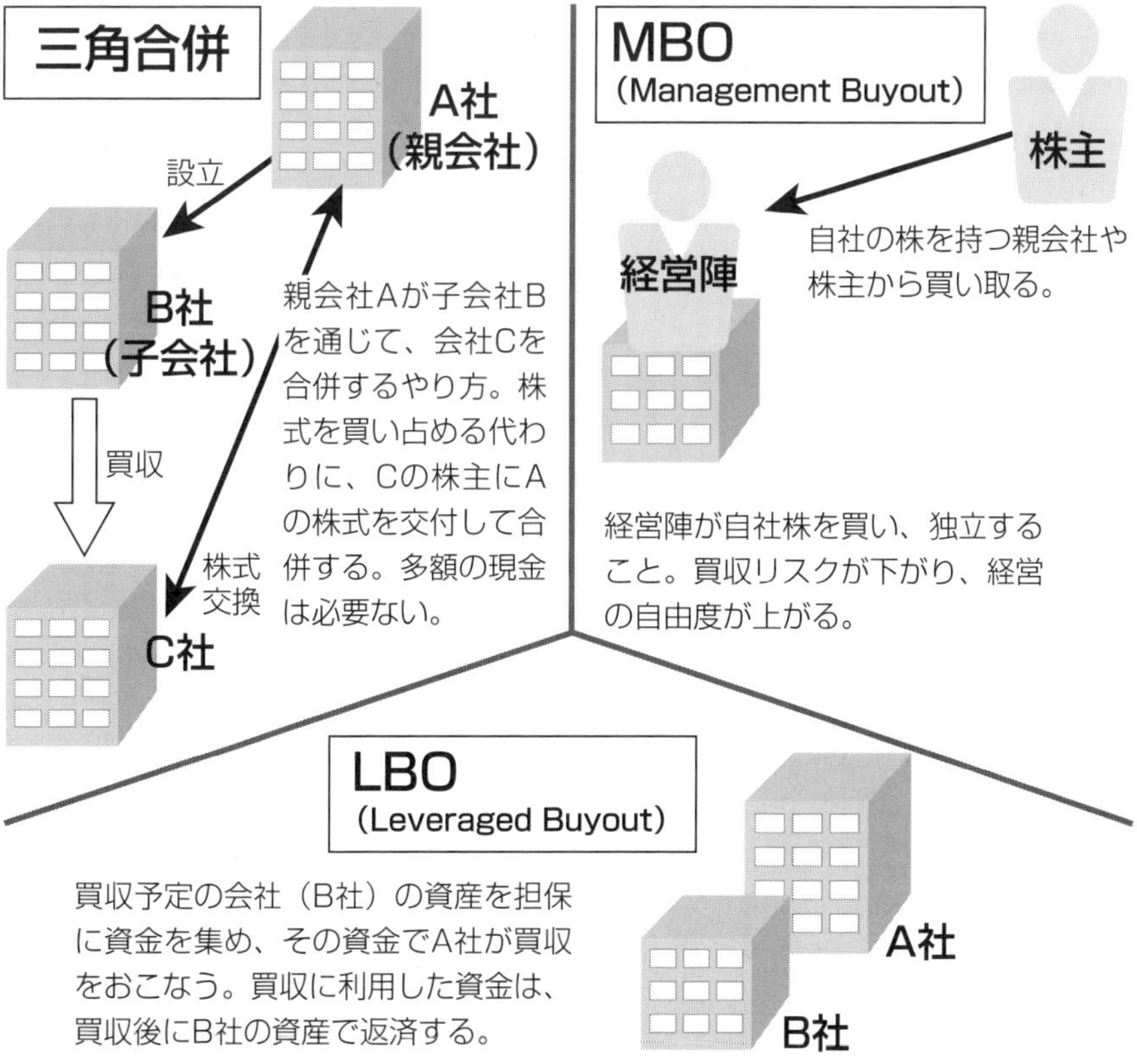
三角合併
A社
（親会社）
設立
B社
（子会社）
買収
株式
交換
C社
親会社Aが子会社Bを通じて、会社Cを合併するやり方。株式を買い占める代わりに、Cの株主にAの株式を交付して合併する。多額の現金は必要ない。
MBO
（Management Buyout）
株主
経営陣
自社の株を持つ親会社や株主から買い取る。
経営陣が自社株を買い、独立すること。買収リスクが下がり、経営の自由度が上がる。
LBO
（Leveraged Buyout）
買収予定の会社（B社）の資産を担保に資金を集め、その資金でA社が買収をおこなう。買収に利用した資金は、買収後にB社の資産で返済する。
A社
B社

COLUMN

ウォーレン・エドワード・バフェット

1930年～（アメリカ）

―巨富を稼ぎだした投資家―

師と仰ぐ投資家、グレアムと出会う

バフェットは、１９３０年アメリカのネブラスカ州オマハに生まれた。ネブラスカ大学リンカーン校卒業後、コロンビア大学大学院に進み、そこで投資家ベンジャミン・グレアム教授に出会う。グレアム教授の理論は、その後のバフェットの投資理論の骨格をなすことになる。

安いときに買い、高いときに売る。損をしない――そうした単純明快な哲学をひたすら追求することで、巨万の富を築いた。

現在でもオマハに住み、「オマハの賢人」と呼ばれている。アメリカだけでなく、世界中から尊敬を集める投資家である。

長者番付の常連　慈善事業にも熱心

バフェットは、いくどとなくマイクロソフト社の会長ビル・ゲイツと長者番付の1位を争った。偉大な投資家であると同時に、経営権を握った企業をさらに成長させるなど、経営者としても活躍している。

「たくさん稼いだらたくさん寄付する」というのがバフェットの考えだ。寄付の対象は、重要な成果を生みだすであろう活動をおこなっている団体、また自分たちが寄付しなければ資金が集まらない団体などだ。

２００６年には、ビル・アンド・メリンダ・ゲイツ財団に３００億ドルを寄付するなど、多額の資金をさまざまな活動にだしている。

第5章

金融機関には さまざまな 種類がある

——金融機関の種類としくみ——

普段の生活のなかで、かかわりが深い
金融機関といえば、銀行だろう。
しかし、証券会社や保険会社も金融機関のひとつ。
その種類はさまざま、業務も多様だ。

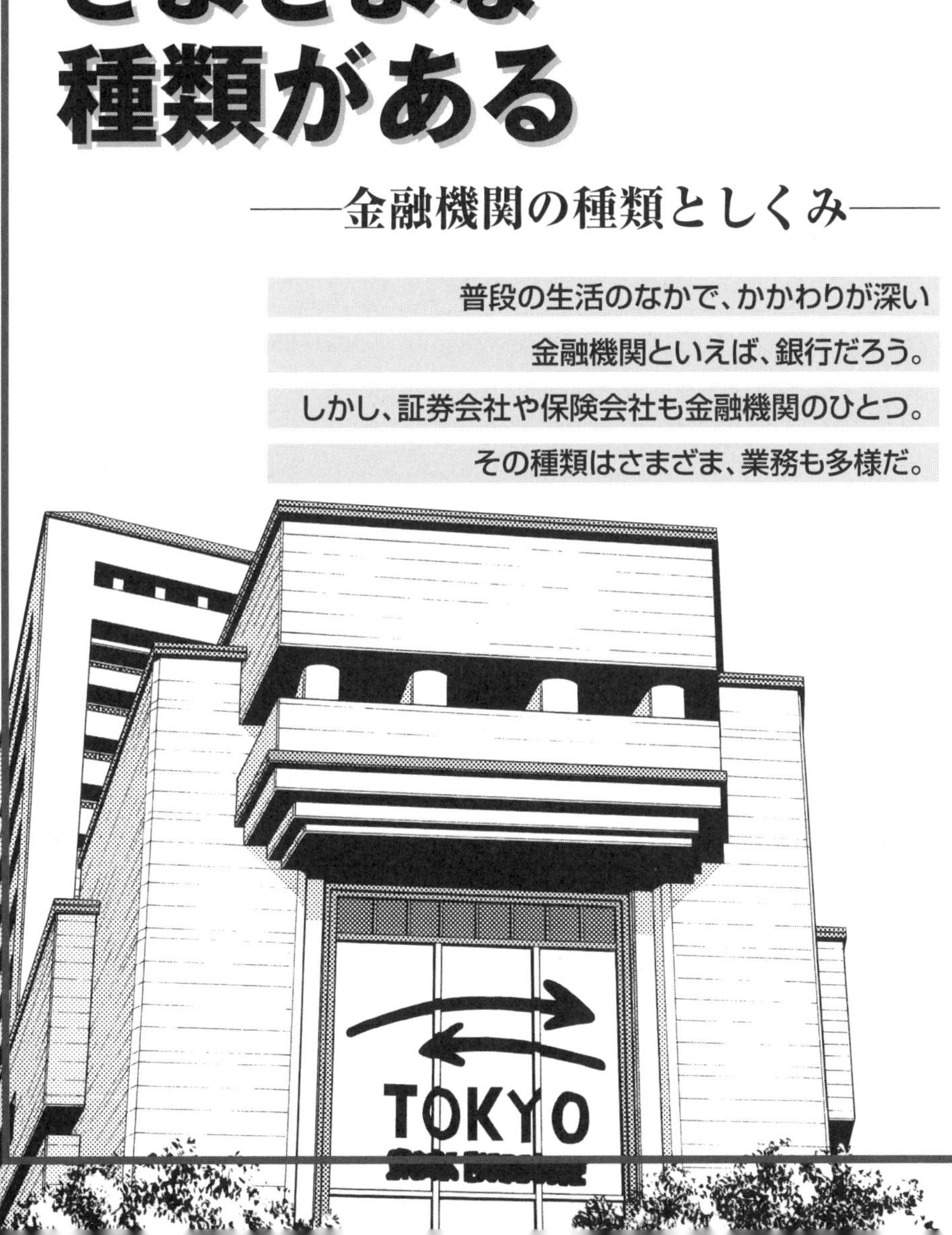

分類

扱う業務や顧客対象によって分類できる

大きく3つに分類できる

金融機関は、中央銀行、公的金融機関、民間金融機関の3種類に分けられ、そのなかでさらに業務別に細かく種別がある。

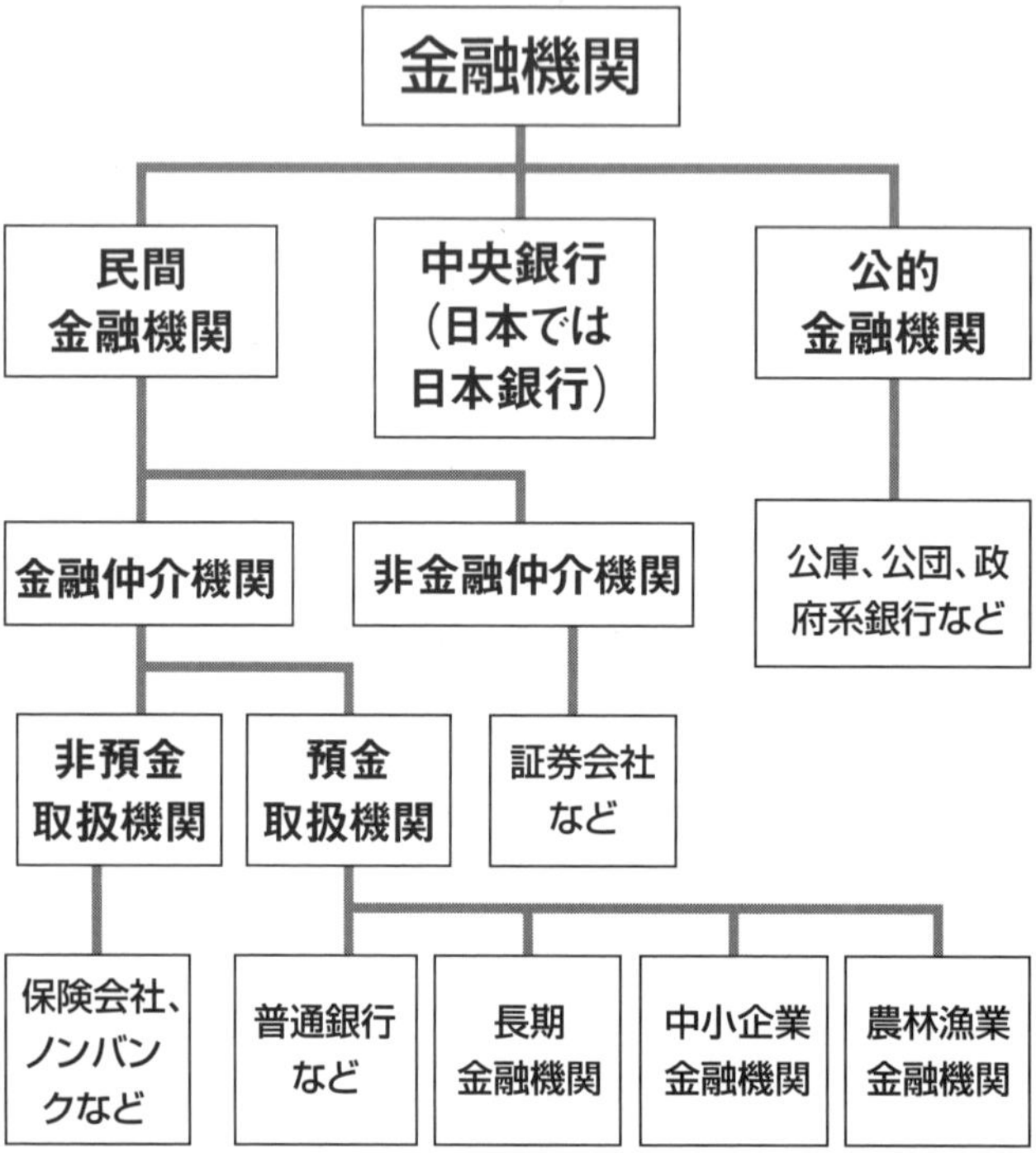
金融機関
民間金融機関
中央銀行（日本では日本銀行）
公的金融機関
金融仲介機関
非金融仲介機関
公庫、公団、政府系銀行など
非預金取扱機関
預金取扱機関
証券会社など
保険会社、ノンバンクなど
普通銀行など
長期金融機関
中小企業金融機関
農林漁業金融機関

ひと口に金融機関といっても、その種類はさまざまだ。

まず、大きく3つに分類できる。ひとつは**中央銀行**。世界の各国に存在するもので、日本の場合は日本銀行を指す。残りの2つは**公的金融機関**と**民間金融機関**だ。

前者は政府の政策のために設立された、政府出資の特殊法人金融機関。後者は、おなじみの民間の銀行や証券会社、保険会社などだ。

このうち銀行は業界再編が進み、複数の銀行が統合して持ち株会社を設立しているところも多い。

この工場群の建設は
国家プロジェクトです
公的銀行も
多額の融資をしています

資金の仲介には2つの種類がある

かつての日本は間接金融が大半だったが、最近は銀行の貸し渋りなどの影響で、より効率的に資金調達ができる直接金融が注目されるようになってきた。

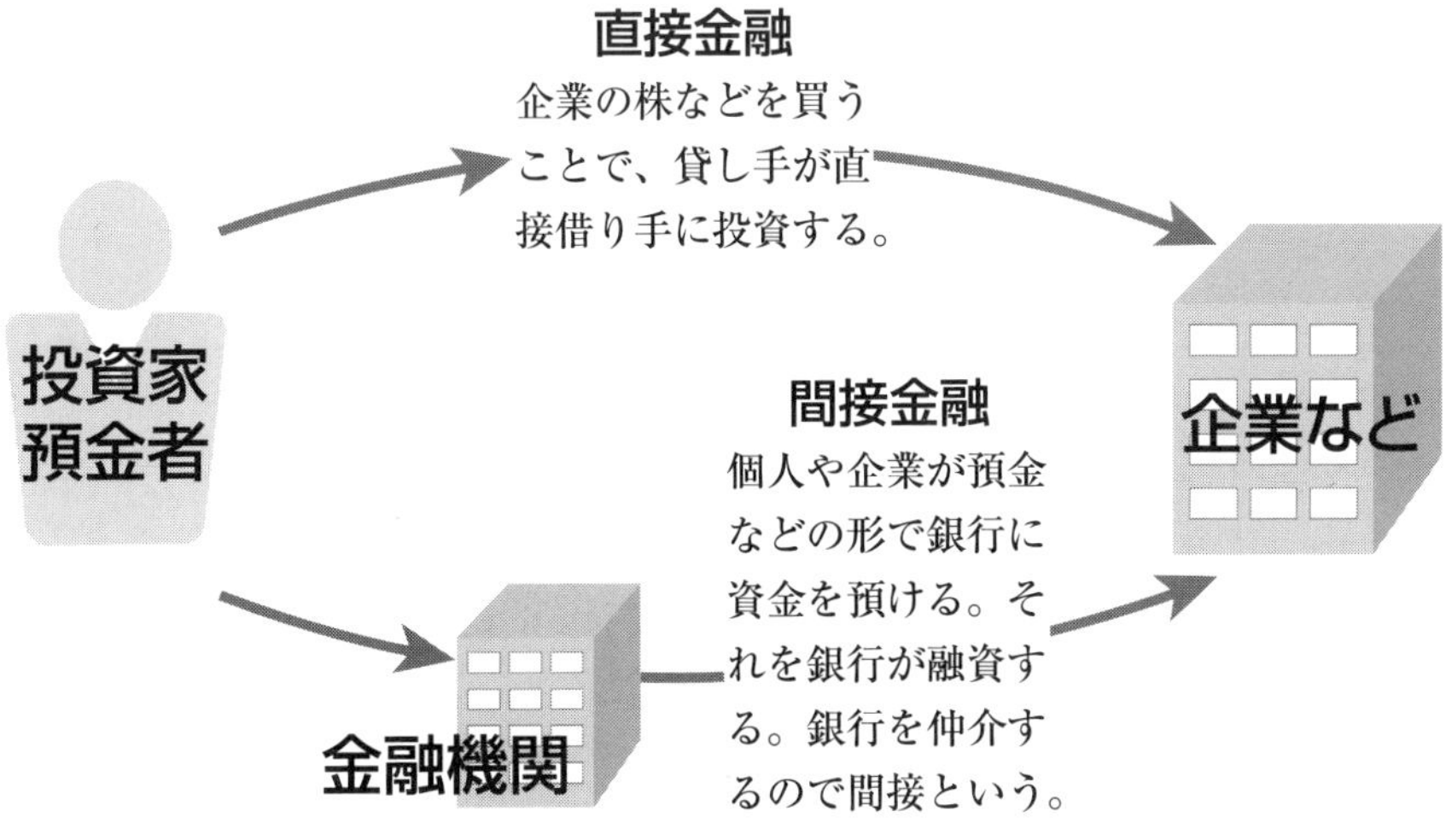
直接金融
企業の株などを買うことで、貸し手が直接借り手に投資する。
投資家
預金者
企業など
間接金融
個人や企業が預金などの形で銀行に資金を預ける。それを銀行が融資する。銀行を仲介するので間接という。
金融機関

普通銀行

預金でお金を調達し、融資をおこなう

3つの固有業務がある

数多くの業務を抱える普通銀行だが、どの銀行も共通して、下記の3つの固有業務を担っている。

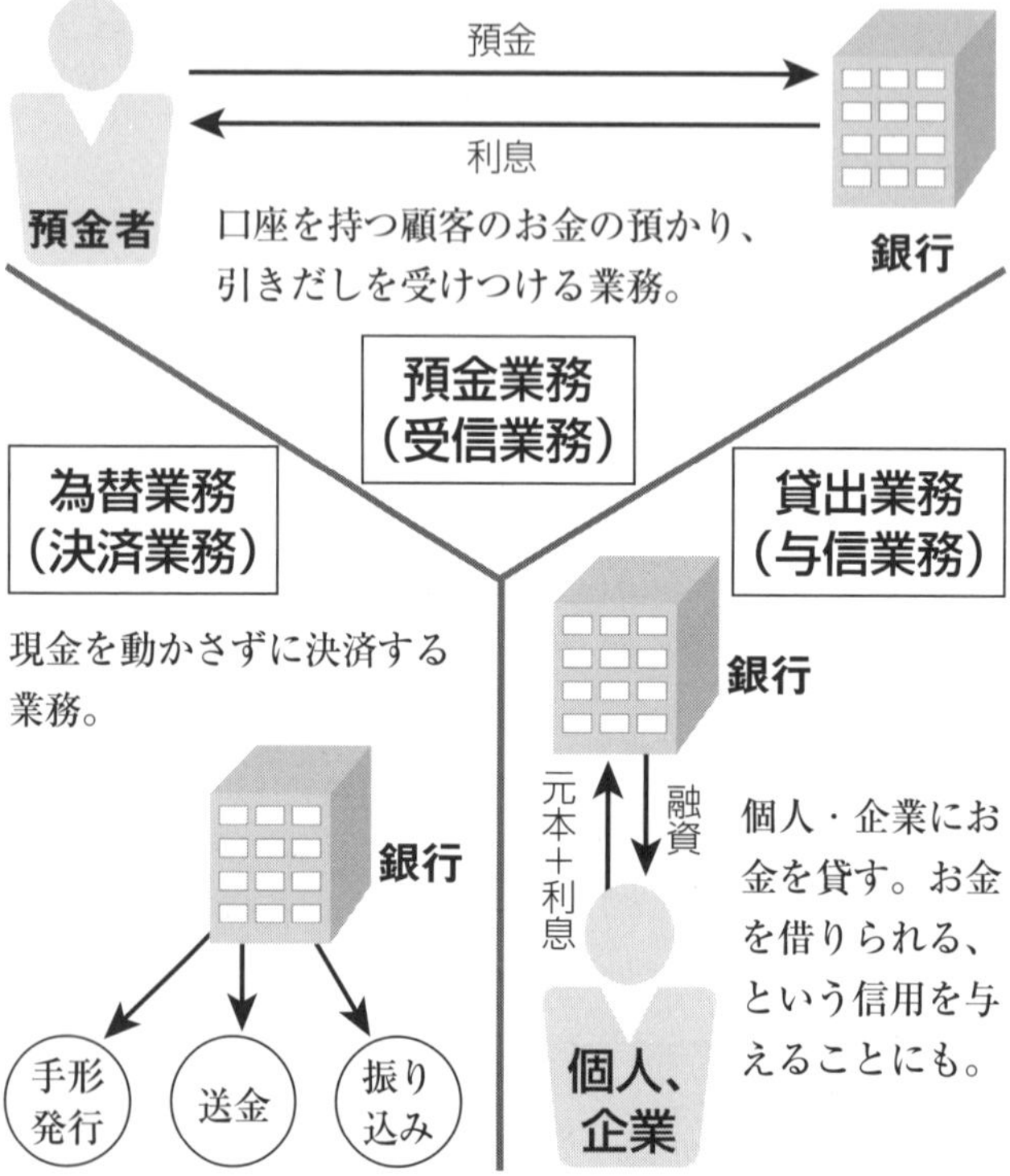
預金
利息
預金者
銀行
口座を持つ顧客のお金の預かり、引きだしを受けつける業務。
預金業務（受信業務）
為替業務（決済業務）
現金を動かさずに決済する業務。
銀行
手形発行
送金
振り込み
貸出業務（与信業務）
銀行
融資
元本＋利息
個人・企業にお金を貸す。お金を借りられる、という信用を与えることにも。
個人、企業

普通銀行とは、都市銀行、地方銀行、第二地方銀行を指す。いわゆる身近な銀行のことだが、信託銀行は含まれていない。

普通銀行は、いずれも**預金業務**、**貸出業務**、**為替業務**という3つの固有業務を手がけている。預金業務と貸出業務は一般の人にも身近だ。為替業務とは、現金を移動させることなく、振り込みや送金で債権や債務を決済する業務である。

このほかにも、両替や税金などの出納《すいとう》事務代行といった付随《ふずい》業務、周辺業務を抱えている。

専門性を高めて生き残りを図る

業界再編で数は減ったものの、まだまだ日本には数多くの銀行がある。各行はそれぞれ専門性を持ち、特色を打ちだすことで、顧客獲得に努めている。

対象による区分

リテール業務

個人など、1件あたりの取引額も利益も少ないが、大勢の顧客を相手にする。

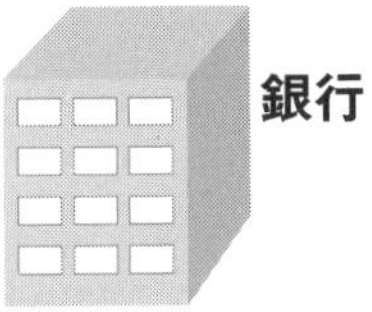
銀行

ホールセール業務

大企業など、数は少ないが、1件あたりでは大きな利益が期待できる相手との取引。

地域による区分

メガバンク

国内外の金融商品を取り扱い、総合的な金融サービスを提供する。

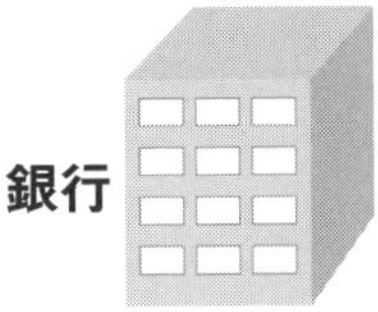
銀行

リージョナルバンク

地域の銀行を標榜し、地域の顧客に重点を置いたサービスを展開。

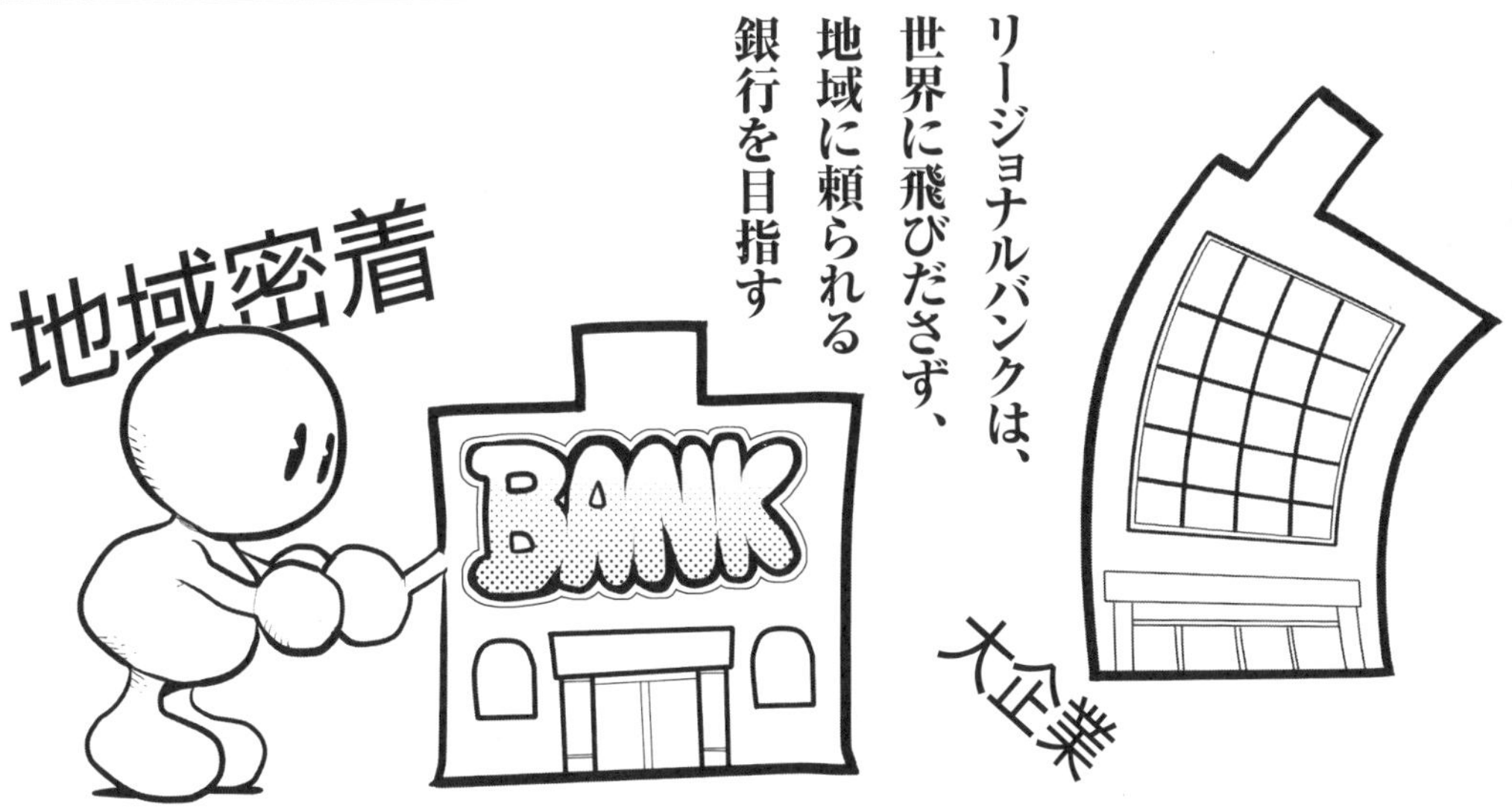
リージョナルバンクは、世界に飛びださず、地域に頼られる銀行を目指す
大企業
BANK
地域密着

どの金融機関も自らの専門分野を定めて、その分野で勝負している

長期金融機関

巨額投資で日本産業の発展に貢献した

日本の産業成長に貢献した

以前は長期融資に耐えうる金融機関がなく、長期融資専門の長期信用銀行が活躍。企業融資を支え、産業成長の道筋をつくった。

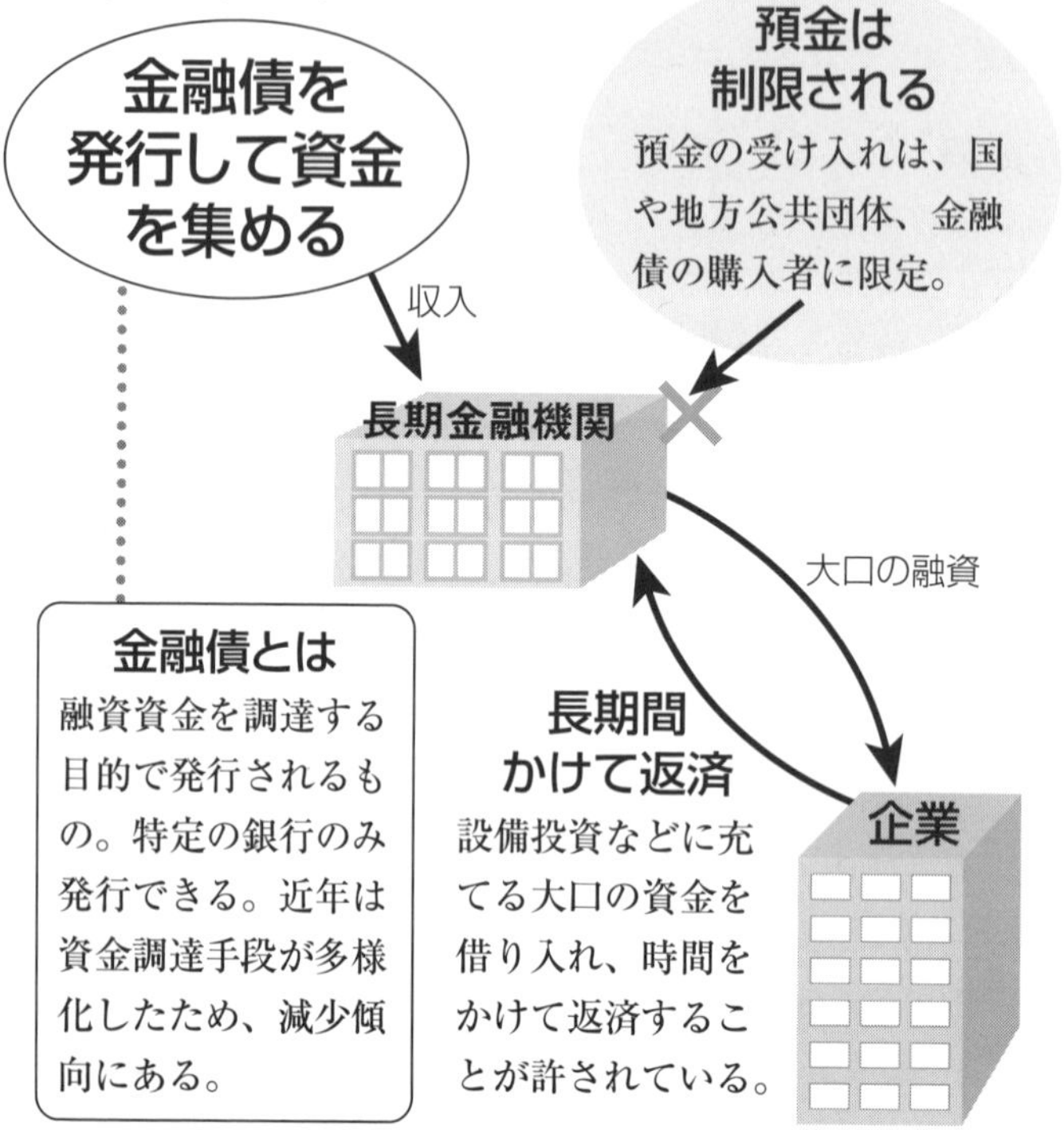

金融債を発行して資金を集める
収入
預金は制限される
預金の受け入れは、国や地方公共団体、金融債の購入者に限定。
長期金融機関
大口の融資
金融債とは
融資資金を調達する目的で発行されるもの。特定の銀行のみ発行できる。近年は資金調達手段が多様化したため、減少傾向にある。
長期間かけて返済
設備投資などに充てる大口の資金を借り入れ、時間をかけて返済することが許されている。
企業

かつて、**長期信用銀行**という銀行が存在していた。具体的には日本興業銀行（興銀）、日本長期信用銀行（長銀）、日本債券信用銀行（日債銀）の3行だ。

各行の任務は企業を育てるために長期融資をすること。3行は多くの企業融資をおこない、高度経済成長を支えた。しかし徐々に顧客を都銀に奪われ、バブル崩壊後には興銀以外の2行が破綻（その後、長銀は新生銀行、日債銀はあおぞら銀行に）。興銀もみずほグループの再編によって消滅した。

現在、中国に巨大生産工場を建設予定です
収益性は十分見込めます
ただ、これだけの資金はすぐに集められません
当行が用立てますよ

中小企業
金融機関

地元の中小企業をお得意様にしている

うちみたいな小さな町工場では、なかなか銀行からの融資を受けられんのです
私が紹介しましょうか

銀行のほかに預金や借入ができる金融機関として、**信用金庫（信金）**や**信用組合（信組）**、**労働金庫（労金）**などがある。

業務内容は銀行とほぼ同じで、預金の受けつけや各種融資をおこなっている。このうち信金は、地元の中小企業の健全な発展に貢献すること、地域社会に奉仕することなどが存在意義だ。

また、銀行は営利法人の株式会社だが、信金と信組は会員・組合員（地域の事業者など）の出資で成り立つ非営利組織だ。

中小企業向けの信金なら、
融資をしてくれると思います
資金さえあれば、
おたくの技術力なら
必ず成長するでしょうから

信用金庫と信用組合の違い

似たイメージの信金と信組だが、信金は規模の拡大などで会員条件に合致しなくなった企業に、制限つきで融資する「卒業生金融」を実施している。

	信用組合	信用金庫
設立目的	組合員の相互扶助が目的。組合員の経済的地位向上を図る	国民大衆のために金融の円滑化を図り、その貯蓄の増強を助ける
組織	組合員出資による協同組織の非営利法人	会員出資による協同組織の非営利法人
会員・組合員資格	信組の地区内に住所、居所を有し、事業をおこなう小規模事業者。事業者の場合は、従業員300人以下、または資本金3億円以下などの規定がある	信金の地区内に住所、居所、事業所を有する者。事業者の場合は、従業員300人以下、または資本金9億円以下などの規定がある
業務範囲	原則組合員を対象に預金を受け入れる。融資も原則として組合員のみ対象で卒業生金融なし	預金は制限がない。融資は原則として会員のみ対象だが、卒業生金融がある

農業、漁業の経営を守る金融機関

大きな役割は相互扶助

協同組合は金融機関としての機能以上に、組合員どうしが助けあい、経済的・社会的地位の向上を図ることを目的に発足した。

農業従事者のための組織

農家の経営を助け、生産力を増進させるために組織されている。貯金の受けつけや各種融資、共済事業などを手がけ、その他の銀行と変わりないサービスを展開する。

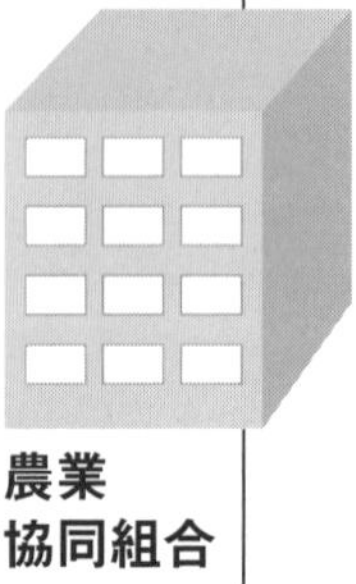

漁業従事者のための組織

農協とほぼ同じで、漁協の組合員である漁業従事者の経営を補助するのが目的。こちらも貯金の受けつけや漁業関連融資、各種ローンなどを取り扱っている。

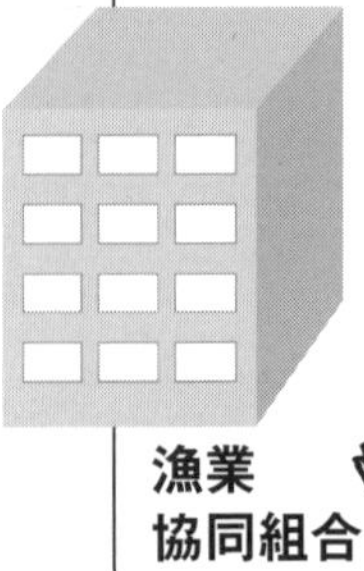

国の根幹を支える農業、漁業。その従事者を守るため、**農業協同組合（農協）**、**漁業協同組合（漁協）**といった協同組合が設けられている。組合員どうしの相互扶助がおもな目的だが、組合員を対象とした貸しだしや預金の受け入れといった業務も手がけており、金融機関として扱われている。

農協や漁協は各地域にあるが、これを束ねているのが農林中央金庫（農林中金）である。農林中金は多くの資金を有し、民間最大の機関投資家という顔も持っている。

台風の影響で
今年のりんごは全滅です
農協から融資して
もらわないと

農林中央金庫が束ねている

各地域の農協、漁協を束ねるのが、各都道府県にある信用農協連合、信用漁協連合。さらにそれを取りまとめる中央機関が、農林中央金庫である。

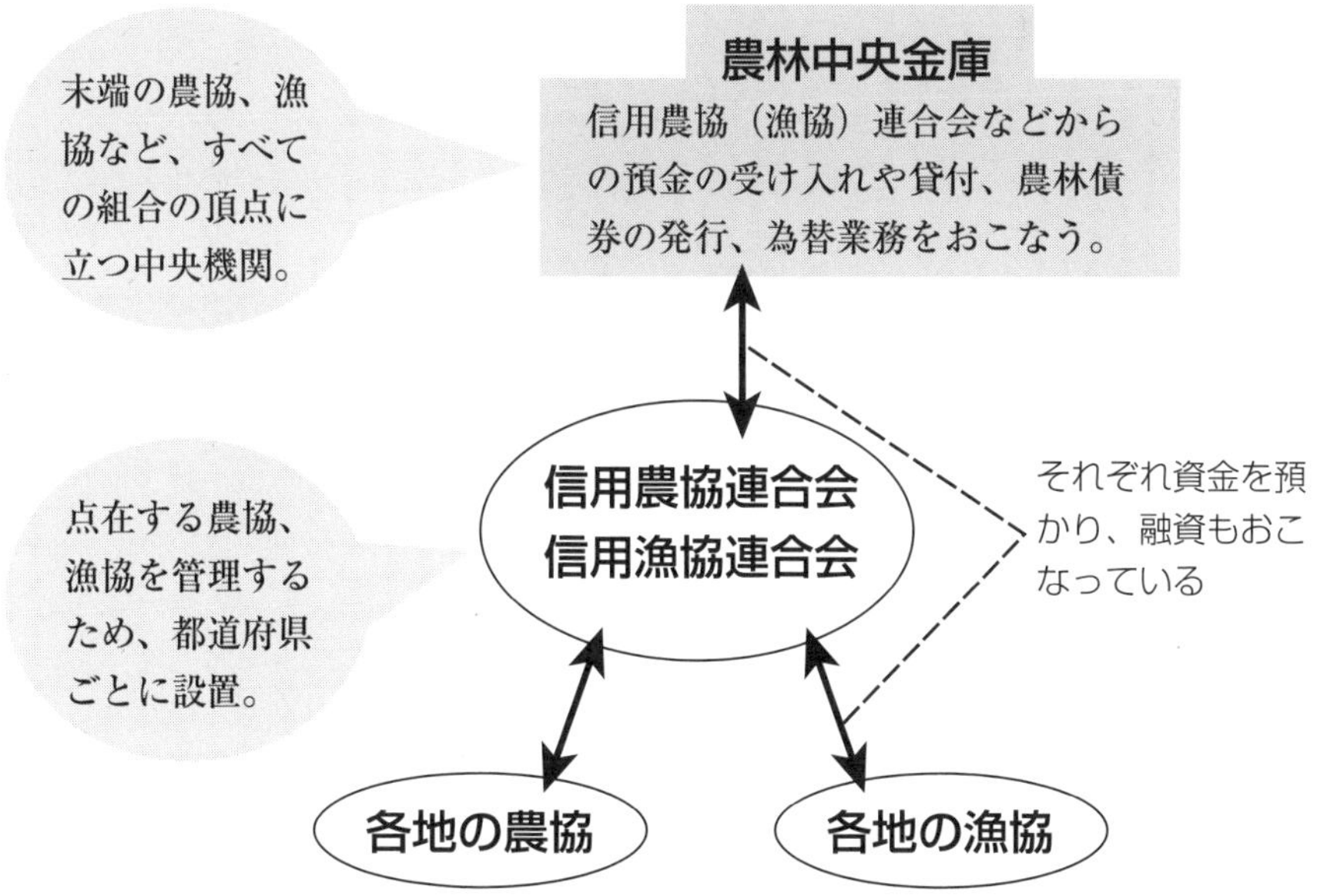
末端の農協、漁協など、すべての組合の頂点に立つ中央機関。
農林中央金庫
信用農協（漁協）連合会などからの預金の受け入れや貸付、農林債券の発行、為替業務をおこなう。
点在する農協、漁協を管理するため、都道府県ごとに設置。
信用農協連合会
信用漁協連合会
それぞれ資金を預かり、融資もおこなっている
各地の農協
各地の漁協

証券会社

銀行にできない証券の売買や引き受けをおこなう

証券会社は銀行と違い、預金の受け入れや貸しだしはおこなっていない。彼らが活躍するのは専《もっぱ》ら証券市場であり、金融機関といっても銀行とは趣を異にする。株式売買の仲介をすることは前章でも紹介した通りだが、そのほかに企業の運用相談や新株発行のサポートといった業務も手がける。

アメリカで高給をだすことで知られている投資銀行は、預貸《よたい》業務ではなく、有価証券の売買やM&Aを仲介する。証券会社はこの投資銀行業務も手がけている。

金融仲介機関ではない

証券会社は預金の受け入れ、貸しだしはしない。顧客から資金は預かるが、それはあくまで有価証券売買の資金としてである。

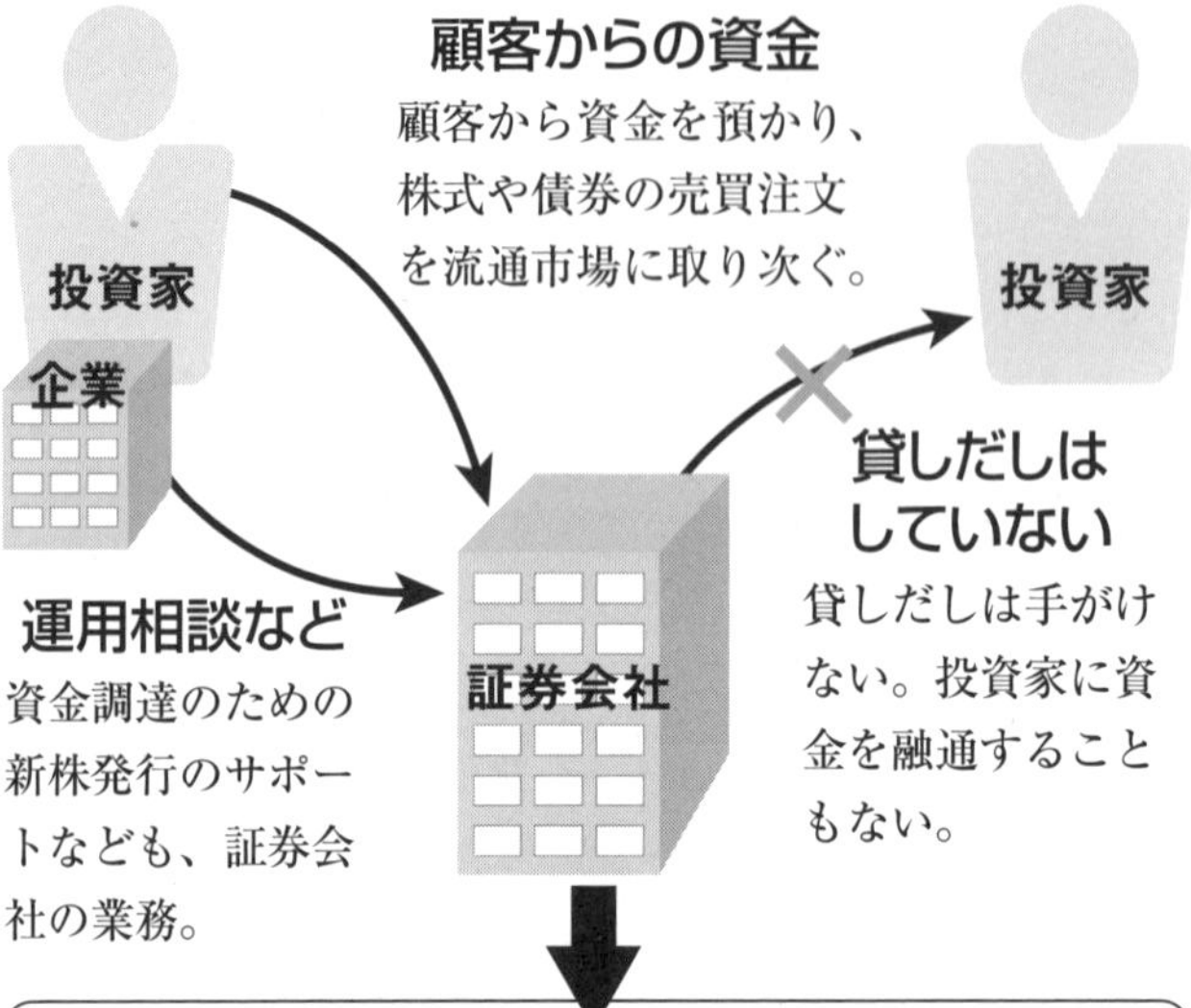

顧客からの資金
顧客から資金を預かり、株式や債券の売買注文を流通市場に取り次ぐ。
投資家
投資家
企業
貸しだしはしていない
貸しだしは手がけない。投資家に資金を融通することもない。
運用相談など
資金調達のための新株発行のサポートなども、証券会社の業務。
証券会社

活躍の場は証券市場

企業向けの業務もおこなっているが、基本的には、市場における個人・機関投資家の株式売買仲介業務がメインとなっている。

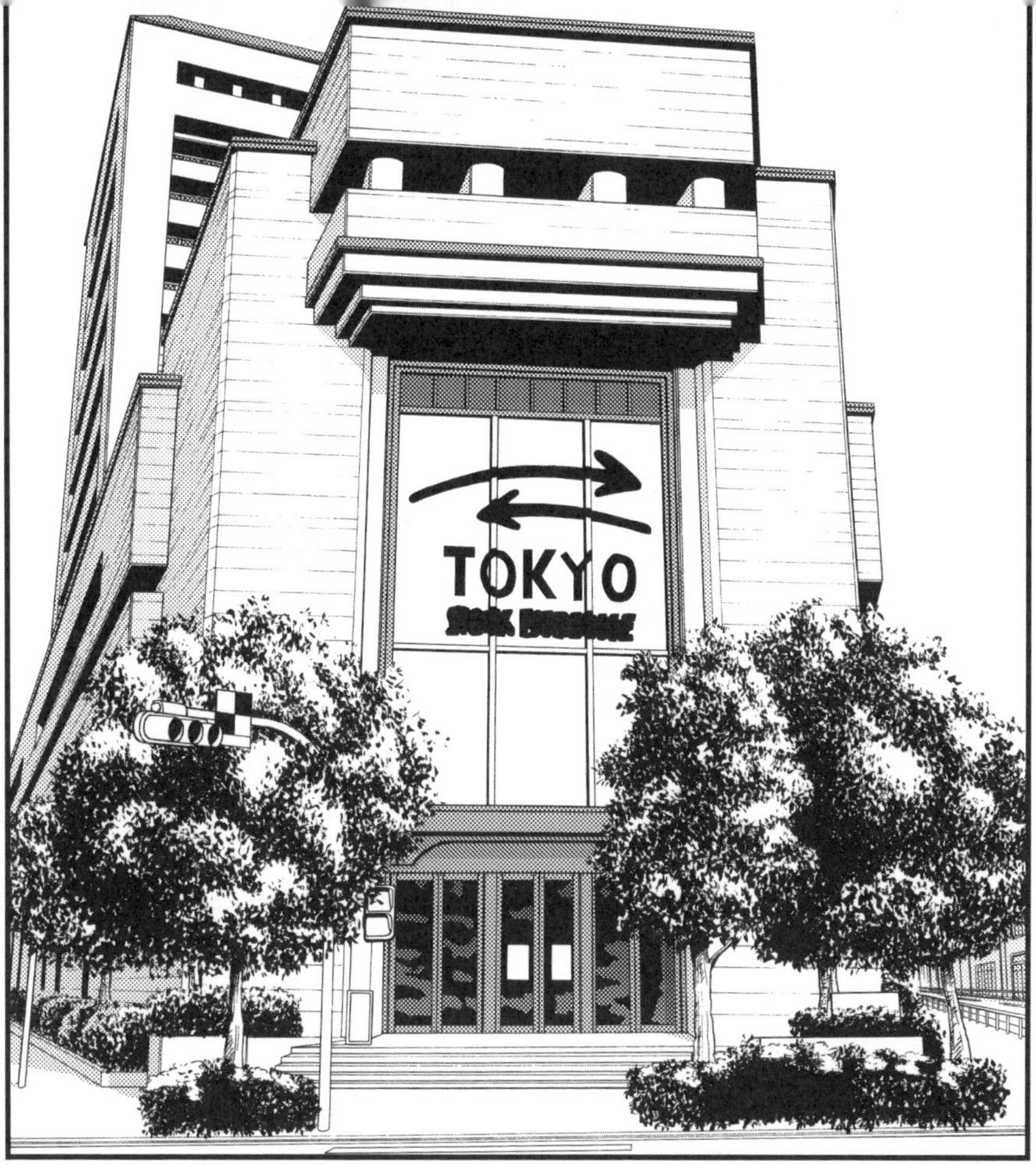

東証がある兜町は、日本のウォール街。金融の中心地だ

MINI COLUMN

金融危機で消滅したアメリカ5大投資銀行

往時は破竹の勢いだったアメリカの投資銀行といえば、ゴールドマン・サックスにモルガン・スタンレー、メリルリンチ、リーマン・ブラザーズ、ベアー・スターンズの5社である。

しかし、2008年3月にベアー・スターンズが救済合併され、9月にリーマン・ブラザーズが破綻、メリルリンチも事実上の救済合併となった。さらに同時期、ゴールドマン・サックスとモルガン・スタンレーも銀行持ち株会社をつくり、投資銀行を子会社化。こうして、すべての投資銀行は姿を消すことになった。

証券会社がおこなう4つの仕事

証券会社はおもに4つの業務を手がけ、多額の資金を動かしている。

ニュース
THE 23
証券会社の高額報酬が問題になっています

なんで証券会社はこんなに高い報酬がだせるのかしら？　なにでそんなに儲けているのか、さっぱり見当がつかないわ。

投資家が有価証券を売買するたびに手数料が入るし、新株発行のサポートを依頼してきた企業からも当然手間賃が入る。彼らは自分でディーリングもするから、そこでも儲かるわけだ。レバレッジをかけて、何倍もの規模の資金を動かすから儲けも大きくなるんだ。

でも、それだけでこんなに問題視されるほどのカネが転がり込んでくるものなの？　だいたい、社員の基本給はいくらなんだろう。

基本給は安いんだよ。しかし、成果主義だから、能力さえあれば成功報酬、つまりボーナスが山のようにもらえる。高額報酬のほとんどはボーナスさ。

証券会社は幅広い業務を担っている

島耕作に学ぶ証券会社の業務

証券会社はおもに4つの業務を手がける。メインの業務はブローキングだが、近年はほかの業務の比率も上がってきた。

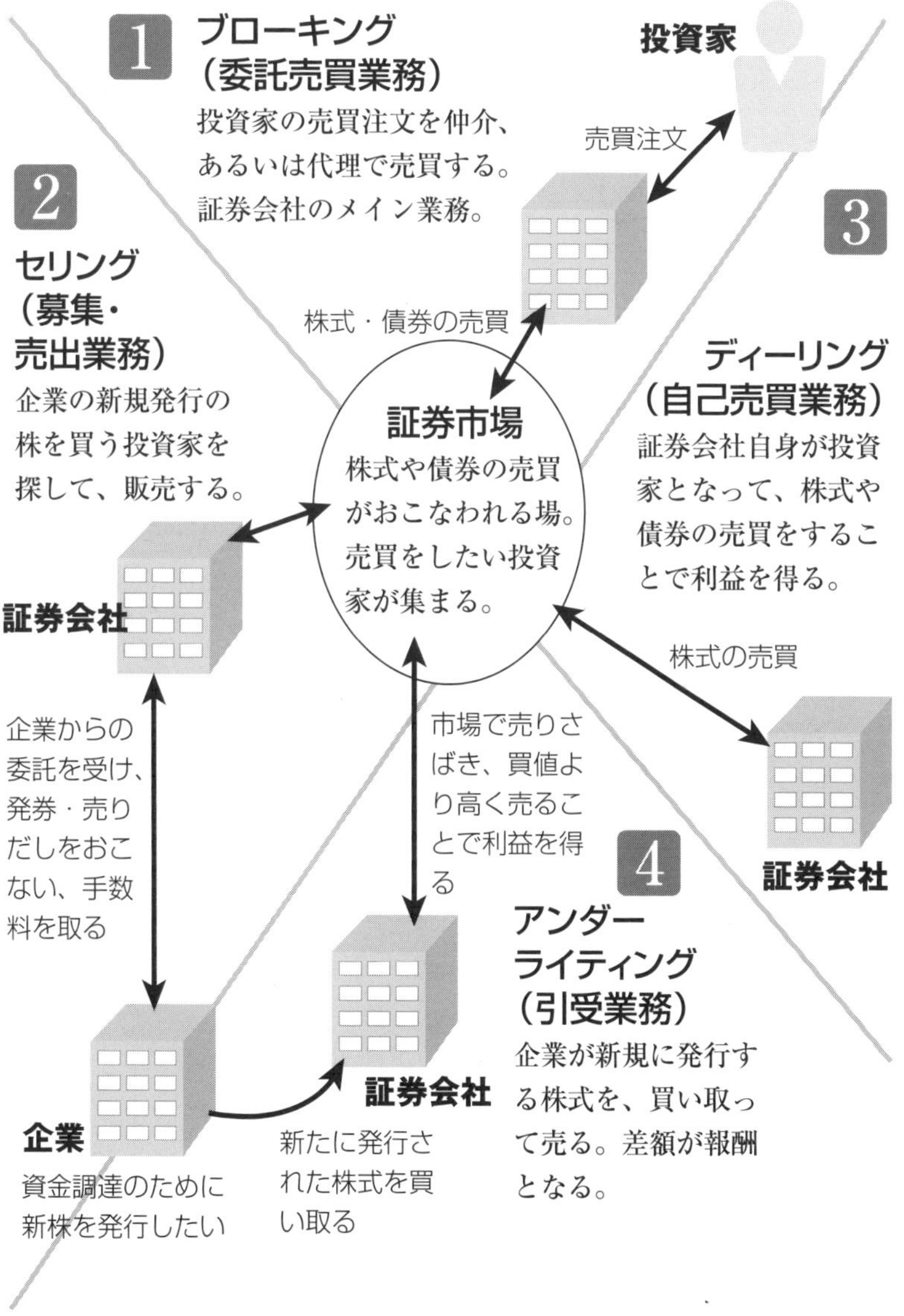

1
ブローキング
（委託売買業務）
投資家の売買注文を仲介、あるいは代理で売買する。証券会社のメイン業務。
投資家
売買注文
株式・債券の売買
2
セリング
（募集・売出業務）
企業の新規発行の株を買う投資家を探して、販売する。
3
ディーリング
（自己売買業務）
証券会社自身が投資家となって、株式や債券の売買をすることで利益を得る。
証券市場
株式や債券の売買がおこなわれる場。売買をしたい投資家が集まる。
証券会社
株式の売買
企業からの委託を受け、発券・売りだしをおこない、手数料を取る
市場で売りさばき、買値より高く売ることで利益を得る
証券会社
4
アンダーライティング
（引受業務）
企業が新規に発行する株式を、買い取って売る。差額が報酬となる。
証券会社
企業
資金調達のために新株を発行したい
新たに発行された株式を買い取る

投信会社

投資信託に関する主要業務を担当する

投資信託（投信）のしくみは前章で詳述したが、関与する会社のなかでとくに注目したいのが**投信会社**だ。投信の運用や管理を担当し、運用方針を決定する機関だ。

どの投信にも、基本的には運用責任者として**ファンドマネジャー**がつく。ファンドマネジャーは、金融に精通する相場の専門家だ。

運用に際しては、ファンドマネジャーの独断ではなく、アナリストやストラテジストといった、同じく金融のプロが手厚くサポートするしくみになっている。

ファンドマネジャーが運用法を決める

運用方針を決定するのがファンドマネジャーの任務。運用にあたる彼らの意見や考えは、月次リポートなどで公開されている。

投信会社

ファンドマネジャー

投信の管理や運用をおこなう機関。ファンドマネジャーを筆頭に、アナリストやストラテジストなどがチームをつくって運用にあたる。

このほか、銀行や証券会社などの販売会社、実際の取引をおこない資産を保全する信託銀行もかかわっている。

ベンチマークを上回る

一定の成果を目指す投信はベンチマーク（目標）を決める。一般的にTOPIXの上げ幅を上回るなどの目標を立てる。

TOPIXも経済動向で上下する。その動きを下回らない運用を目指す

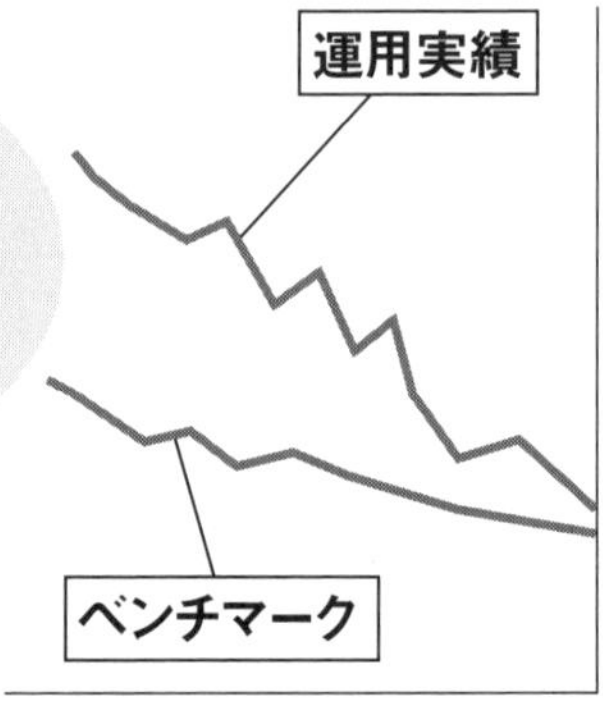

なんだ、この運用成績は！
ベンチマーク下回ってるじゃないかあのファンドマネジャーめ

元本割れのリスクはつねにつきまとう

MINI COLUMN

少額で不動産オーナーになれる？

投信の対象となるのは日本の株や債券だけではない。外国株や外国債券、金《きん》なども対象となる。不動産が投資対象のREITも一般的になった。国内の不動産が対象の場合はJ-REITと呼ぶ。

REITは、投資家から集めた資金をオフィスビルやマンションなど不動産で運用。売却益、賃貸収入を配当金として分配する。自分で不動産を買うと何千万円もかかるが、REITなら10万円以下で買えるものもある。複数のREITに分散投資するREITファンドという商品もあり、手頃な価格で投資できる。

保険会社

金融市場の主要なプレーヤーとなっている

保険会社には、**生命保険**と**損害保険**の2種類がある。近年は外資が数多く参入するとともに、損害保険会社が生命保険会社を設立するなどして会社の数が増えた。

生命保険は人の命にかかわるもの。一方の損害保険は、事故や災害などのリスクに備えるものだ。火災保険や自動車保険、自賠責保険などが該当する。

このほか、医療保険やがん保険など、第三分野の保険もある。これらは規制緩和によって、生保でも損保でも取り扱える。

多額の資金が集まる

日本は保険加入者が多く、保険会社には多額の資金が集まる。保険会社はそれを運用し、大口投資家（機関投資家）として注目されている。

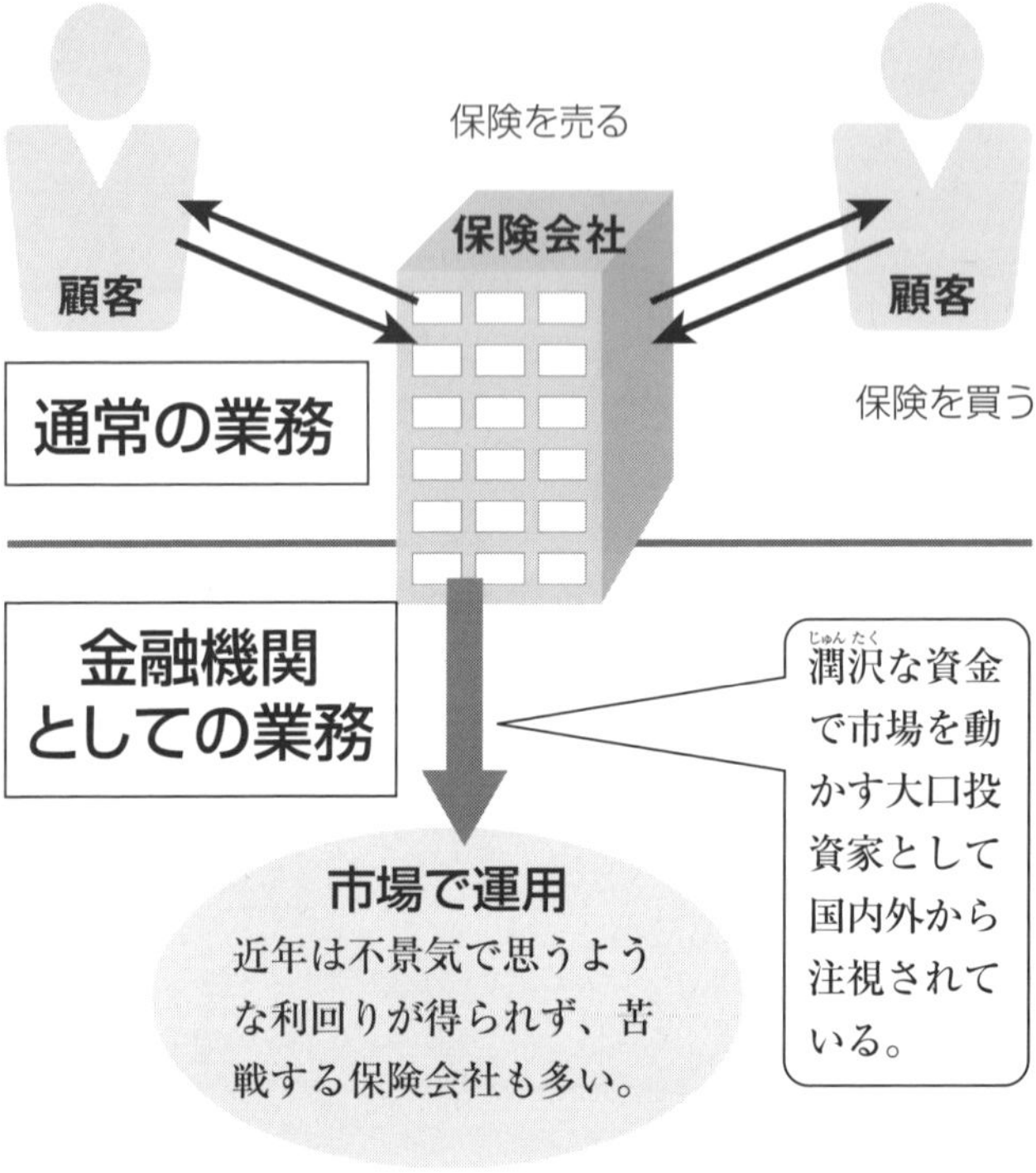

保険を売る
保険会社
顧客
顧客
保険を買う
通常の業務
金融機関
としての業務
潤《じゅん》沢《たく》な資金で市場を動かす大口投資家として国内外から注視されている。
市場で運用
近年は不景気で思うような利回りが得られず、苦戦する保険会社も多い。

スキー事業は、
雪が降らないと
あがったりです
降雪保険が
あるくらいです
よかった
雪になった……
「雪が降ること」に保険をかければ、事業で稼げなくても保険金を受け取れる

MINI COLUMN

政府系の保険・共済事業がある

右ページで触れた保険会社とは、民間会社のことだ。そのほか、政府は社会保険の制度を敷いており、また自治体や組合なども共済制度という保険業務を営んでいる。

日本人はほとんどが社会保険に入っている。民間保険会社や共済制度は、さらに手厚い保障をつけたいときに利用する。共済は、非営利で相互扶助の精神に基づいている。そのため、掛金が安いのが特徴。代表的なものに、農協のJA共済や、全国労働者共済生活協同組合連合会（全労済）の共済などがある。

消費者金融がイメージアップで成長した

預金は受け入れず、融資のみをおこなうのが**ノンバンク**だ。消費者向けと事業者向けがある。前者の代表が消費者金融と信販会社。後者はリース会社などだ。

かつてのノンバンクは、融資に充てるための資金を銀行などから調達していた。現在は規制緩和により、社債の発行などで資金を集められるようになった。このことでノンバンクの規模は拡大しはじめた。また、ＣＭの影響で認知度が向上し、イメージアップに成功したことも成長に拍車をかけた。

いろいろな分類がある

ノンバンクには消費者向けと事業者向けがある。とくに前者は、自動契約機の導入でお金が借りやすくなり、急速に普及していった。

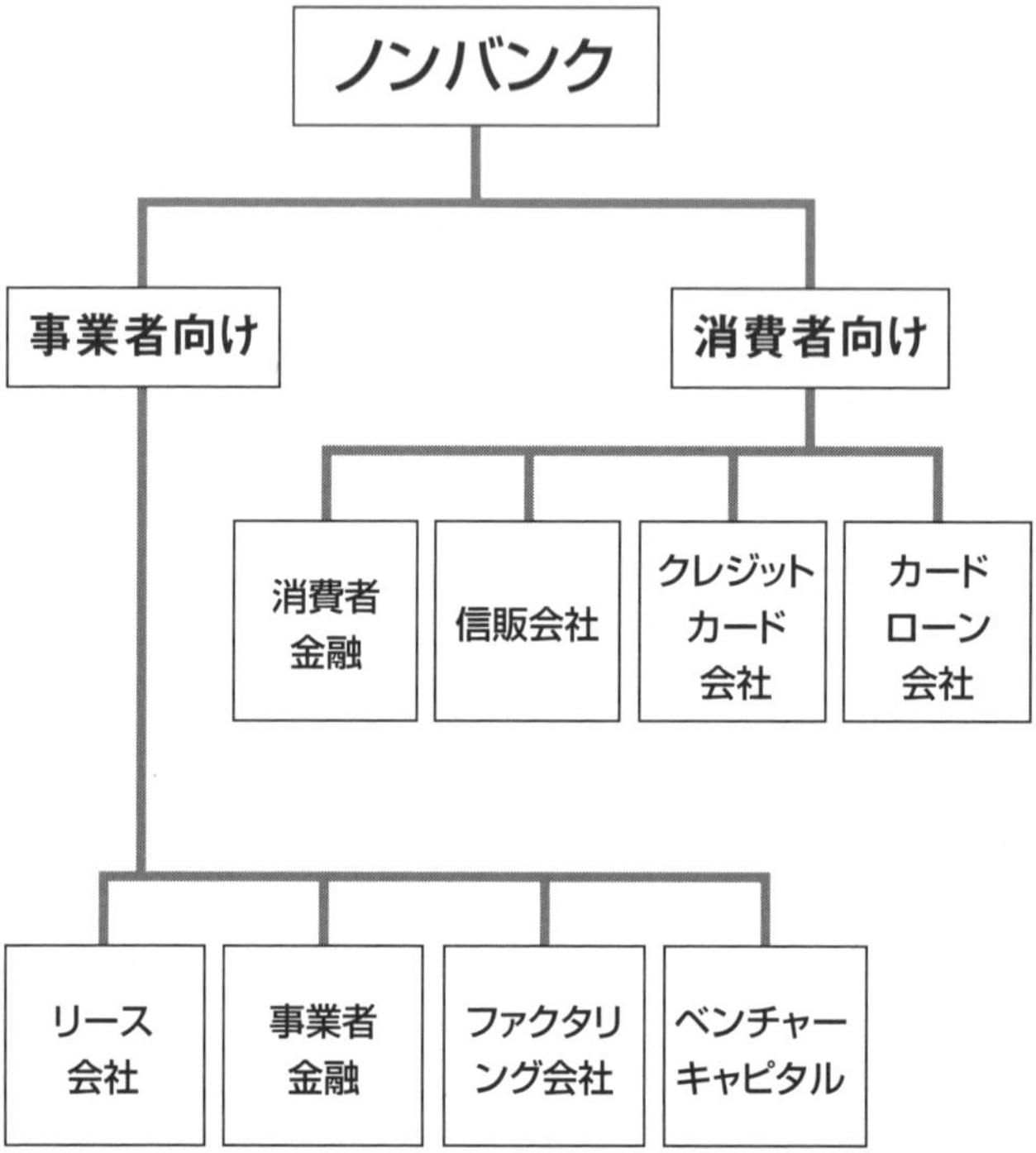
ノンバンク
事業者向け
消費者向け
消費者金融
信販会社
クレジットカード会社
カードローン会社
リース会社
事業者金融
ファクタリング会社
ベンチャーキャピタル

リースなら、初期費用の心配がいらず、最新機器の導入も迷わない
リースのほうがよいでしょう この部屋の機器もすべてリースです
たしかに最新の機器がすぐに導入できるからな

融資だけをおこなっている

銀行と違い、預金業務・為替業務をおこなわず、貸出業務に特化しているため、「銀行ではない金融機関＝ノンバンク」と呼ばれるようになった。

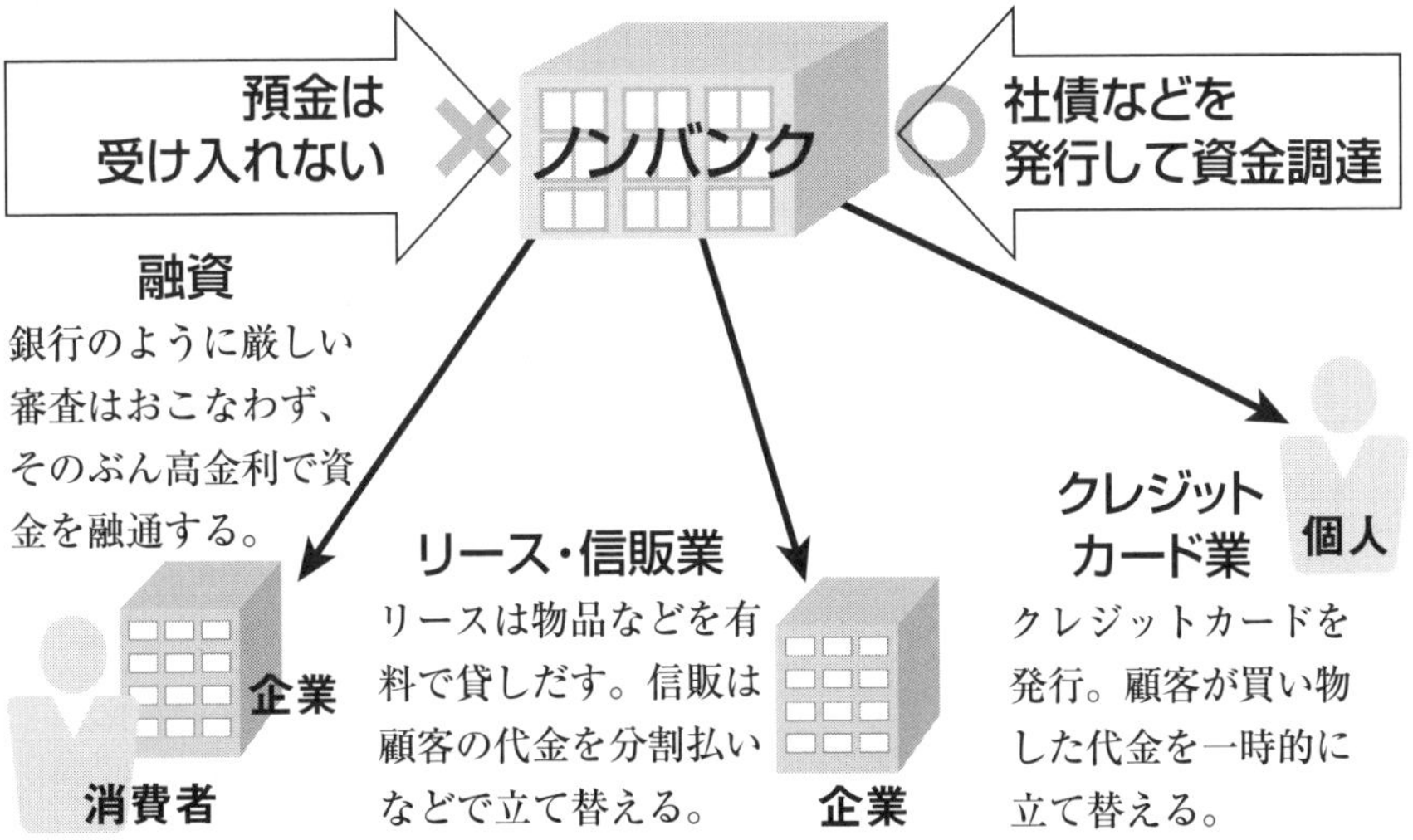
預金は受け入れない
×
ノンバンク
○
社債などを発行して資金調達
融資
銀行のように厳しい審査はおこなわず、そのぶん高金利で資金を融通する。
企業
消費者
リース・信販業
リースは物品などを有料で貸しだす。信販は顧客の代金を分割払いなどで立て替える。
企業
クレジットカード業
個人
クレジットカードを発行。顧客が買い物した代金を一時的に立て替える。

公的金融機関

巨大な国家プロジェクトや中小企業が融資の対象

政府が全額、もしくは一部を出資して設立した**公的金融機関**は、政策に沿った投融資をおこなう特殊法人である。

財源は政府の予算や債券の発行などによって確保している。民間金融機関と比べ、融資の際の金利が比較的低いのが特徴だ。

統廃合で数が減った公的金融機関だが、現在も公庫や銀行、金庫などがある。それぞれ性格は異なるが、国家的プロジェクトに融資することもあれば、中小企業に融資することもある。

政府系銀行は2つある

日本政策投資銀行と国際協力銀行の２行があり、前者は国内の、後者は国際的な政策と関連する事業に投融資をおこなっている。

日本政策投資銀行

大規模な社会資本の整備や地域・企業の再生など、政府が関与するプロジェクトのために投融資する。民間機関では融資しづらい事業に長期資金を提供することも目的。

国際協力銀行

日本の輸出入、海外での経済活動協力を目的に設立。具体的には日本企業の海外進出の支援、資源エネルギー輸入の支援などをおこなう。日本政策金融公庫の国際部門。

↓

民間金融機関が融資できない、融資したがらない巨大国家プロジェクトや中小企業へ融資する。

公庫や金庫、ゆうちょ銀行も公的金融機関のひとつ。

町工場もニューヨーク進出も、
公的金融機関が支援してくれる

COLUMN

アラン・グリーンスパン

1926年〜（アメリカ）

—アメリカの中央銀行、連邦準備制度理事会の元トップ—

議長に就任直後、ブラック・マンデー発生

１９２６年、ニューヨークに生まれたグリーンスパンは、若くから数学の才能を発揮した。しかし、最初に彼が興味を持ったのは、音楽であった。ジュリアード音楽院でクラリネットを学び、ジャズバンドで働く。

しかし、グリーンスパンはバンドを辞め、第二の道を進みはじめる。それが経済・金融の世界だった。

ニューヨーク大学で経済学博士号を取得したのち、民間、公的機関の双方で活躍。レーガン大統領によってＦＲＢ議長に指名された。

ＦＲＢ議長としての経歴は、順風満帆ではなかった。就任直後に、ブラック・マンデーが発生したのだ。

的確な金利操作でマエストロと呼ばれる

１９８７年に発生したブラック・マンデーによって、株価は大暴落。市場は大混乱に見舞われた。グリーンスパンは、ただちに無制限の資金供給を発表し、事態を鎮《ちん》静《せい》化《か》させた。

その後も巧《たく》みに金利を操作することで、アメリカ経済を安定化させ、マエストロと呼ばれる。

グリーンスパンの発言は、市場に大きな影響を与える。それゆえ、彼は発言の際に慎重に言葉を選ぶよう気を使っていたという。

高齢だが、市場に影響を与えるさまざまな要因に目を光らせ、古い考えに固執することはなかった。つねに考え方は若々しかった。

第6章

日銀と金融庁が金融の舵取りをおこなう

——日銀、金融庁と金融メカニズム——

人々が懸命に働いても好転しない景気、

長引く不況はいつまで続くのか——。

政府がおこなうのが金融政策だ。

おもに日銀と金融庁が取り仕切る。

中央銀行

日銀は、すべての銀行の銀行として機能する

一国の通貨を発行する発券銀行であり、通貨の供給量や金利調節をおこなう銀行が、**中央銀行**だ。

中央銀行は、民間の銀行から預金の受け入れや貸しだしをおこなう、いわば銀行のための銀行だ。

日本では**日本銀行（日銀）**、アメリカでは**連邦準備制度（FRS）**、EUの場合は**欧州中央銀行（ECB）**が中央銀行だ。

中央銀行は重要な金融政策を決めるため、景気を大きく左右する存在。その動向は市場からつねに注目される。

日本のマネー全体を管理する

銀行の銀行として機能するほか、通貨発行、政府の出納係、金融政策の策定など、マネーに関する重責を担う。

銀　行

中央銀行としての役割

銀行の銀行
民間の銀行を顧客として、預金の受け入れや貸しだしをおこなう。

発券銀行
銀行券（現金）を発行できる。日本では日銀のみに許される。

政府の銀行
政府資産を管理・運用する。政府の預金を受け入れ、支払いをする。

おい、
すごい売りだぞ
日銀が金利を
上げたんだよ

金利が上がると、株より現金を持とうという意識が働く（79ページ参照）

日本

金融政策をおこなう

日銀政策委員会が金融政策を決める

日銀総裁を筆頭に、経済、金融に精通する９人のメンバーで構成される。金利調整など、経済の動向を左右する重要な金融政策を決定する。

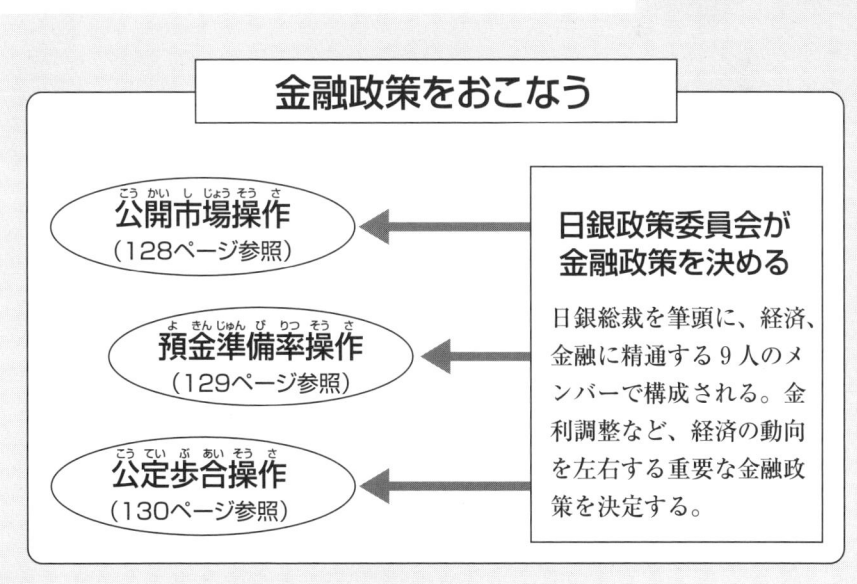

→ **公《こう》開《かい》市《し》場《じょう》操《そう》作《さ》**（128ページ参照）

→ **預《よ》金《きん》準《じゅん》備《び》率《りつ》操《そう》作《さ》**（129ページ参照）

→ **公《こう》定《てい》歩《ぶ》合《あい》操《そう》作《さ》**（130ページ参照）

マネーサプライ

市場にあるマネーの量で景気を刺激する

マネーサプライは、通貨供給量と訳される。日銀を含む民間の金融機関から、世の中にどの程度の量のマネーが供給されているかを表す。

個人や企業、地方公共団体が持つ通貨保有量から計算。ただし、国や一部を除く金融機関自体の預金は、マネーサプライに含まない。

原則的に、マネーサプライは景気がよいと増加し、景気が悪化すると減少する。日銀は毎月これを調査し、景気判断指標として定期的に発表している。

お金の定義はひとつではない

お金には、現金化のしやすさによって定義があり、その定義がマネーサプライと密接に結びつく。

M_3

M_2に信用組合、農漁協、労金などの預金や金銭信託を含めたもの。

M_2

M_1に、解約すれば決済手段にできる準通貨（定期預金など）を含めたもの。

M_1

現金通貨と預金通貨（すぐ引き出せる要求払い預金）の合計額。

＋

CD（譲渡性預金）

銀行などが発行できる、第三者への譲渡が可能な大口預金。CDのおもな預金者は金融機関など。

マネーサプライ

通常はM_1、もしくはM_2とCDをあわせたものがマネーサプライと呼ばれる

使いやすさ（流動性）によって分類される

左はマネーサプライを細かく分類したもの。Mは「MONEY」の頭文字。資産の流動性（使いやすさ）によって分類されている。

マネーサプライの調整で景気を管理できる

日銀は、マネーサプライを適正水準に保つ。景気悪化時には金利を下げてマネーサプライを増加させるなどして、景気の安定化を図っている。

マネーサプライ

マネーサプライが少量

不景気で世の中にお金が行き渡っていない状態。金利を下げマネーサプライを増やす。

マネーサプライが多量

景気が過熱し、お金があふれている状態。金利を上げてマネーサプライを引き締める。

金融政策

銀行の通貨の量を調整して金利をコントロールする

金融政策

1 公開市場操作のしくみ

英語で「Open Market Operation」。そのため、「買いオペ」、「売りオペ」などと呼ぶ場合もある。

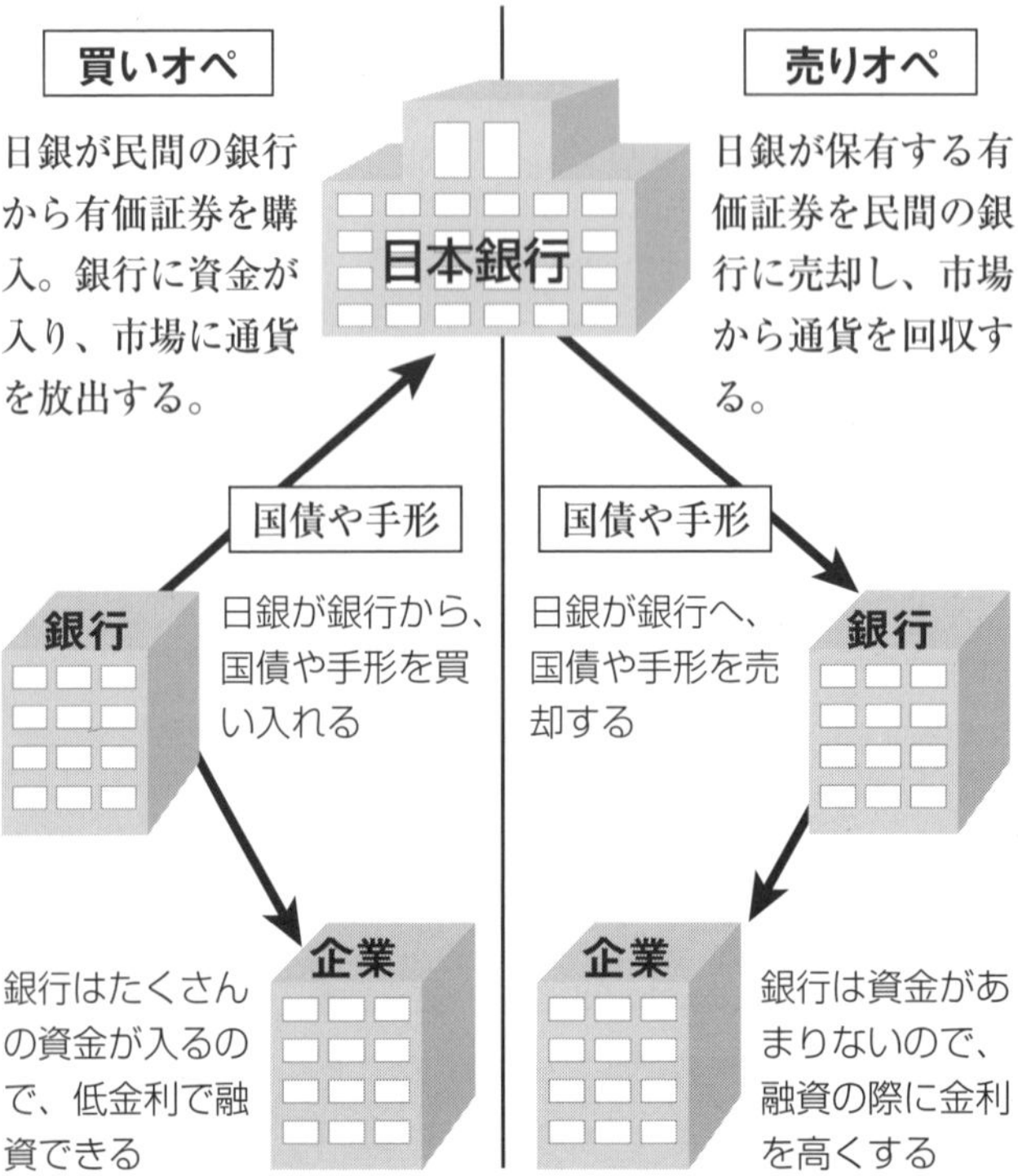
買いオペ
日銀が民間の銀行から有価証券を購入。銀行に資金が入り、市場に通貨を放出する。
売りオペ
日銀が保有する有価証券を民間の銀行に売却し、市場から通貨を回収する。
日本銀行
国債や手形
国債や手形
銀行
日銀が銀行から、国債や手形を買い入れる
日銀が銀行へ、国債や手形を売却する
銀行
企業
銀行はたくさんの資金が入るので、低金利で融資できる
企業
銀行は資金があまりないので、融資の際に金利を高くする

日銀の代表的な金融政策には、**公開市場操作**、**預金準備率操作**、**公定歩合操作**の3つがある。

公開市場操作とは、日銀が金融市場で債券や手形を売買すること。売買を通して銀行の資金量をコントロールし、マネーサプライや金利を調整することを指す。

民間の銀行は、もしもの事態に備え、つねに日銀に預金残高の一定割合を預けている。

それが準備預金だ。その割合を変更してマネーサプライを調整するのが、預金準備率操作だ。

金融政策 2

預金準備率操作のしくみ

日銀は、民間の銀行に準備預金の積み立てを課している。その準備預金を利用して、マネーサプライを調整することができる。

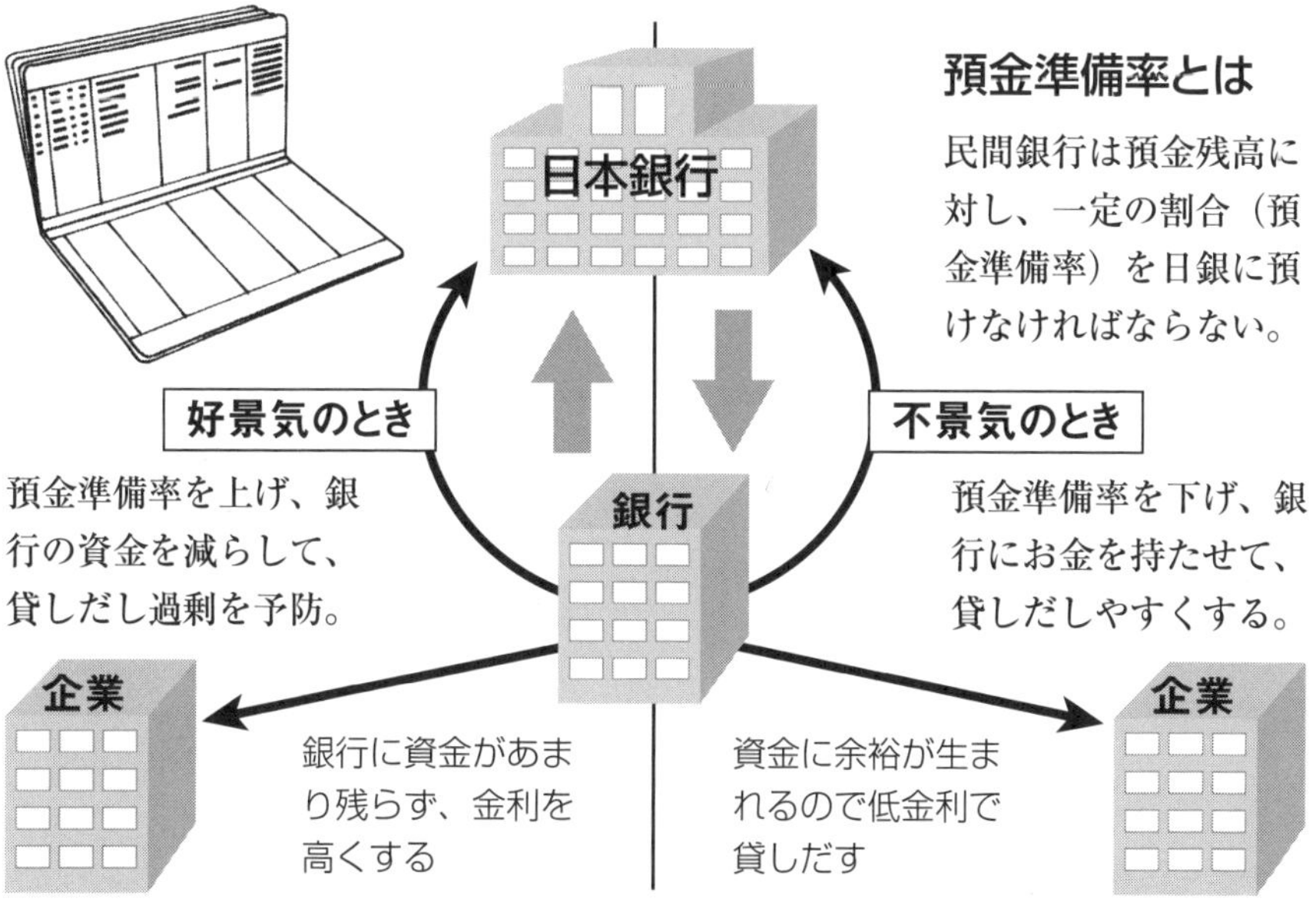

日本銀行
預金準備率とは
民間銀行は預金残高に対し、一定の割合（預金準備率）を日銀に預けなければならない。
好景気のとき
預金準備率を上げ、銀行の資金を減らして、貸しだし過剰を予防。
不景気のとき
預金準備率を下げ、銀行にお金を持たせて、貸しだしやすくする。
銀行
企業
銀行に資金があまり残らず、金利を高くする
資金に余裕が生まれるので低金利で貸しだす
企業

金利が下がって融資を受ければ、企業も活性化する
ようやく、金利が下がったからな銀行に融資してもらったんだよ
活気があるな

金融政策

公定歩合の効果は薄れ、ゼロ金利政策がおこなわれた

日銀が、民間銀行にお金を貸す際の金利を**公定歩合**という。

公定歩合が上がると、民間銀行は貸出金利を上げざるを得ない。反対に公定歩合が下がると、金利を下げざるを得ない。日銀の公定歩合操作は、市場に大きなインパクトを与えてきた。

しかし近年、インターバンク市場の発達で、銀行間での資金調達が可能になった。またゼロ金利政策やその後も続く超低金利の影響で、公定歩合操作は意味を持たなくなっている。古い手法だ。

金融政策

3 公定歩合で景気をコントロールしていた

かつて、銀行が資金を調達するには、日銀に頼るしかなかった。そのため公定歩合の変動で景気が大きく動いた。

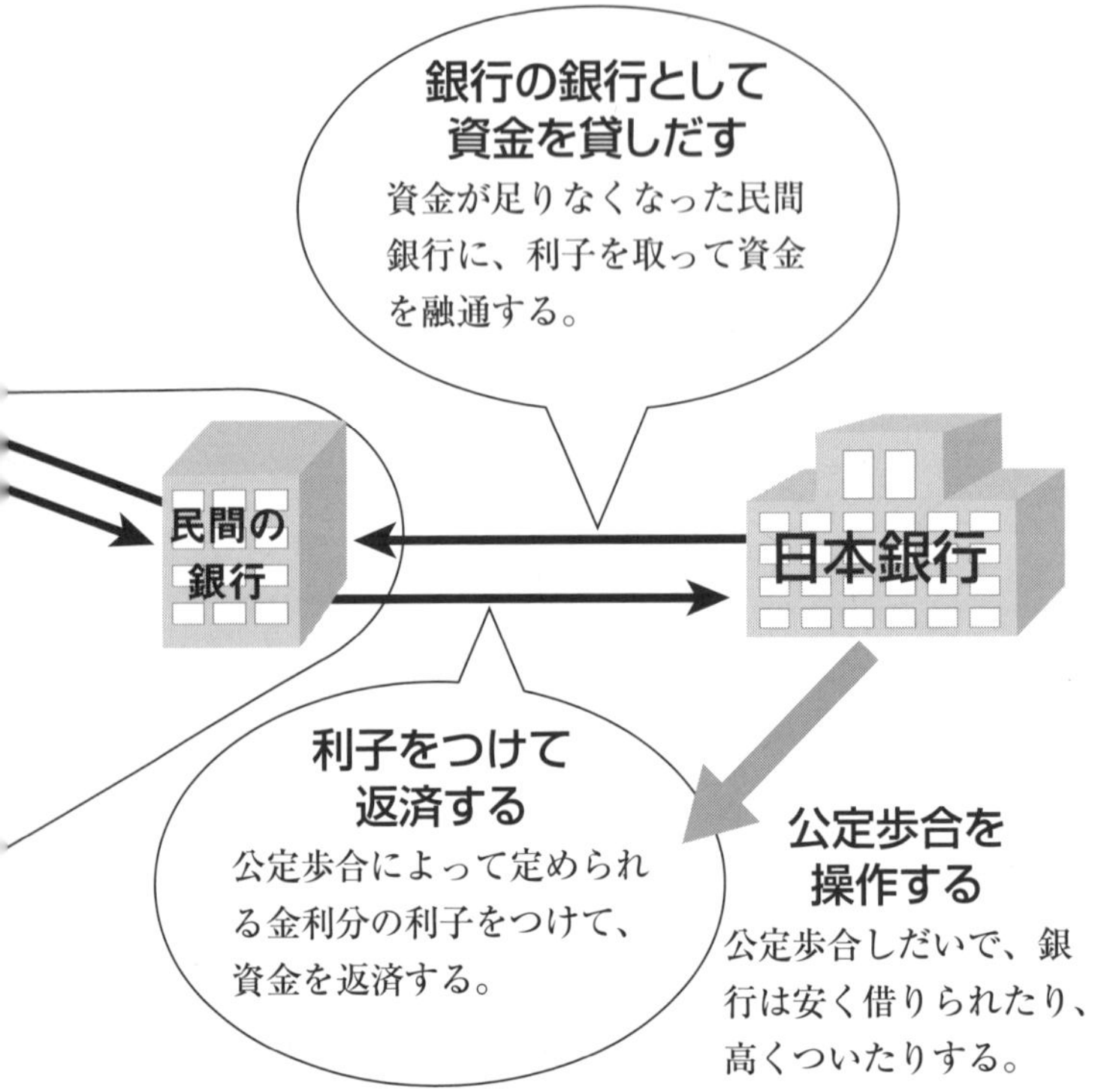
銀行の銀行として
資金を貸しだす
資金が足りなくなった民間銀行に、利子を取って資金を融通する。
民間の銀行
日本銀行
利子をつけて
返済する
公定歩合によって定められる金利分の利子をつけて、資金を返済する。
公定歩合を
操作する
公定歩合しだいで、銀行は安く借りられたり、高くついたりする。

現在は効果が薄い

民間銀行はインターバンク市場での資金調達が可能となり、日銀から借りる必然性が薄れた。そのため、公定歩合はあまり景気に影響しなくなった。

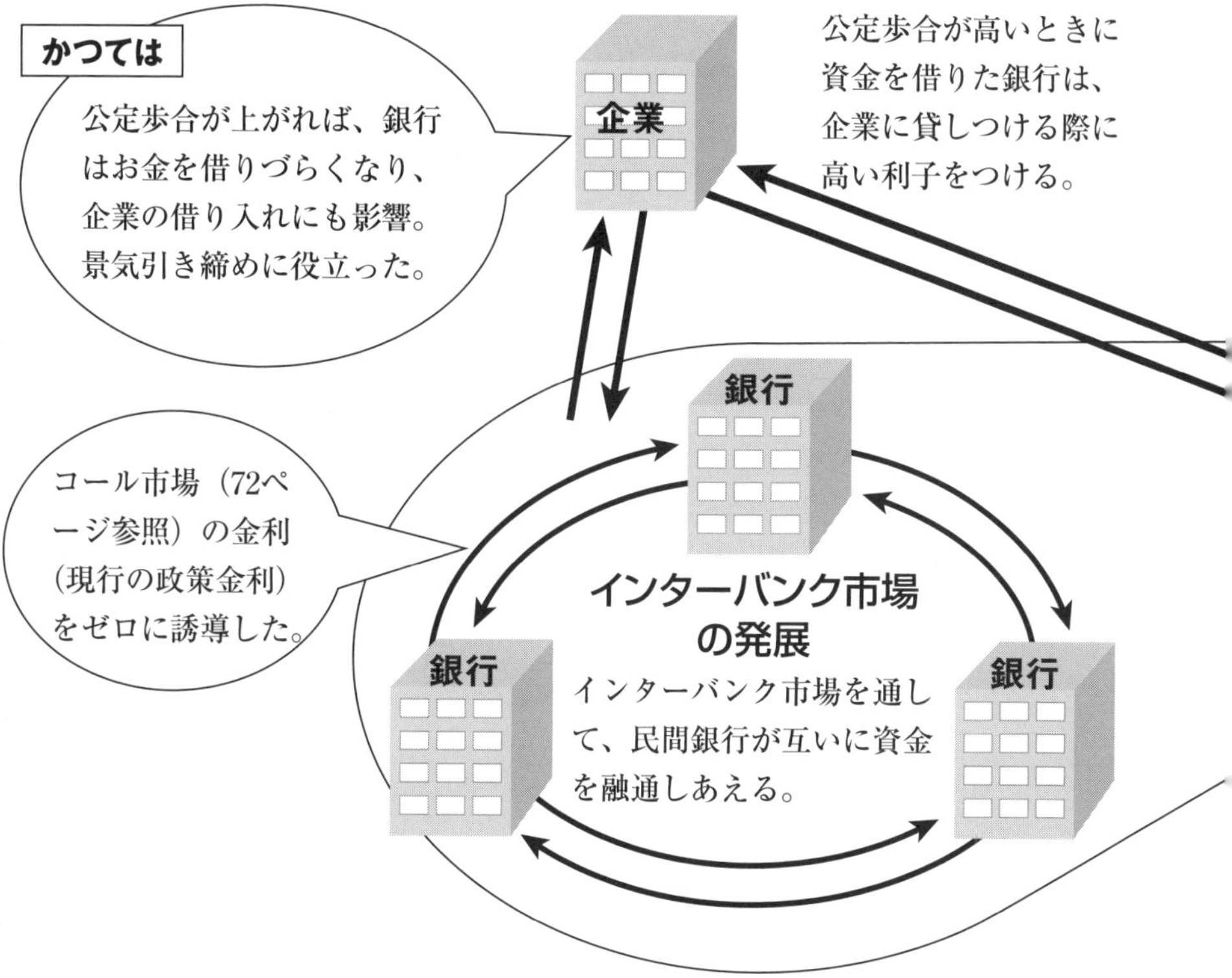
かつては
公定歩合が上がれば、銀行はお金を借りづらくなり、企業の借り入れにも影響。景気引き締めに役立った。
企業
公定歩合が高いときに資金を借りた銀行は、企業に貸しつける際に高い利子をつける。
銀行
コール市場（72ページ参照）の金利（現行の政策金利）をゼロに誘導した。
インターバンク市場の発展
銀行
銀行
インターバンク市場を通して、民間銀行が互いに資金を融通しあえる。

世界記録も次々にぬりかえられて、古くなるのよね
NEW WR
9.58
2163

現在の金融政策

量的緩和で、市場に大量のマネーを注入する

長く不況にあえいでいた日本経済は、１９９９年に導入された**ゼロ金利政策**でも回復しなかった。

その対策として、日銀は２００１年に**量的緩和政策**を実施。公開市場操作によって、世の中に出回るお金を増やそうと、日銀は民間銀行から大量の手形や債券を買い取った。民間銀行が保有するお金の量を増やすことで、景気をコントロールする狙いだ。結果、景気は浮揚の兆しを見せた。

量的緩和政策は２００６年に解除されている。

市場の資金量を増やす

金利操作による景気浮揚策が奏功しなかったため、日銀は量的緩和で資金量をコントロールする作戦に出た。

公開市場操作で直接資金量をコントロール

日銀が民間銀行から多額の手形や債券を買い取ることで、インターバンク市場への資金投入を試みた。

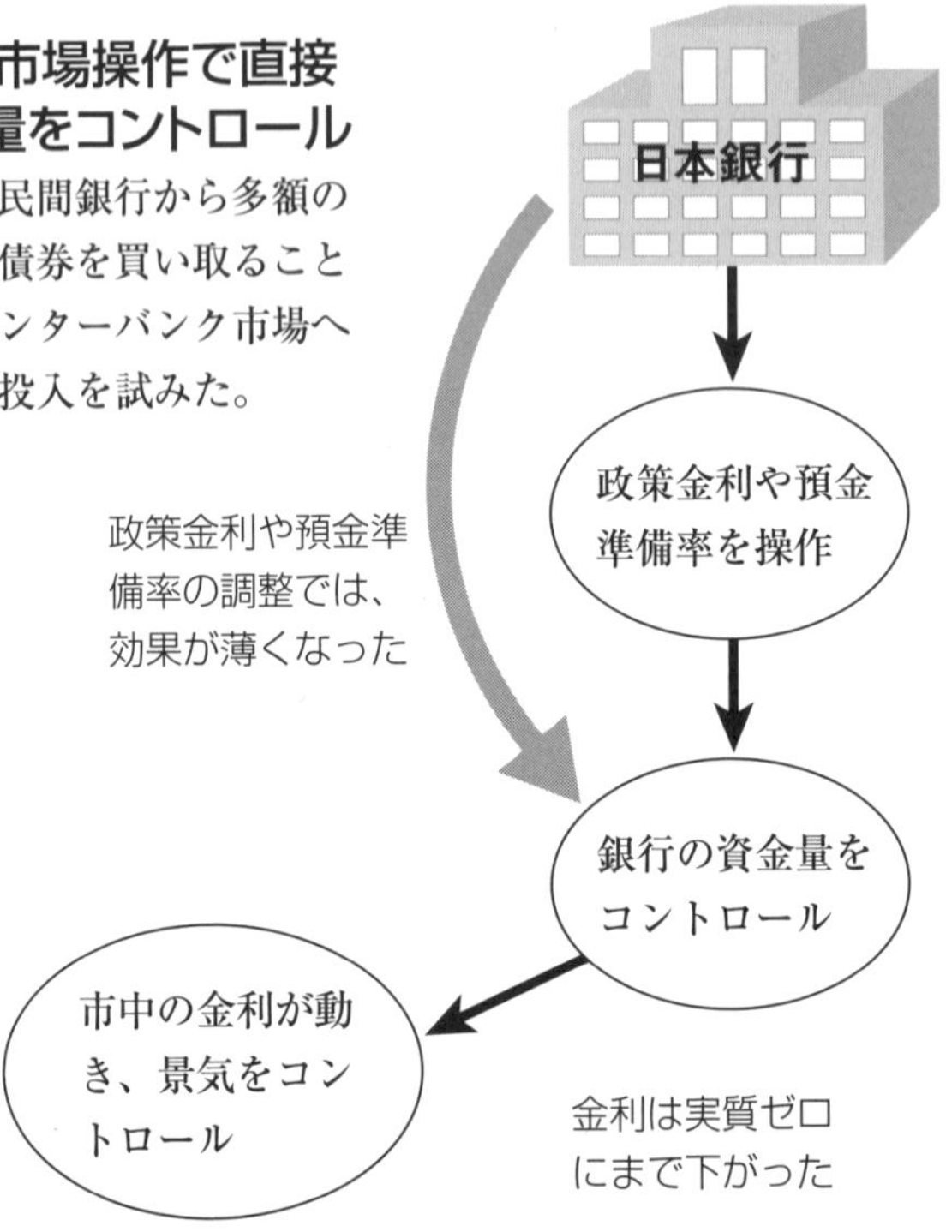
日本銀行
政策金利や預金準備率を操作
銀行の資金量をコントロール
市中の金利が動き、景気をコントロール
政策金利や預金準備率の調整では、効果が薄くなった
金利は実質ゼロにまで下がった

また金利が上がったよ
量的緩和が解除されたら、うちはもうやっていけない従業員も解雇したよ

アメリカの金融政策を取り仕切るFRB

アメリカの連邦準備制度理事会（FRB）は、アメリカの金融政策の要となる存在だ。

ニュースTHE 23
FRB元議長グリーンスパン氏が世界経済について語りました

FRB（Federal Reserve Board）か。ニュースで聞くから名前はよく知っているわ。たしか総裁が有名だった。名前はグリーンスパンだっけ？

現在の総裁はベン・バーナンキだ。アメリカは各州の独自性がとても強いから、FRBも日銀のようなひとつの機関ではなく、いくつもの組織が分担制で中央銀行の役割を果たしているんだ。これが連邦準備制度で、FRBはその中核機関だよ。

そのFRBは、具体的にいうとどんな仕事をしているの？　日銀とずいぶんシステムが違いそうで、なんだかピンとこないわ。

やっていることは日銀と変わりないさ。物価の安定、雇用の安定を目指し、金融システムの監督やマネーサプライの調整方針を決めるのがおもな仕事だね。

島耕作に学ぶ連邦準備制度

米国の中央銀行制度を、連邦準備制度（Federal Reserve System）と呼ぶ。FRSは、3つの中核組織とアメリカ全土の加盟銀行から成る。

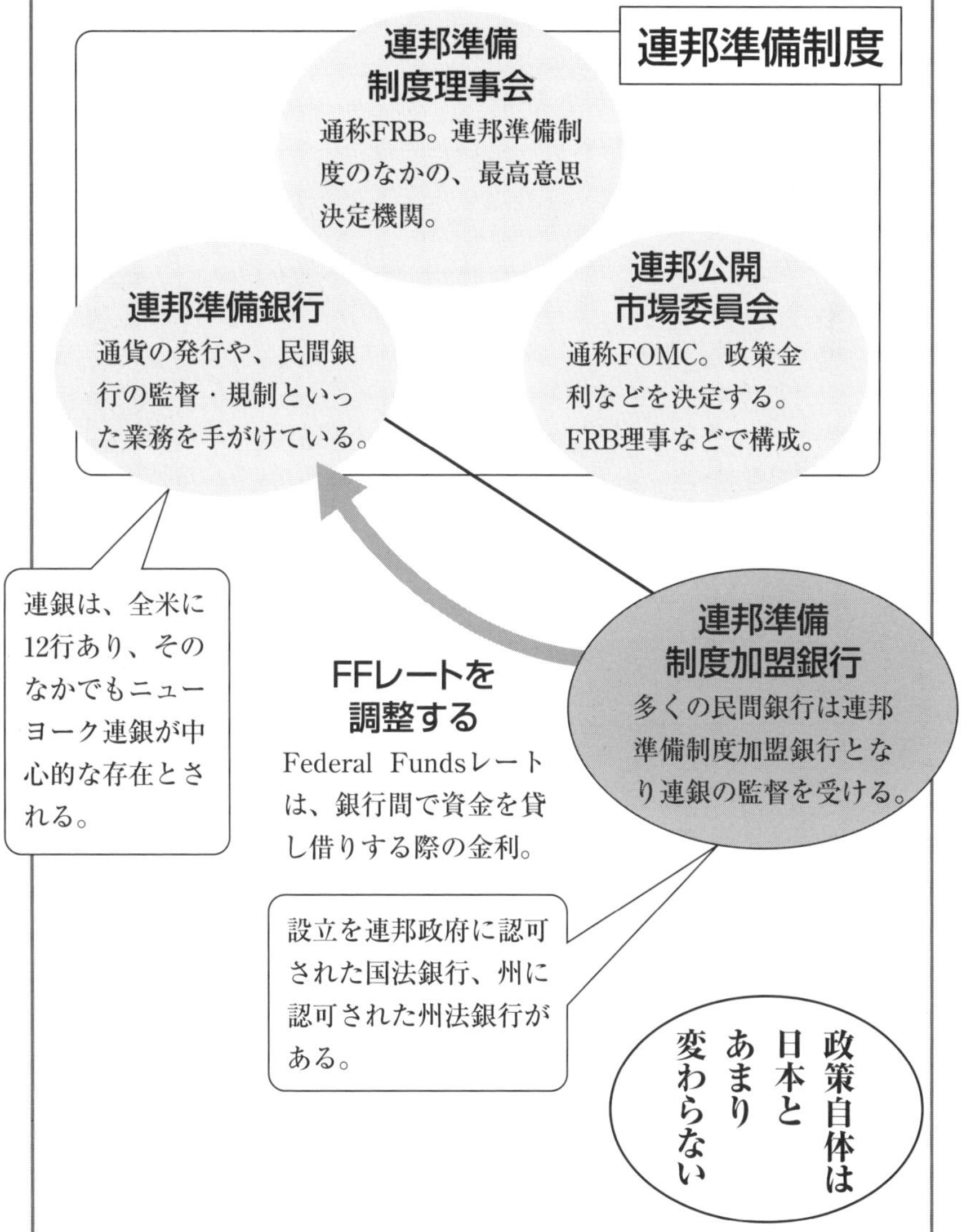
連邦準備制度
連邦準備制度理事会
通称FRB。連邦準備制度のなかの、最高意思決定機関。
連邦準備銀行
通貨の発行や、民間銀行の監督・規制といった業務を手がけている。
連邦公開市場委員会
通称FOMC。政策金利などを決定する。FRB理事などで構成。
連銀は、全米に12行あり、そのなかでもニューヨーク連銀が中心的な存在とされる。
FFレートを調整する
Federal Fundsレートは、銀行間で資金を貸し借りする際の金利。
連邦準備制度加盟銀行
多くの民間銀行は連邦準備制度加盟銀行となり連銀の監督を受ける。
設立を連邦政府に認可された国法銀行、州に認可された州法銀行がある。
政策自体は日本とあまり変わらない

金融庁

金融システムや市場を安定させる行政面を担う

効率化を目指し省庁が再編された

大蔵省と金融業界の癒着による不祥事などから再編が促され、より効率的に業務を遂行できる形態に移行した。

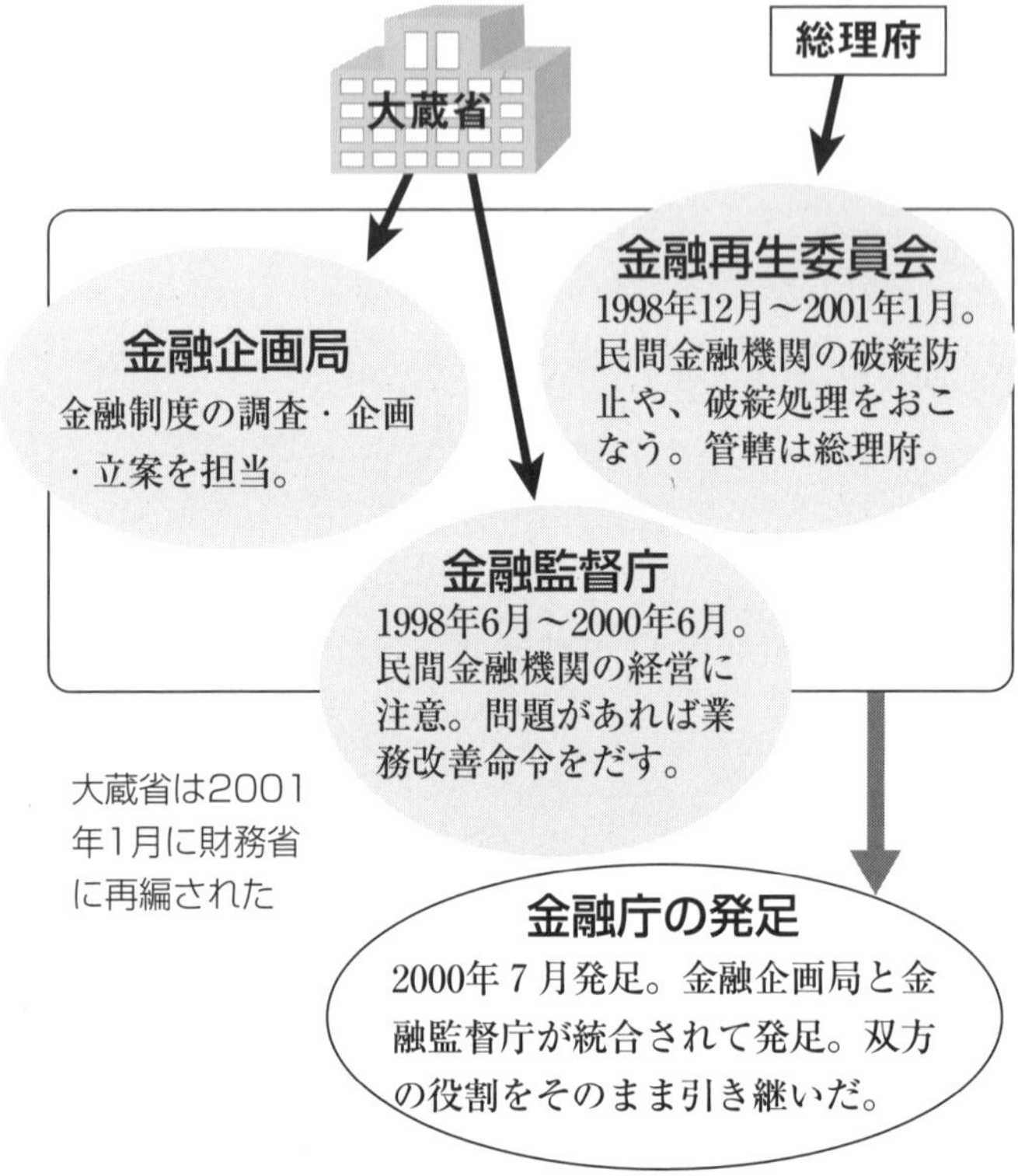

大蔵省
総理府
金融企画局
金融制度の調査・企画・立案を担当。
金融再生委員会
1998年12月～2001年1月。民間金融機関の破綻防止や、破綻処理をおこなう。管轄は総理府。
金融監督庁
1998年6月～2000年6月。民間金融機関の経営に注意。問題があれば業務改善命令をだす。
大蔵省は2001年1月に財務省に再編された
金融庁の発足
2000年７月発足。金融企画局と金融監督庁が統合されて発足。双方の役割をそのまま引き継いだ。

金融ビッグバンと呼ばれる、金融行政の抜本的改革がおこなわれたのは１９９６年のこと。世界の先進国に比肩《ひけん》しうる国際金融市場の構築を目指し、フリー（自由）、フェア（公正）、グローバル（国際化）を合言葉に実行された。

それに伴って、財政と金融行政の両面を担ってきた大蔵省も再編対象となった。新たに金融監督庁（現・金融庁）を設置し、金融行政部門が分離することになったのだ。結果、大蔵省は財政専門の財務省に姿を変えた。

ちゃんと監視しているのか
はい、不正は見逃しません
取引はつねに監視され、発覚すれば逮捕されることもある

メイン業務は市場の監督へ

不良債権処理が一段落してからは、預金者・投資家保護のために、民間金融機関や証券市場を監視し、ルール違反の摘発に努める業務に重点を置く。

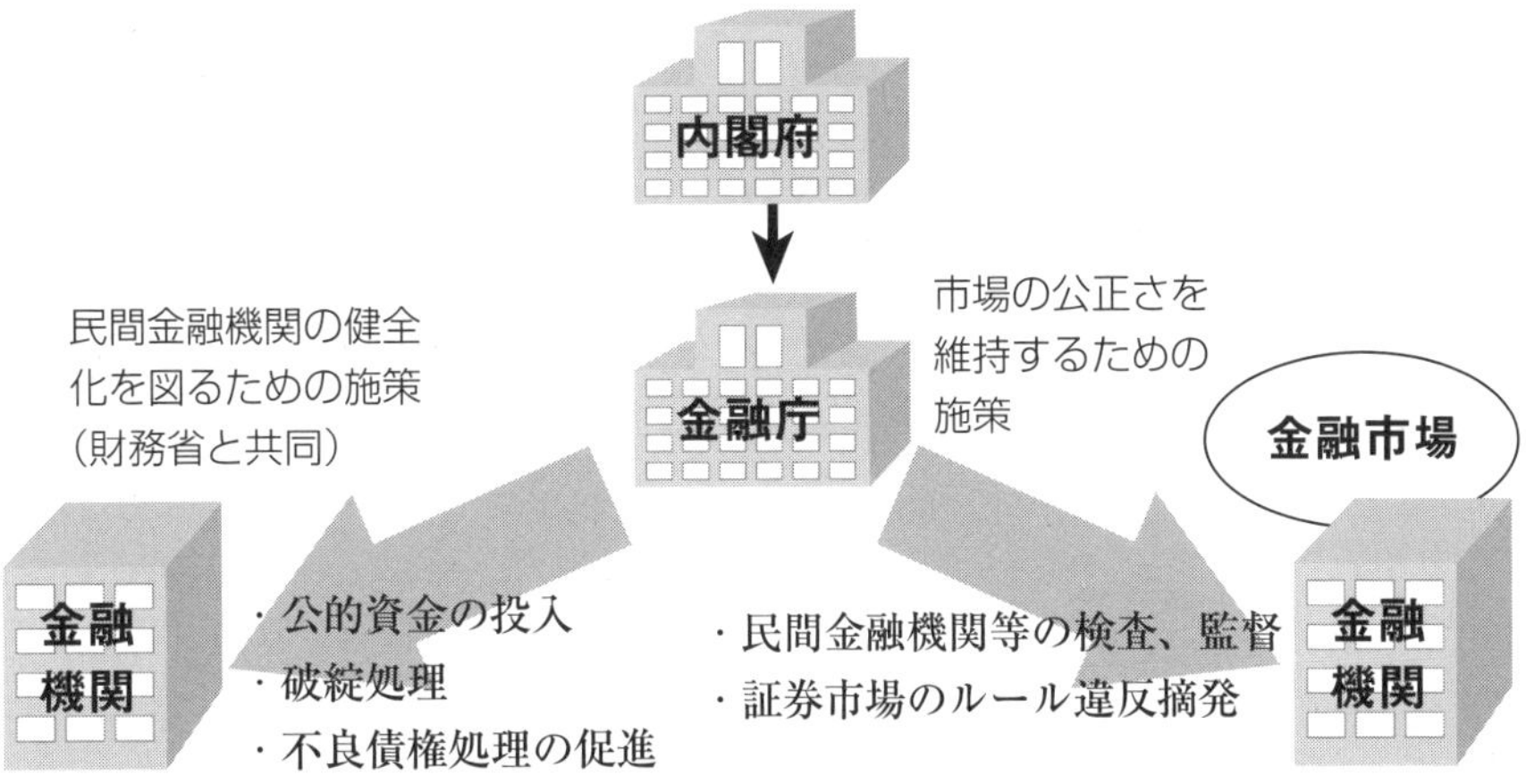
内閣府
金融庁
民間金融機関の健全化を図るための施策（財務省と共同）
市場の公正さを維持するための施策
金融市場
金融機関
・公的資金の投入
・破綻処理
・不良債権処理の促進
・民間金融機関等の検査、監督
・証券市場のルール違反摘発
金融機関

金融行政

産業を成長させた各種の規制は、緩和・撤廃へ

競争自体が規制されていた

金融ビッグバン以前、過当競争を防ぐ規制が多かった。
各金融機関は横並びで、競争はおこなわれなかった。

以前までの規制

過度の競争を防ぐためのものだった

参入規制
金融業への参入を、免許制を敷くことによって制限。競争を抑えていた。

店舗規制
過度の店舗展開を規制。既存の預金や貸しだし先を保護し、不健全で非効率な経営を防いだ。

金利規制
銀行が、過度に貸出金利引き下げや、預金金利引き上げをおこなえないようにした。

自由競争を重視するようになり、規制は緩くなった

規制緩和・撤廃
たくさんの規制が日本の経済成長に貢献したが、その多くは緩和・撤廃された。

金融ビッグバン以前の日本の金融業界には、ありとあらゆる規制が存在し、業界の成長の妨げとなっていた。

それは、戦後からずっと採用されてきた、過度な競争を避けて業界全体の安定化を図る方針（護《ご》送《そう》船《せん》団《だん》方《ほう》式《しき》）が根底にあったからだ。

戦後の高度成長期にはこうした規制も有効に働いたが、時代の移り変わりに対応しなくなり、**多くの規制が緩和**の方向へ。

日本は金融先進国への道を歩みはじめた。

経営の質が求められる規制へ

金融が自由化されると、競争に敗れる金融機関も出てくる。そこで、新たに事後規制を強化し、破綻に備えるしくみがつくられた。

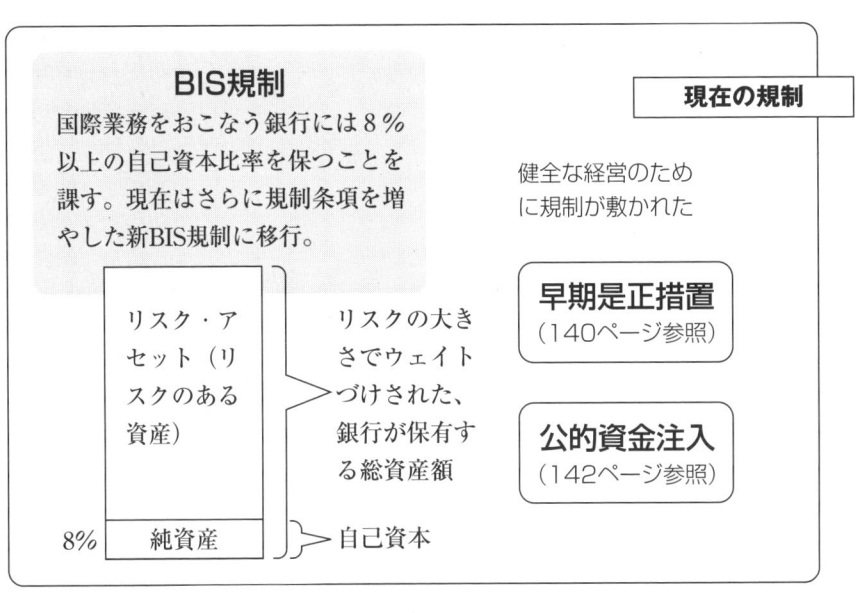

BIS規制

国際業務をおこなう銀行には８％以上の自己資本比率を保つことを課す。現在はさらに規制条項を増やした新BIS規制に移行。

現在の規制

健全な経営のために規制が敷かれた

	リスク・アセット（リスクのある資産）	リスクの大きさでウェイトづけされた、銀行が保有する総資産額
8%	純資産	自己資本

早期是正措置
（140ページ参照）

公的資金注入
（142ページ参照）

輸出入に関する規制も緩和され、貿易の自由化が進んだ

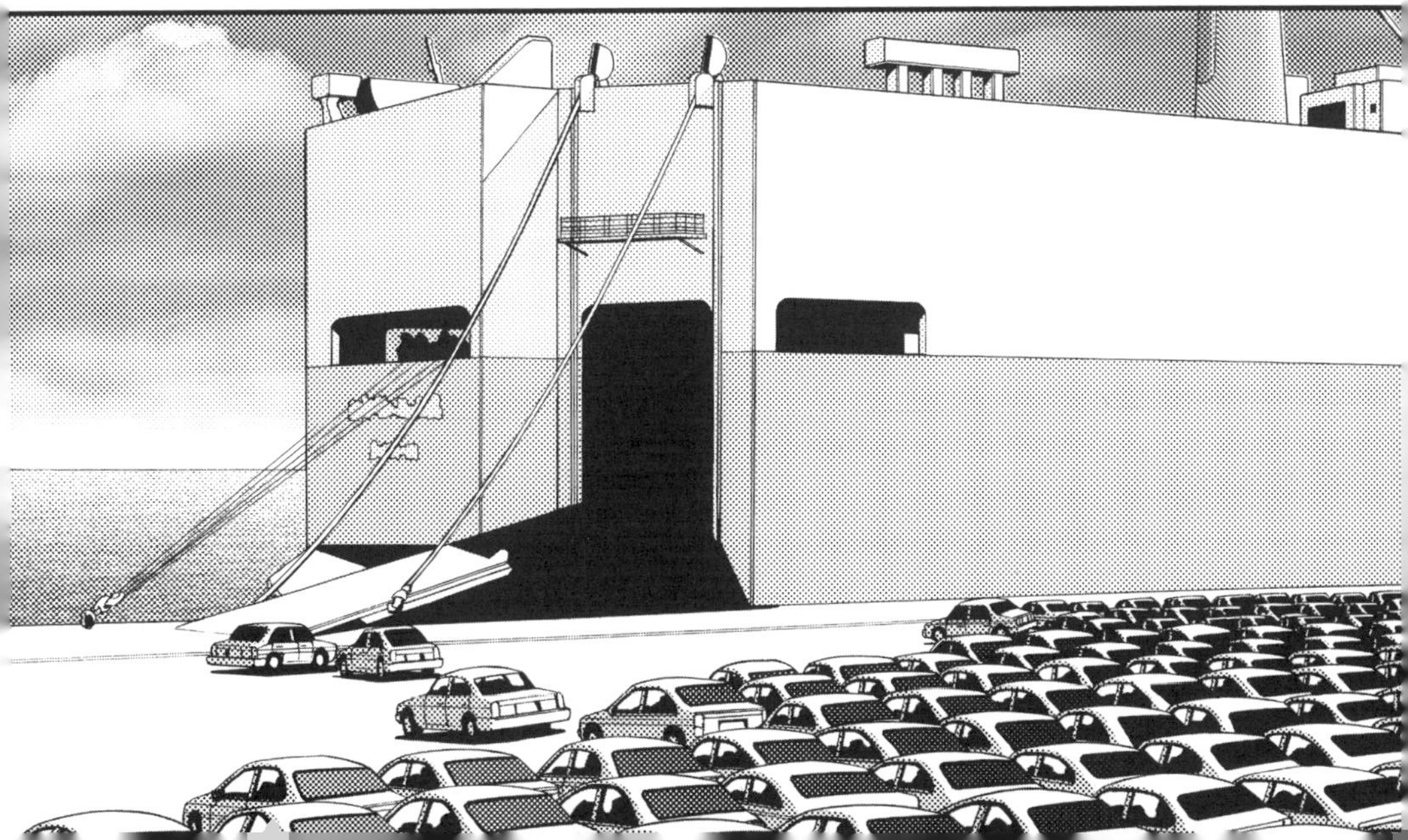

金融行政

不健全な経営を「早期是正措置」で改善させる

銀行の経営状態を監視する

総資産（融資・債権を含む）に対する資産の割合が自己資本比率。金融庁はこれをチェック、経営状態を探る。

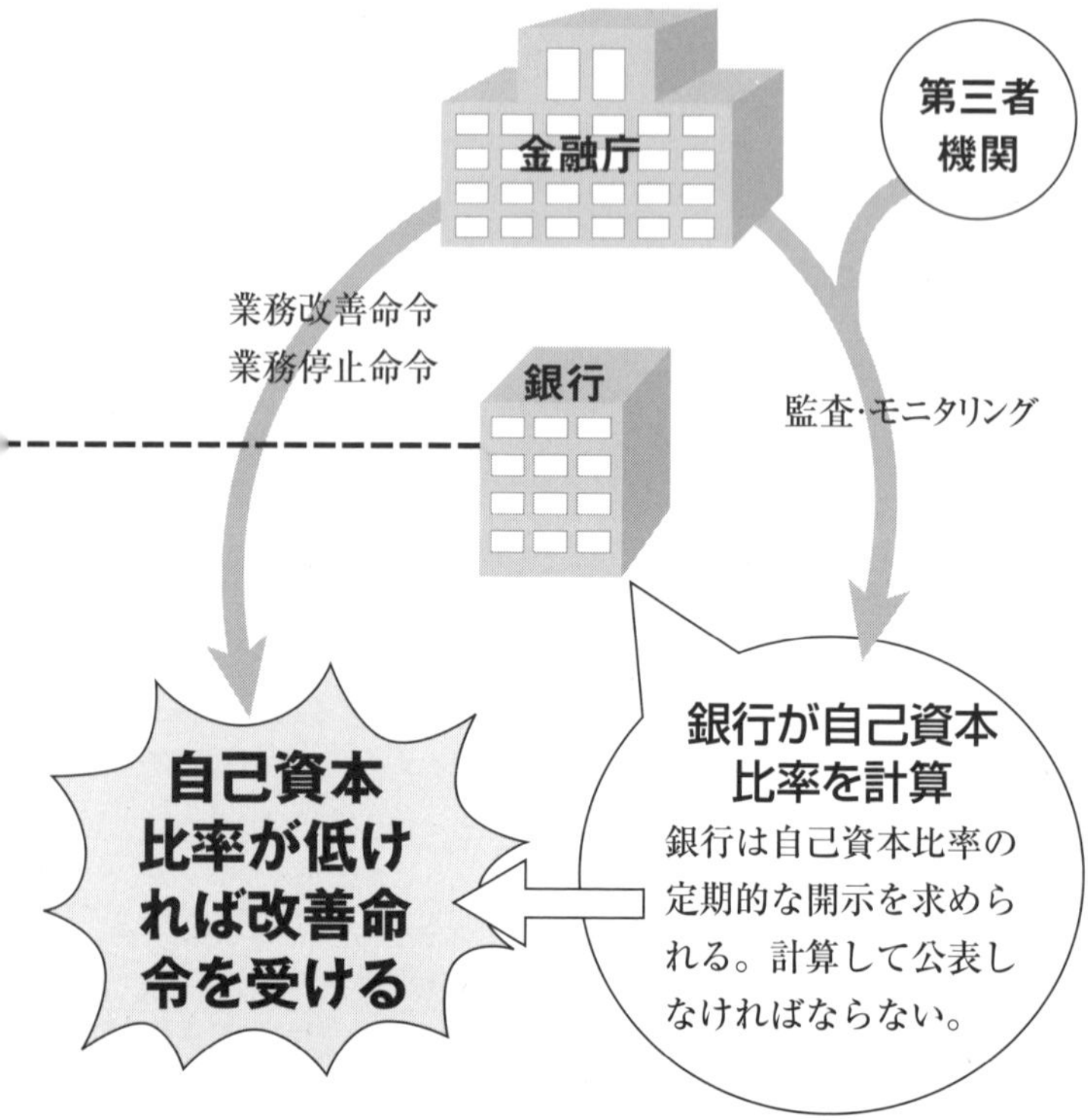

金融庁
第三者機関
業務改善命令
業務停止命令
銀行
監査・モニタリング
自己資本比率が低ければ改善命令を受ける
銀行が自己資本比率を計算
銀行は自己資本比率の定期的な開示を求められる。計算して公表しなければならない。

銀行の破綻を防ぐのも金融庁の任務。経営の健全度を計る銀行の自己資本比率が、基準を下回ったら、金融庁は業務改善命令を発動する。破綻リスクを軽減するためだ。これを**早《そう》期《き》是《ぜ》正《せい》措《そ》置《ち》**と呼ぶ。

国際業務を手がける銀行は、8パーセント以上の自己資本比率を保つ必要がある（BIS規制）。8パーセントを切ると業務改善命令が出る。4パーセント未満になると新規業務への進出禁止措置が採られ、0パーセント未満で、業務停止命令が出て経営破綻となる。

経営が悪化したらすぐ改善させる

健全な状態を維持していた銀行が、いきなり自己資本比率の基準を割った場合は黄色信号。金融庁はさまざまな是正措置を採り、銀行の健全化を図る。

金融機関の破綻を未然に防ぐ

自己資本比率8%未満（国内業務の場合は4%）	経営改善計画の作成とその実施
自己資本比率4%未満（国内業務の場合は2%）	増資計画の策定や、新規業務への進出禁止など
自己資本比率0%未満	業務の一部、またはすべての停止命令

破綻してからでは、再生に多大な労力がかかる。影響も大きい

自己資本比率、
低すぎるな
取引を中止した
ほうがいいかも
しれない

金融行政

経営改善の手段として、公的資金の注入がある

株式・債券を買って資金を供給する

政府は、自己資本比率が低下して破綻しそうな銀行の株式や債券を大量購入し、その銀行に資金を注入する。

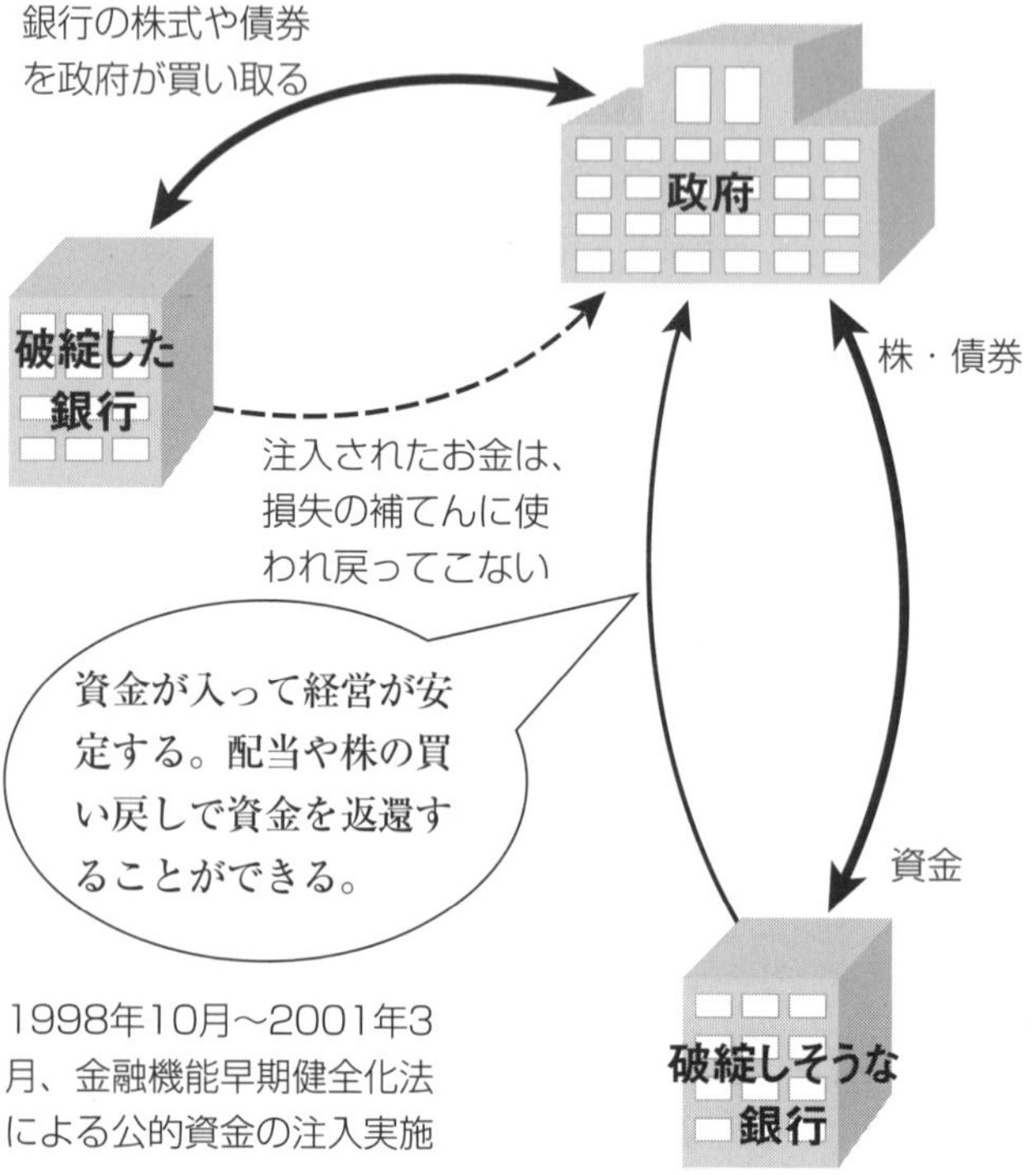
銀行の株式や債券を政府が買い取る
政府
破綻した銀行
注入されたお金は、損失の補てんに使われ戻ってこない
株・債券
資金
資金が入って経営が安定する。配当や株の買い戻しで資金を返還することができる。
破綻しそうな銀行
1998年10月～2001年3月、金融機能早期健全化法による公的資金の注入実施

企業などへの融資は、債権であるため銀行の資産に数えられる。融資が増えると総資産が増え、自己資本比率の低下につながる。

そのため、銀行は融資に厳しい基準を設けた。しかし銀行の**貸し渋り**や**貸しはがし**で、企業は資金が枯渇してしまう。

その対抗措置が、**公的資金注入**だ。政府が、銀行の株式や債券を買い取り、資金提供をして銀行の立ち直りを促すのだ。銀行は、貸し渋りや貸しはがしをせず、自己資本比率を維持できる。

きちんと返さないとな
つぶれる前にいいます
現在、メガバンクは公的資金のほとんどを返済している

MINI COLUMN

政府は銀行経営には参加しない

民間企業が他社の株を大量に購入し、筆頭株主になった場合は、その企業の経営に発言できるようになる。しかし、政府が銀行の債券や株を購入する場合は、この例にあてはまらない。政府が買うのは優先株や劣後債だからだ。

優先株とは、流通している通常の株式よりも、優先して配当や残余財産の分配が受けられる代わりに、経営に参画できない株式。劣後債は、万一破綻したときに、債務弁済の順位が低くなる債券で、その代わり金利はやや高く設定されている。劣後債も、持ち主に経営参加権がない点が優先株と共通している。

預金保険機構

破綻した金融機関の処理も役割のひとつ

金融機関の破綻に備えている

金融機関の破綻で預金者が多大な損害を被らないように、預金保険機構を設置して国民を保護している。

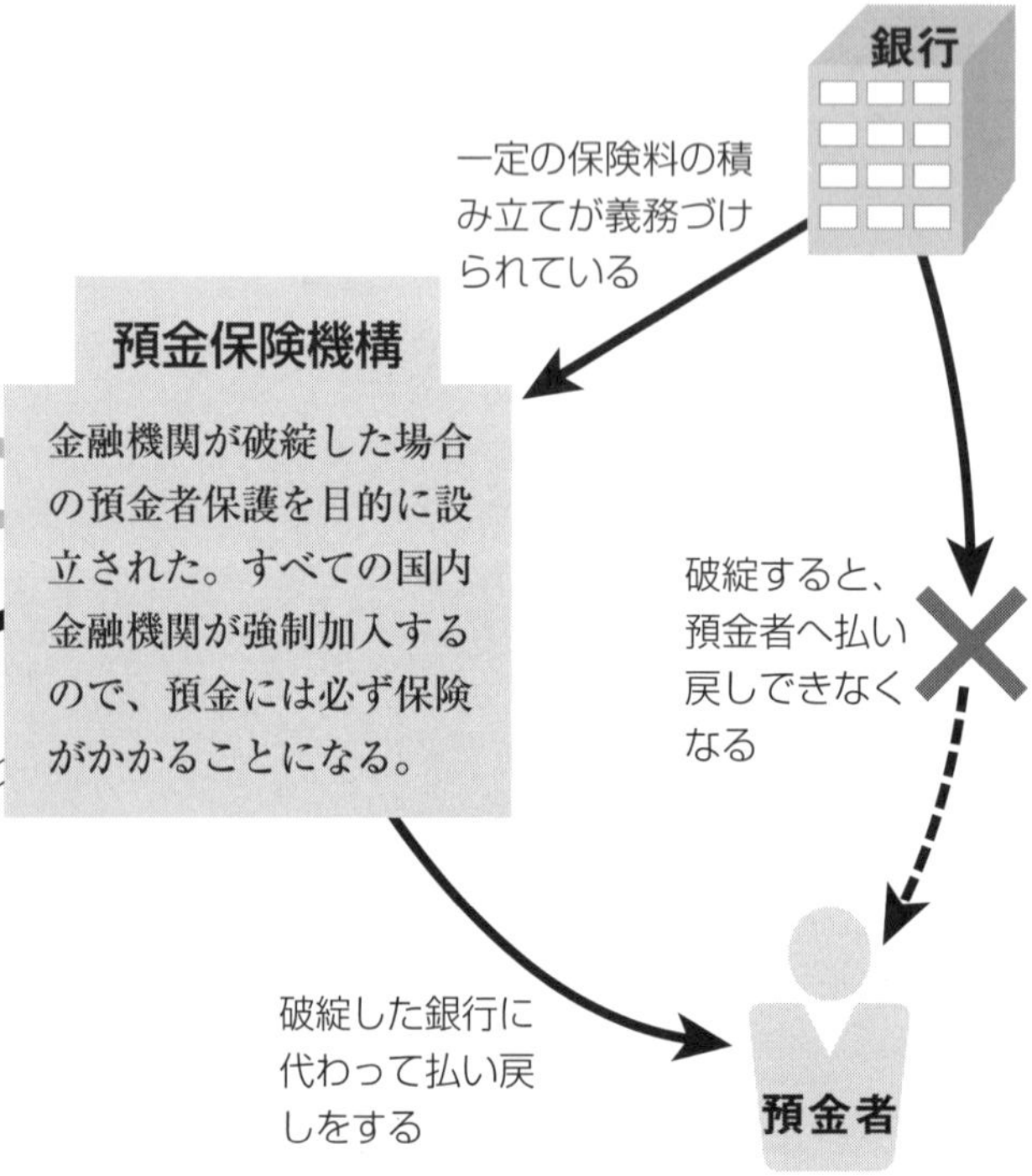
銀行
一定の保険料の積み立てが義務づけられている
預金保険機構
金融機関が破綻した場合の預金者保護を目的に設立された。すべての国内金融機関が強制加入するので、預金には必ず保険がかかることになる。
破綻すると、預金者へ払い戻しできなくなる
破綻した銀行に代わって払い戻しをする
預金者

早期是正措置や公的資金注入のかいなく、金融機関が破綻した場合、事後処理をするのも金融庁の役割だ。**破綻処理**は、改正預金保険法に基づいておこなわれる。

　方法は3つある。ひとつはペイオフ方式（清算方式）。2つめは受け皿銀行を探す方式。3つめは銀行を一時国有化する方式だ。ひとつめと2つめなら、ペイオフの範囲（1000万円以内）の預金は保証され、**預金保険機構**から保険金が支払われる。3つめのパターンは、預金の全額が保護される。

破綻した場合の処理方法は3つ

万一金融機関が破綻した場合、3パターンの処理方法がある。原則的には、受け皿金融機関を探すパターンが優先される。

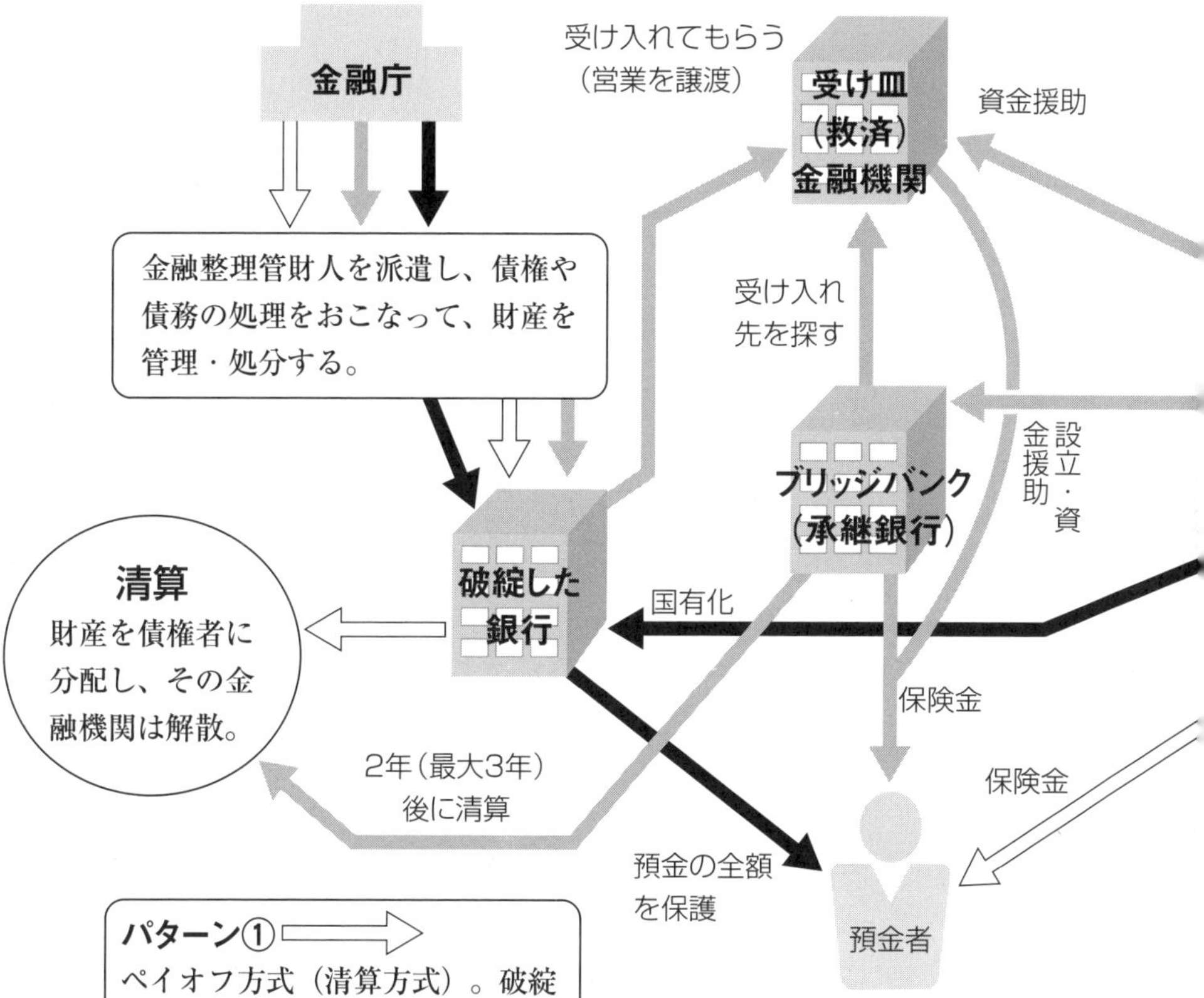

金融庁
金融整理管財人を派遣し、債権や債務の処理をおこなって、財産を管理・処分する。
受け入れてもらう（営業を譲渡）
受け皿（救済）金融機関
資金援助
受け入れ先を探す
ブリッジバンク（承継銀行）
設立・資金援助
清算
財産を債権者に分配し、その金融機関は解散。
破綻した銀行
国有化
保険金
保険金
2年（最大3年）後に清算
預金の全額を保護
預金者

パターン①
ペイオフ方式（清算方式）。破綻金融機関の営業停止後、金融整理管財人が清算し、預金保険機構が預金者に保険金を支払う。

パターン②
営業停止後、業務を引き継ぐ受け皿金融機関を探す。すぐ見つからなければ、期間限定のブリッジバンクで運営しながら受け皿を探す。

パターン③
大手銀行など、破綻による影響が大きい場合のみ、国が破綻金融機関を一時国有化。経営状態を改善して、営業譲渡先を探す。

証券取引等監視委員会

市場安定化のため 金融機関や証券市場を監視する

近年、金融庁の任務で、とくに重要性を帯びてきているのが、証券市場の検査・監視業務である。手がけるのは、**証券取引等監視委員会**だ。市場ルールに背き、インサイダー取引や市場操作などの不正行為をおこなう市場参加者がいないか、市場を日々監視する。

違反した企業や個人を、刑事告発するほか、証券会社などに検査に入る権限も持つ。近年、ネット取引の普及などで不正取引が頻発していることから、その存在に期待が寄せられている。

5つの業務をおこなう

公正な市場を維持するために、証券取引等監視委員会は5つの業務でルールを乱す者を取り締まる。

証券取引等監視委員会（1992年発足）

金融庁に属する組織。市場ルールに反する金融機関、投資家を調査・告発する。

事務局

1 取引審査。金融機関や取引所に、売買に関する報告や資料提出を要求。

2 証券検査。金融商品取引業者に対して、訪問検査をおこなう。

3 開示検査。虚偽の有価証券報告書の提出などに関する検査をおこなう。

4 風説の流布・相場操縦など違反行為や虚偽報告に関する課徴金調査。

5 犯則事件の調査。任意調査、捜索・差し押さえの強制調査権も持つ。

証券取引等監視委員会に逮捕権はない
しかし捜索や差し押さえの権限を持っている

MINI COLUMN

日本が参考にしたアメリカの証券規制

証券取引等監視委員会創設の際、手本となったのがアメリカの証券取引委員会（SEC）だ。設置は1934年と古く、SECは公正な市場を維持し、投資家を保護することを目的に創設された。不正取引への処分権限を有するなど、司法に準ずる絶大な力を持っている。

携わる職員の数は日本よりもかなり多い。近年のエンロン事件や、ワールドコム事件を受け、アメリカの証券規制はさらに強化されつつある。2002年には、企業の会計不祥事による投資家への被害を防ぐためのSOX法が施行されている。

COLUMN

規制を撤廃し、自由化を促した金融ビッグバン

金融ビッグバンは、東京の金融市場を、ニューヨークやロンドンのような、一大国際金融センターにしようという試みのもとに実施された。

90年代後半、制度の大改革が起こった

ビッグバンとは、もともと宇宙誕生の際に起きた大爆発のこと。イギリスでおこなわれた証券市場の大改革をビッグバンと呼んだことから、日本での金融改革も、金融ビッグバンと呼ぶ。

背景には、バブル崩壊による金融機関の弱体化がある。

具体的には、自由・公正・国際化という3つの目標を掲げ、規制の緩和がおこなわれた。株式売買の委託手数料自由化、投資信託の銀行窓口販売解禁、証券業への参入規制などが緩和。それまで規制に縛られていた、金融業務や金融商品の取り扱いの自由度が一気に増したのだ。

金融機関は過酷な競争の時代へ

以前までは、銀行業・証券業・保険業などの業務は、相互に参入ができず、兼業が禁止されていた。

しかし、金融ビッグバン以降、そうした参入障壁が取り払われ、銀行が証券・保険業務をおこなったり、異業種企業が銀行業務をおこなえるようになったのだ。

また、株式の売買手数料が自由化されたことで、手数料の引き下げなどサービス面で差別化することも可能になった。

この結果、金融機関どうしの競争が激化。業界内での吸収・合併が相次ぎ、メガバンクと呼ばれる巨大金融機関が誕生した。

第7章

金融をより深く理解するために歴史に学ぶ

―金融の歴史、バブル発生の歴史―

金融システムが整い、経済は飛躍的に成長した。
しかし、景気が過熱しバブルが発生することも。
金融の歴史とバブルの歴史は
切っても切れない関係だ。

貨幣の誕生

物々交換の時代は終わり、マネー経済がはじまった

貨幣が存在しない時代は**物々交換**でモノを調達していた。昔は自給自足経済で、輸送手段が発達しておらず、しかも地域によってとれるモノととれないモノがあったため、物々交換は必須だった。

しかし物々交換は、交換相手が見つからない、希望するモノが一致しないなどの不都合も生じがち。

そこで、交換の媒介物として**貨幣**が発明された。米や麦、革などからはじまり、貝殻が使われるようになった。しだいに金属貨幣、鋳造貨幣が流通するようになった。

モノでは取引が成立しない

取引する双方が、お互いに欲しいモノを持っていなければ、取引は成立しないなど、物々交換には難点があった。

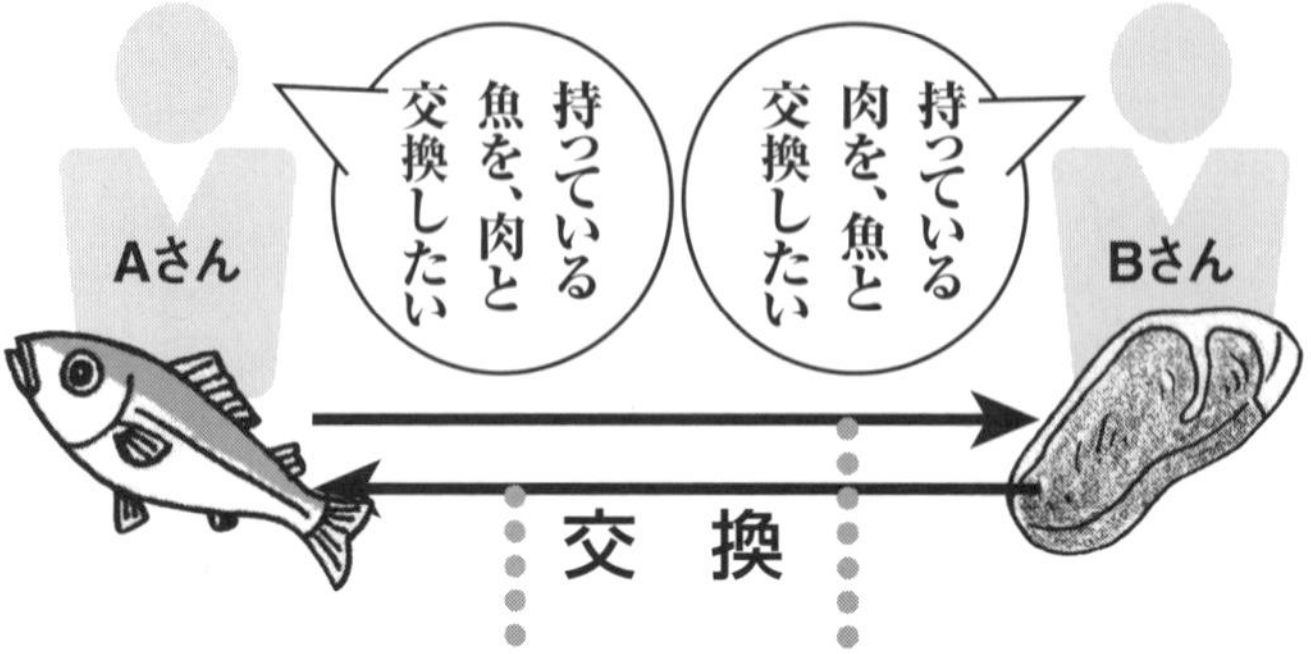
Aさん
持っている魚を、肉と交換したい
Bさん
持っている肉を、魚と交換したい
交換

取引が成立しない可能性が高い

欲しいモノ、持っているモノが一致しなければ不成立

もしBさんが、自分の肉と、米を交換したいと思っていたら、いくらAさんが交渉しても取引は不成立になる。

都合のよい取引相手と会えなかったら不成立

市場というものが存在しないので、運よく適切な取引相手と巡りあえなければ、交渉すらおこなえない。

109
すごい価値を生みだしているんだね
この新人アーティスト、契約金6億円だって

貨幣は3つの機能を持つ

貨幣の誕生によって、経済活動がより効率的におこなわれるようになった。その貨幣とは、下記の3つの機能を持ったものと考えればよいだろう。

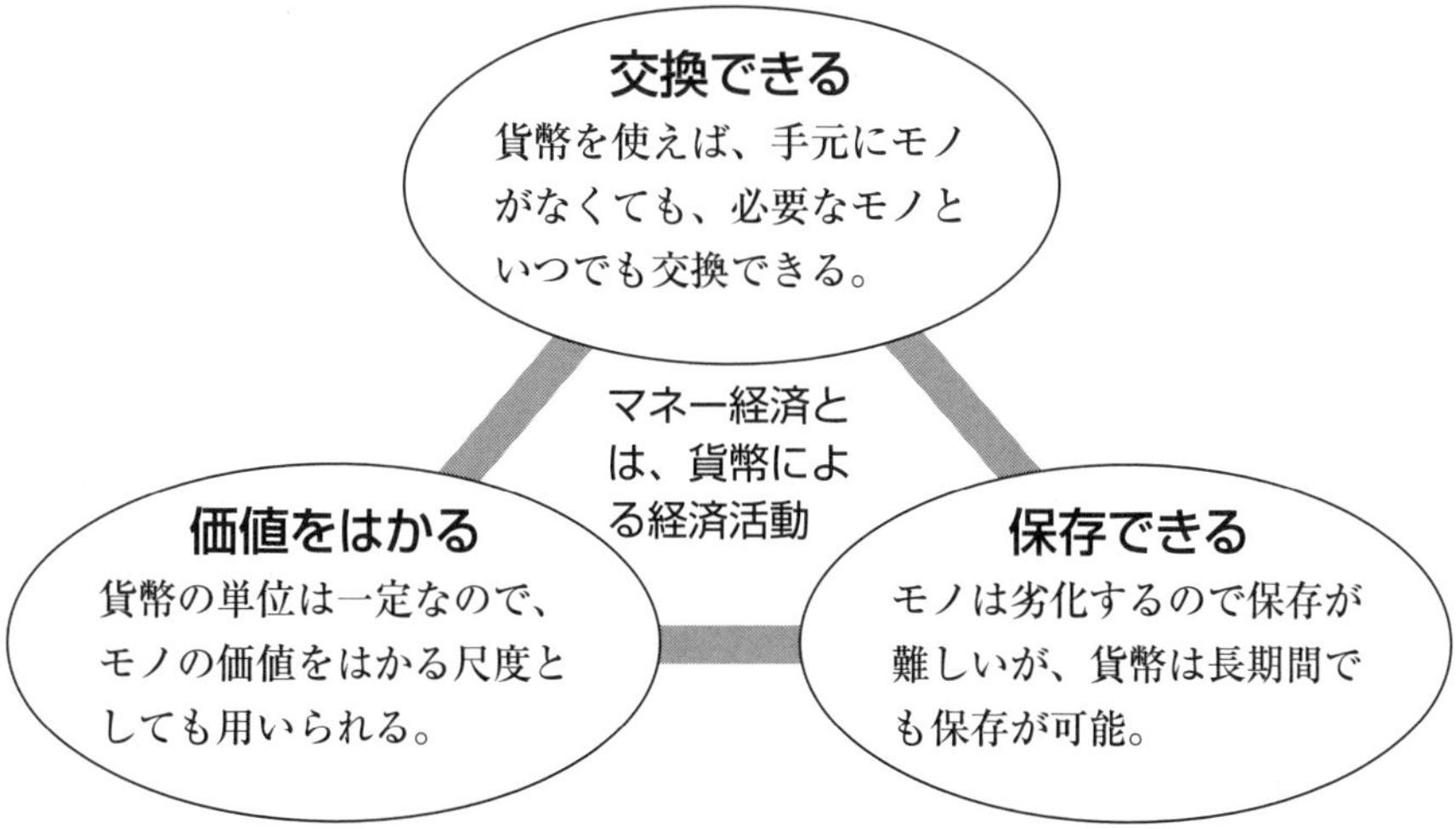
交換できる
貨幣を使えば、手元にモノがなくても、必要なモノといつでも交換できる。
マネー経済とは、貨幣による経済活動
価値をはかる
貨幣の単位は一定なので、モノの価値をはかる尺度としても用いられる。
保存できる
モノは劣化するので保存が難しいが、貨幣は長期間でも保存が可能。

銀行の誕生

お金を預かり、貸しだす商売が生まれた

はじめは単なる保管業務だった

金細工師は、貴金属品の細工が本来の仕事。そのため丈夫な金庫を持つ。資産を預かり保管するのに活用した。

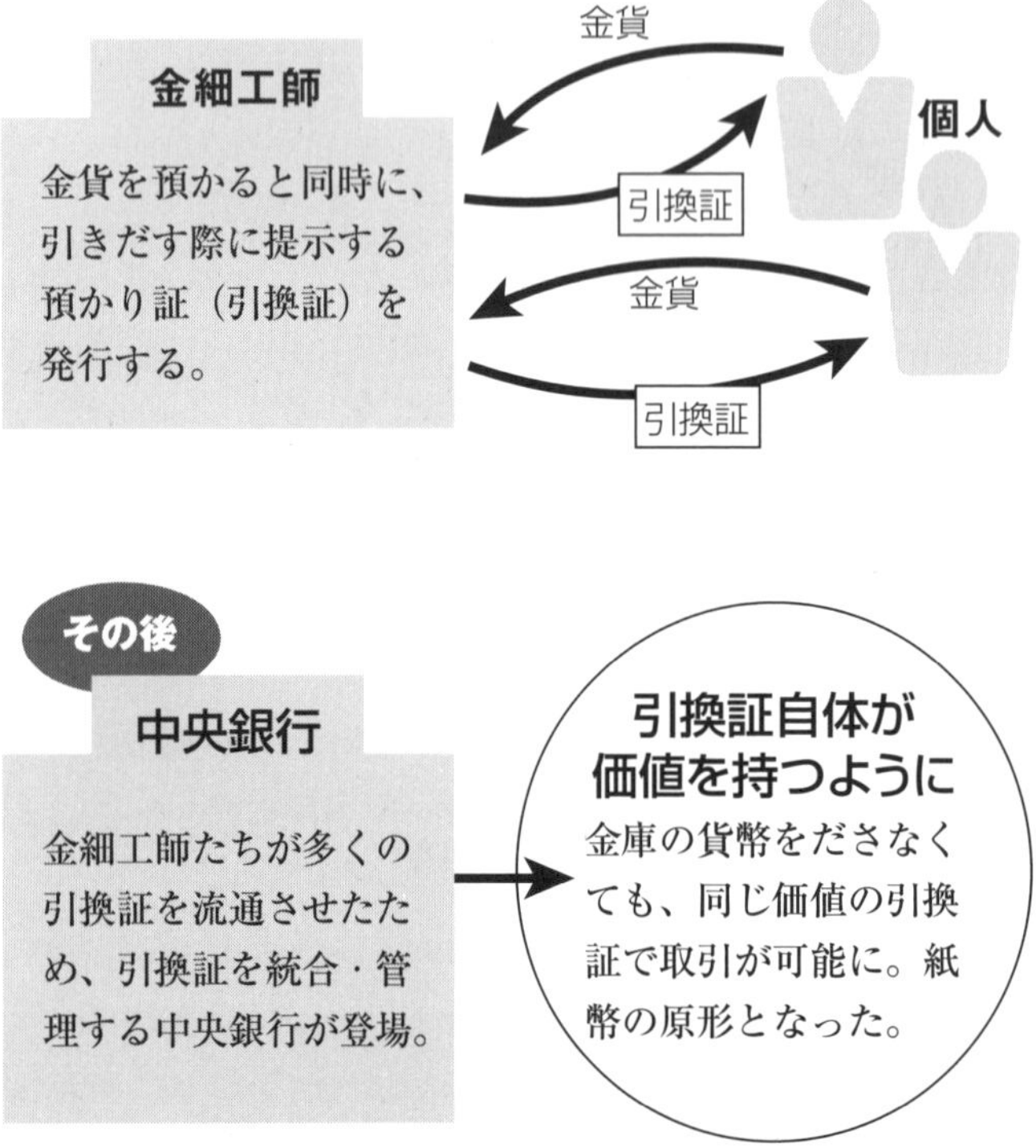
金細工師
金貨を預かると同時に、引きだす際に提示する預かり証（引換証）を発行する。
金貨
引換証
個人
金貨
引換証
その後
中央銀行
金細工師たちが多くの引換証を流通させたため、引換証を統合・管理する中央銀行が登場。
引換証自体が価値を持つように
金庫の貨幣をださなくても、同じ価値の引換証で取引が可能に。紙幣の原形となった。

無数の貨幣が流通する時代になると、金貨を預かって保管料を取るビジネスが登場。これを手がけたのが、金細工師と呼ばれる人々である。彼らは丈夫な金庫を持ち、富裕層の資産を管理。引きだすときのために、**引換証**も発行した。

ときを経るうちに、金庫から金貨を引きだす効力を持つ、引換証そのもので決済が可能になる。これが**紙幣**の原形だ。

金細工師は金庫にある金貨で貸しだしもするように。現在の銀行とほぼ同じ機能が生まれたのだ。

ただでお借りしていいんですか
そんなわけないだろう
きちんと利子をつけて返せ
通常、お金を借りたときは利子をつけて返さなくてはならない。ただでお金を借りることはできない

貸しだし業務もはじめる

引換証が価値を持つようになると、金庫から金貨を引きだす必然性が薄れ、金庫につねに金貨が余るように。金細工師はこの金貨の貸しだしをはじめた。

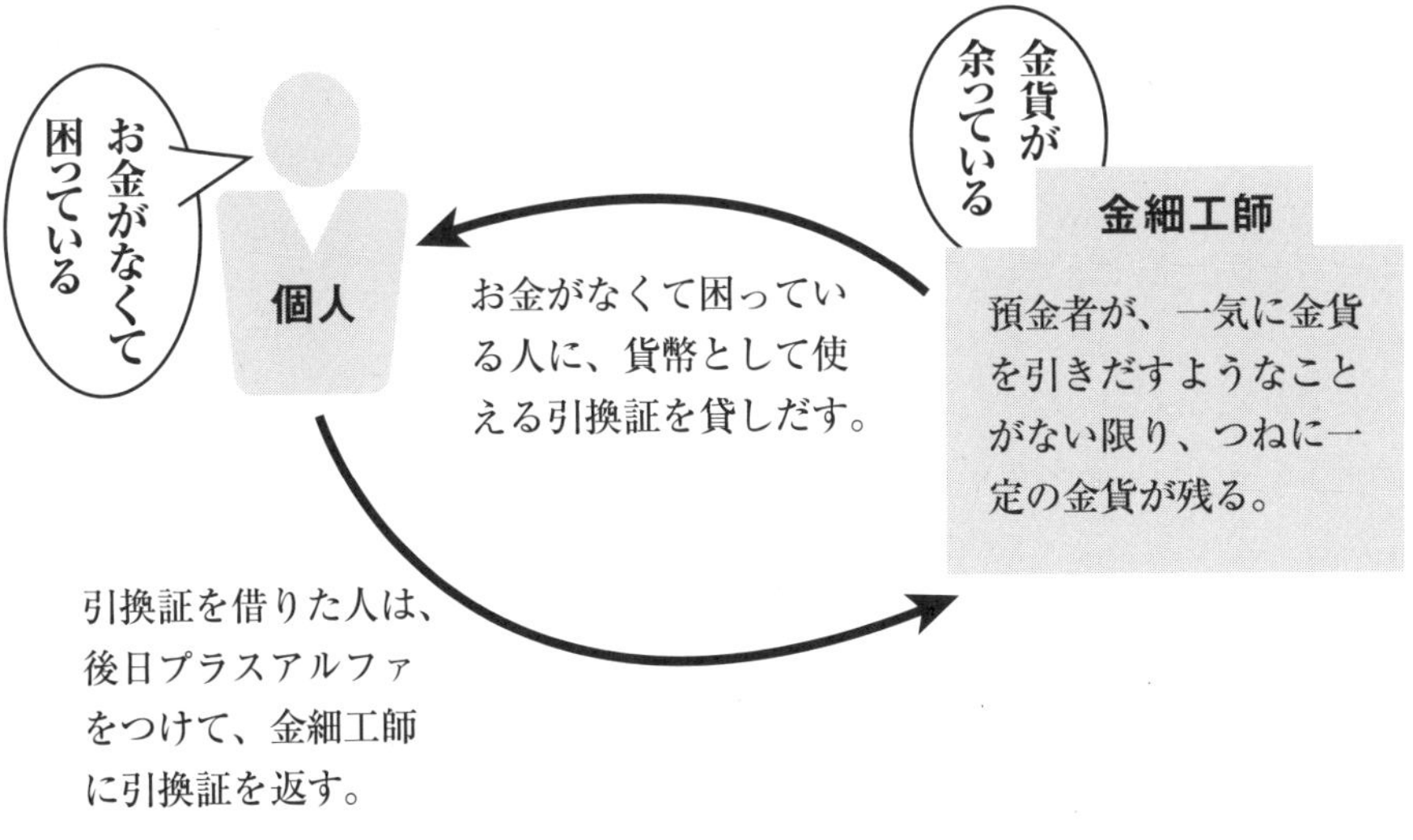
お金がなくて困っている
個人
金貨が余っている
金細工師
預金者が、一気に金貨を引きだすようなことがない限り、つねに一定の金貨が残る。
お金がなくて困っている人に、貨幣として使える引換証を貸しだす。
引換証を借りた人は、後日プラスアルファをつけて、金細工師に引換証を返す。

金融の誕生

あるところからないところへ お金を融通する

経済活動が活性化する

お金を儲けるためには元手が必要。金融システムは、資金の調達を後押しし、経済活動を活性化する力を持つ。

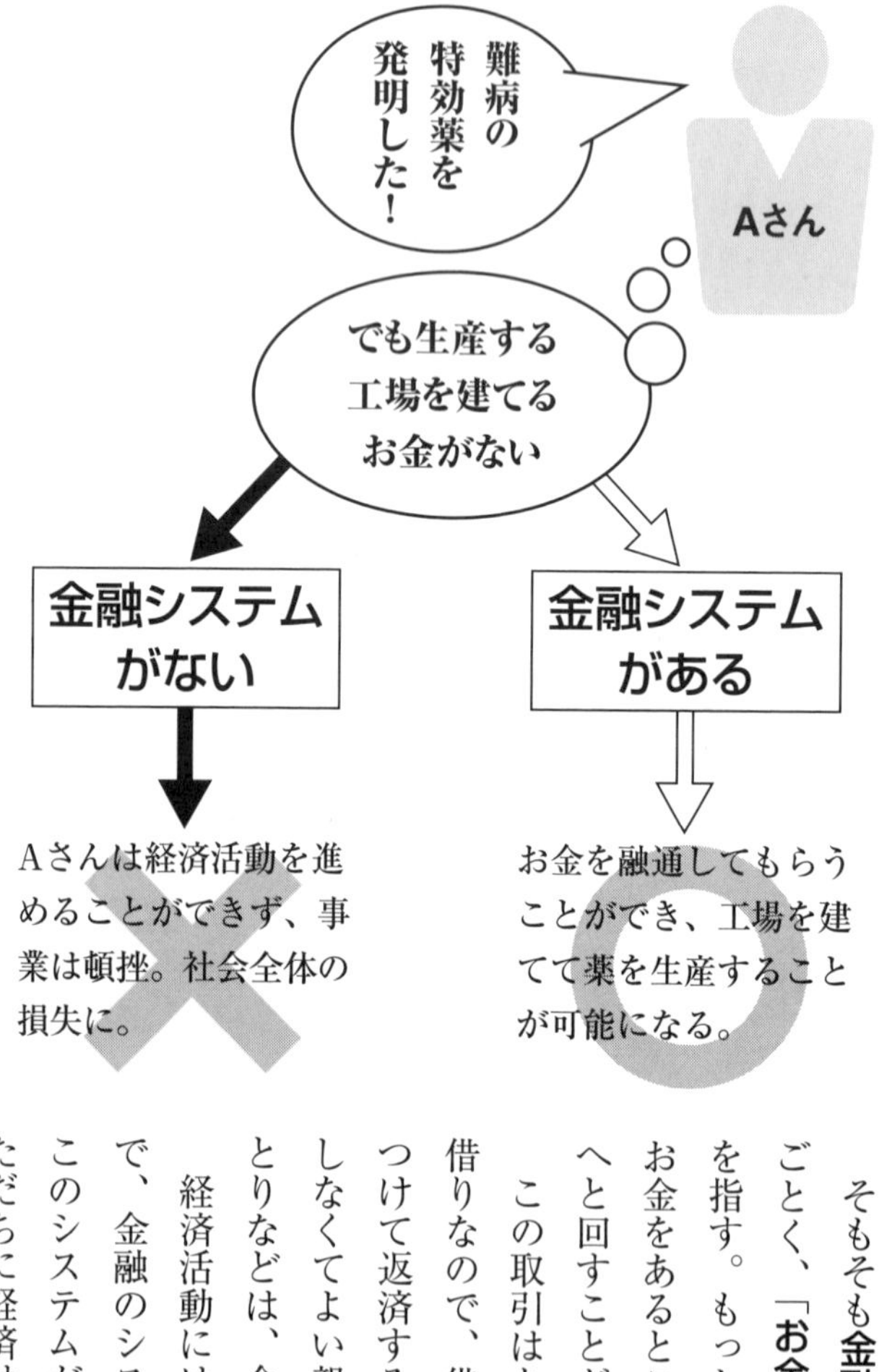

難病の特効薬を発明した！
Aさん
でも生産する工場を建てるお金がない
金融システムがない
Aさんは経済活動を進めることができず、事業は頓挫。社会全体の損失に。
金融システムがある
お金を融通してもらうことができ、工場を建てて薬を生産することが可能になる。

そもそも**金融**とは、読んで字のごとく、「**お金を融《ゆう》通《づう》すること**」を指す。もっとかみ砕いていえば、お金をあるところからないところへと回すことだ。

この取引はあくまでお金の貸し借りなので、借りた相手に利子をつけて返済する。そのため、返金しなくてよい親子でのお金のやりとりなどは、金融とは呼ばない。

経済活動にはお金が不可欠なので、金融のシステムは必須。もしこのシステムがなければ、金欠でただちに経済は失速するだろう。

金融がお金の流れをスムーズにする

経済はお金なしには成り立たない。資金を必要とする人にお金を融通する金融のシステムは、いまやなくてはならない存在だ。

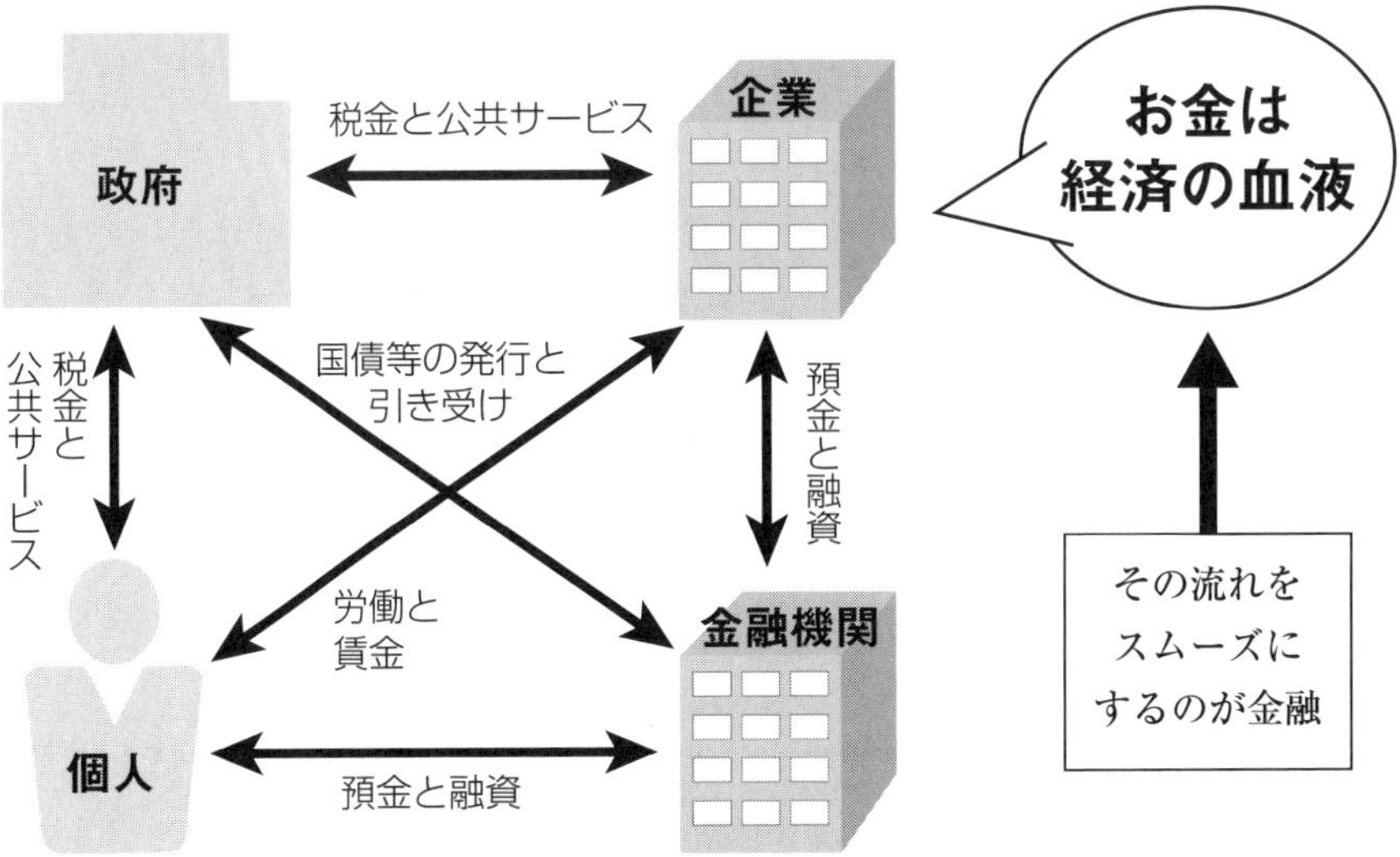

利子の誕生

お金を借りたら、借用料を支払う

お金を借りたら、借りた金額に**利子**をつけて返すのが基本だ。家でも車でも、なにかを借りれば借用料を支払うもの。お金を借りる際も、同様に借用料を支払うのが金融のルールである。

その借用料が利子（利息）だ。逆に、金融機関にお金を預けた場合は、利子を受け取れる。

利子の計算方法には、**単利計算**と**複利計算**の2種類がある。どちらを選ぶかによって、支払う（もらえる）利子は大きく変わるので注意すべきだ。

単利と複利がある

利子は単利計算か複利計算で算出する。複利計算では、利子が大幅に増えるので、注意しよう。

100万円の預金を8%で運用

複利計算		単利計算
毎年、元本に利子がプラスされ、それに対してさらに利子がつく。		元本が一定で、利子が組み込まれることはない。受け取る利子も一定。
100万 ＋8万 ＝108万	1年後	100万＋8万 ＝108万
108万 ＋8.6万＝116.6万	2年後	108万＋8万 ＝116万
116.6万＋9.3万＝125.9万	3年後	116万＋8万 ＝124万
125.9万＋10万＝135.9万	4年後	124万＋8万 ＝132万
（元本＋利子）× 利率で計算する。元本が増えるので、利子も増加。		一定の元本×利率で計算し、利子は毎年同じだけしか受け取れない。

複利で運用すれば加速度的に資産が増える

複利計算なら毎年元本が膨らんでいくので、単利方式より早く資金が増える。手持ちの資金が2倍、3倍になるまでの日数を計算する簡単な公式がある。

72のルール

元本が2倍になるまでの期間を計算する

金利が 3% なら、　72 ÷ 3 ＝ **24年**

金利が 6% なら、　72 ÷ 6 ＝ **12年**

114のルール

元本が3倍になるまでの期間を計算する

金利が 3% なら、　114 ÷ 3 ＝ **38年**

金利が 6% なら、　114 ÷ 6 ＝ **19年**

144のルール

元本が4倍になるまでの期間を計算する

金利が 3% なら、　144 ÷ 3 ＝ **48年**

金利が 6% なら、　144 ÷ 6 ＝ **24年**

MINI COLUMN

マンハッタンの値段は24ドル?!

アメリカの中心都市で、世界経済の中心でもあるニューヨーク。なかでもマンハッタンは、人々の憧れを一身に集める最先端の街であり、地価は非常に高い。

しかし約400年前、この土地は、ただの荒れ地に過ぎなかった。それをオランダの貿易会社・西インド会社が、先住民からわずか24ドル相当で購入。そこから開発が進み、現在のマンハッタンが誕生したのである。

先住民にとってかなり損な取引だった。現在までに地価が高騰しただけでなく、24ドルを8%の複利で運用すれば、現在300兆円の資産になる計算だからだ。

経済、金融の中心的な制度だった金本位制

現在は廃止されているが、戦前は世界の多くの国が金本位制を導入していた。

ニュース THE 23
アメリカが金《きん》とドルの交換を停止。金（・ドル）本位制が終わりました

金（・ドル）本位制が廃止されて、ずいぶん経ったわね。結局、金本位制とは、どんな制度だったの？

通貨価値の基準を金とする制度だよ。その国の中央銀行が、発行した紙幣と同じだけ常に金を保管し、金と紙幣の交換を保証するんだ。なにしろ金は劣化することのない普遍的な資産だからね。元々は19世紀前半にイギリスではじまって、世界中に広がったんだよ。

なるほど。国や銀行の信用が失墜しても、金なら価値がゼロになることはないわけね。でも、いまはすべての国で廃止になっているのよね。

そうだ。ただ、金の価値はいまも認められていて、紙幣の価値が危ぶまれる戦争など有事の際は、金が買われる傾向があるんだ。

稀少な金の価値は、みんなが認めている

金（・ドル）本位制のしくみ

金（・ドル）本位制の誕生当初は経済が栄え、金の備蓄も順調に増えたが、時の経過とともにほころびも見えてきた。

金貨の流通
貨幣制度の基本を金と定めて、一般に金貨を流通させるようになった。

金の量には限りがあるうえに、その重さゆえに持ち運びが不便。

紙幣の流通
金といつでも交換できる紙幣を刷り、備蓄する金の量にあわせて流通させた。

いつでも金に交換できるという信頼が、紙幣（兌《だ》換《かん》紙幣）を流通させた。

金に交換できるから、紙幣に価値があった

世界経済の成長とともに、お金は増える

金の量は限られているので、やがて紙幣と金を交換できなくなった。

金（・ドル）本位制崩壊
経済成長で海外ドル残高が増え、金（・ドル）本位制が成立しなくなった。

株式会社の誕生

発祥はオランダが設立した東インド会社

17世紀は大航海時代。ヨーロッパ各国がこぞってインドやアジア、アメリカなどに進出した。なかでもポルトガルは、東インド（現在のインドネシア周辺）の航路を独占して香辛料貿易を手がけ、巨万の富を得ていた。

この香辛料貿易に後から参入した**オランダの東インド会社**は、航海資金を多くの人々から集め、航海が成功して儲けが出れば、それを分配するというしくみをつくり上げた。これが現在の**株式会社**の原形といわれている。

香辛料が人気を博していた

ヨーロッパでは肉の臭みを取り除くコショウなどの香辛料がブームになり、高値で売買された。

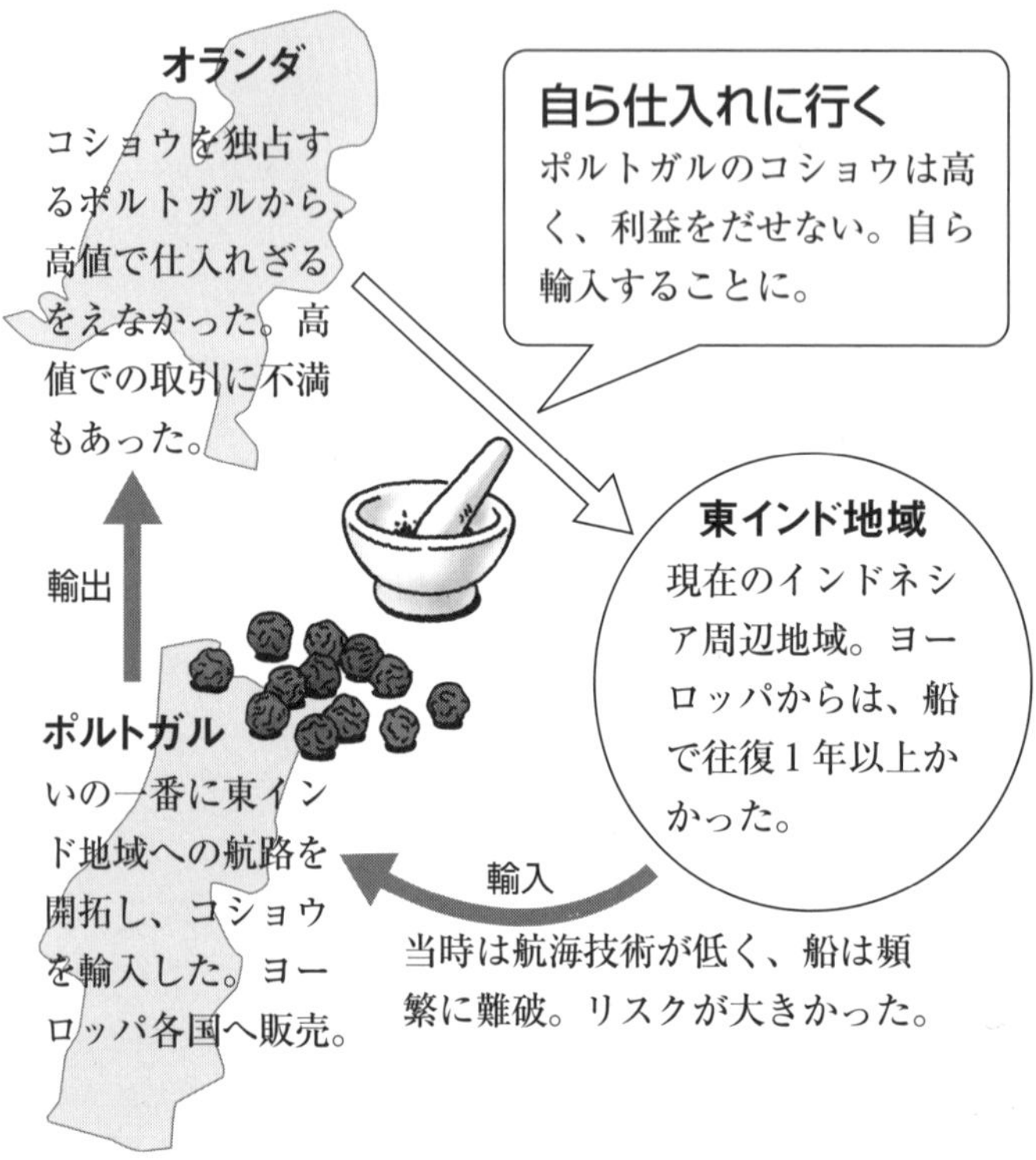

オランダ
コショウを独占するポルトガルから、高値で仕入れざるをえなかった。高値での取引に不満もあった。
自ら仕入れに行く
ポルトガルのコショウは高く、利益をだせない。自ら輸入することに。
輸出
東インド地域
現在のインドネシア周辺地域。ヨーロッパからは、船で往復1年以上かかった。
ポルトガル
いの一番に東インド地域への航路を開拓し、コショウを輸入した。ヨーロッパ各国へ販売。
輸入
当時は航海技術が低く、船は頻繁に難破。リスクが大きかった。

肉の臭みを消してくれる香辛料が当時人気だったんだ
とてもよい香りがするな
香辛料は辛くて香気があるスパイス。当時のヨーロッパでは、食糧の保存などのために必需品だった

株式会社のはじまり

香辛料貿易には莫大な資金が必要だったことから、東インド会社は出資者を集め、利益を還元するというシステムをつくりだした。

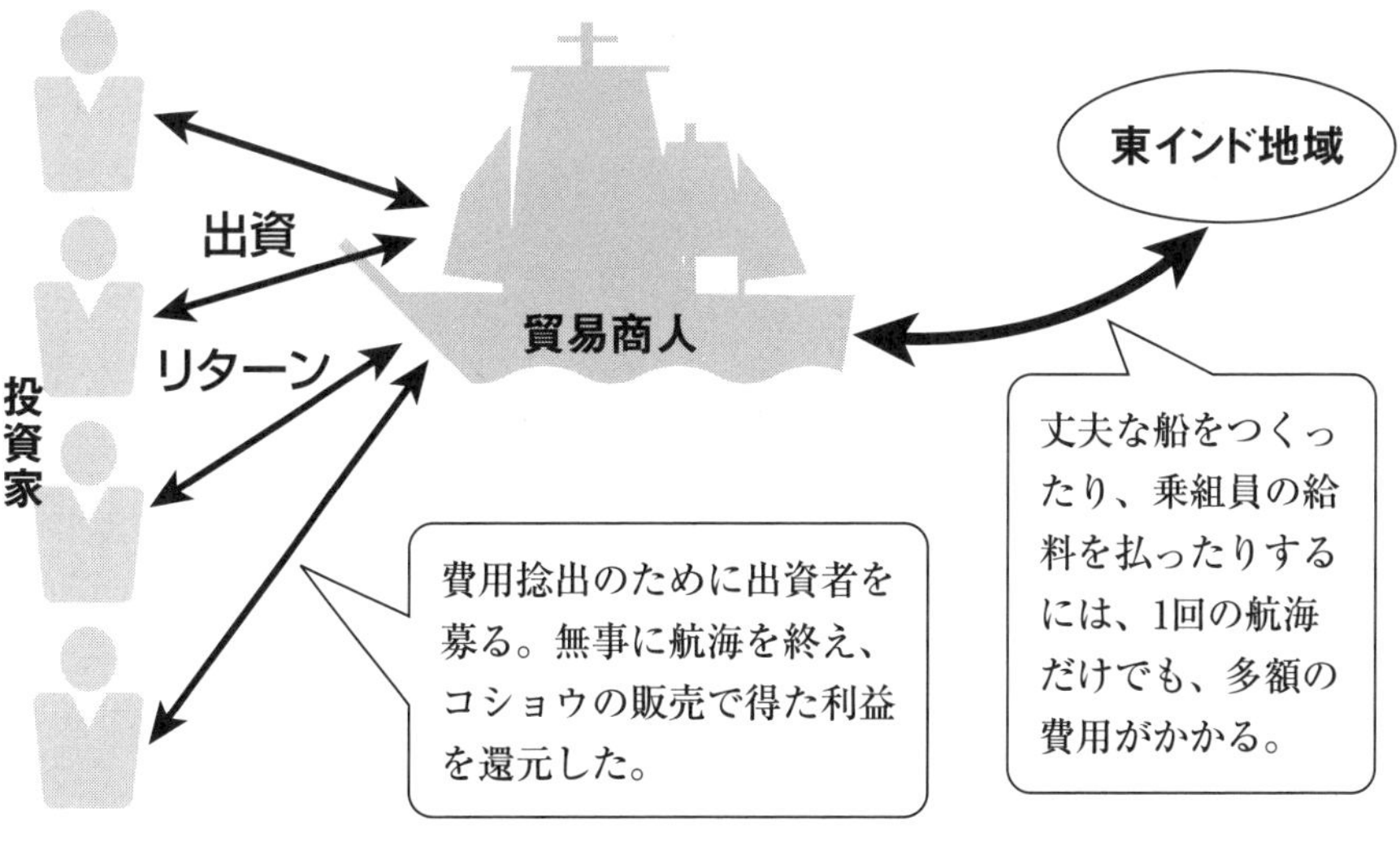
東インド地域
出資
リターン
投資家
貿易商人
費用捻出のために出資者を募る。無事に航海を終え、コショウの販売で得た利益を還元した。
丈夫な船をつくったり、乗組員の給料を払ったりするには、1回の航海だけでも、多額の費用がかかる。

バブル発生

世界初のバブルはチューリップが原因で起きた

チューリップの美しさに心を奪われた

現在、風車やチューリップはオランダの代名詞だが、当時は物めずらしく、皆がその美しさに魅了された。

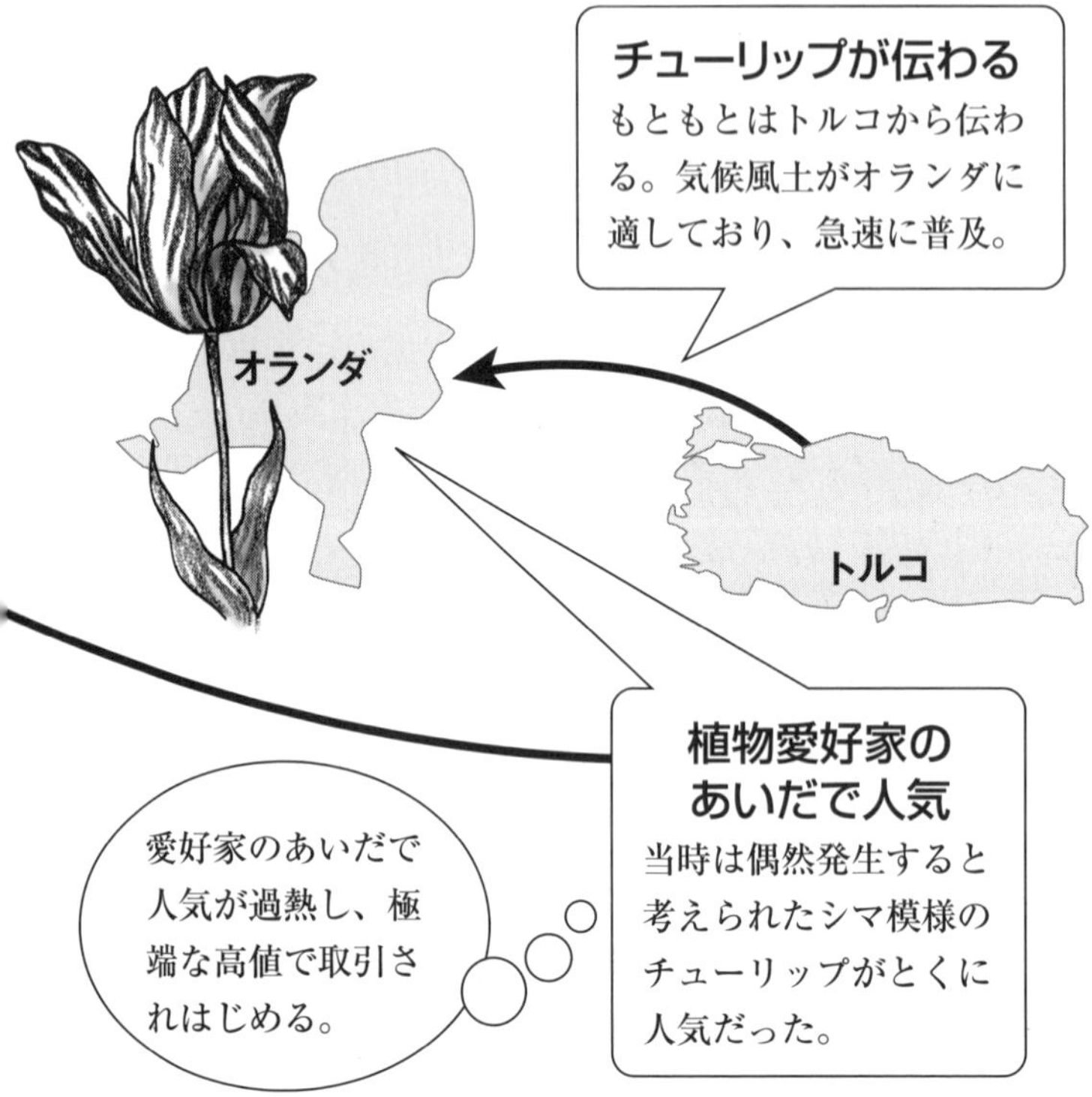
チューリップが伝わる
もともとはトルコから伝わる。気候風土がオランダに適しており、急速に普及。
オランダ
トルコ
植物愛好家のあいだで人気
当時は偶然発生すると考えられたシマ模様のチューリップがとくに人気だった。
愛好家のあいだで人気が過熱し、極端な高値で取引されはじめる。

バブル経済は、歴史上何度となく発生している。もっとも古いものは17世紀オランダで起きた**チューリップバブル**だ。チューリップはこの頃トルコから輸入され、オランダ国内で爆発的な人気を得た。

このため、チューリップ市場は高騰。とくに、当時偶発的に誕生した模様のあるチューリップが珍重され、栽培に成功すると高値で売れた。最盛期には球根ひとつが一般的な年収の25倍に及んだという。やがて買い手がつかないほど価格が上がり、バブルは崩壊した。

投機家も目をつける

当初は愛好家のあいだだけで過熱していたチューリップ人気に、投機家が目をつけてから、バブルは加速度を増していった。

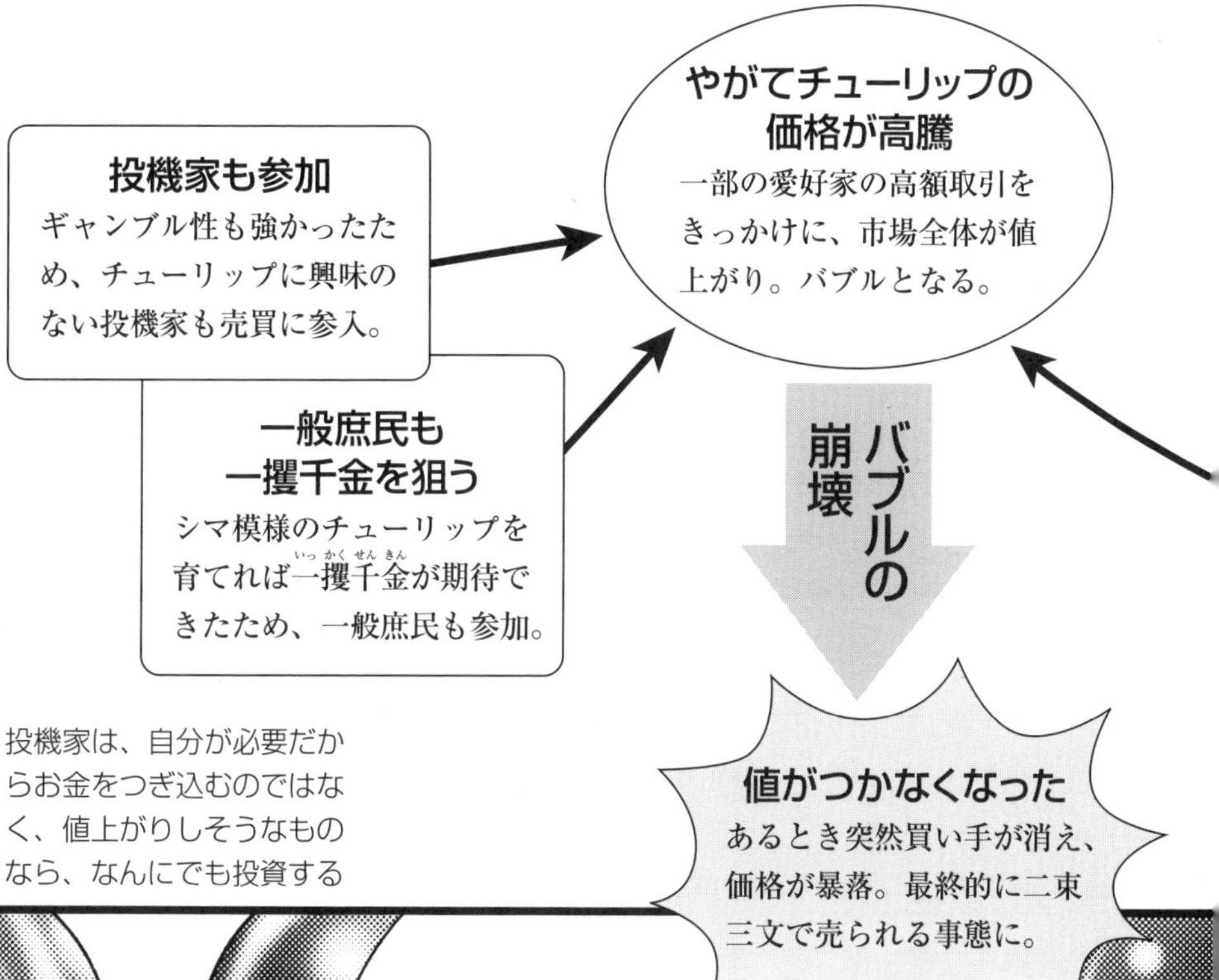

やがてチューリップの価格が高騰
一部の愛好家の高額取引をきっかけに、市場全体が値上がり。バブルとなる。
投機家も参加
ギャンブル性も強かったため、チューリップに興味のない投機家も売買に参入。
一般庶民も一攫千金を狙う
シマ模様のチューリップを育てれば一《いっ》攫《かく》千《せん》金《きん》が期待できたため、一般庶民も参加。
バブルの崩壊
値がつかなくなった
あるとき突然買い手が消え、価格が暴落。最終的に二束三文で売られる事態に。

投機家は、自分が必要だからお金をつぎ込むのではなく、値上がりしそうなものなら、なんにでも投資する

ワインも投機の対象になって、値段がバカ高くなるのかな
1996
CHATEAU
GASQUETO
noiselle L
AND VIN
DE
HATEAU LATOU
Chatea
ME

バブル発生

バブルの発生頻度が、年々上がっている

17世紀のチューリップバブル以降も、世界では頻繁にバブルが発生し、そして崩壊している。ここで特筆しておきたいのは、その**発生頻度**が、20世紀以降、上がってきていることだ。

バブルの発生と崩壊のメカニズムはまだ完全に解明されてはいない。しかし、モノの価値が本来の価値から乖離《かいり》して、過大に評価されたとき(価格が高騰したとき)は、必ず揺り戻しが起こる。つまり、高騰のあとには急落が待っている。永遠に続くバブルはない。

バブル崩壊による悪影響

バブルはモノの価格を吊り上げ、その後極端に落ち込ませる。そのため、投資家に大損害を被らせることも多い。

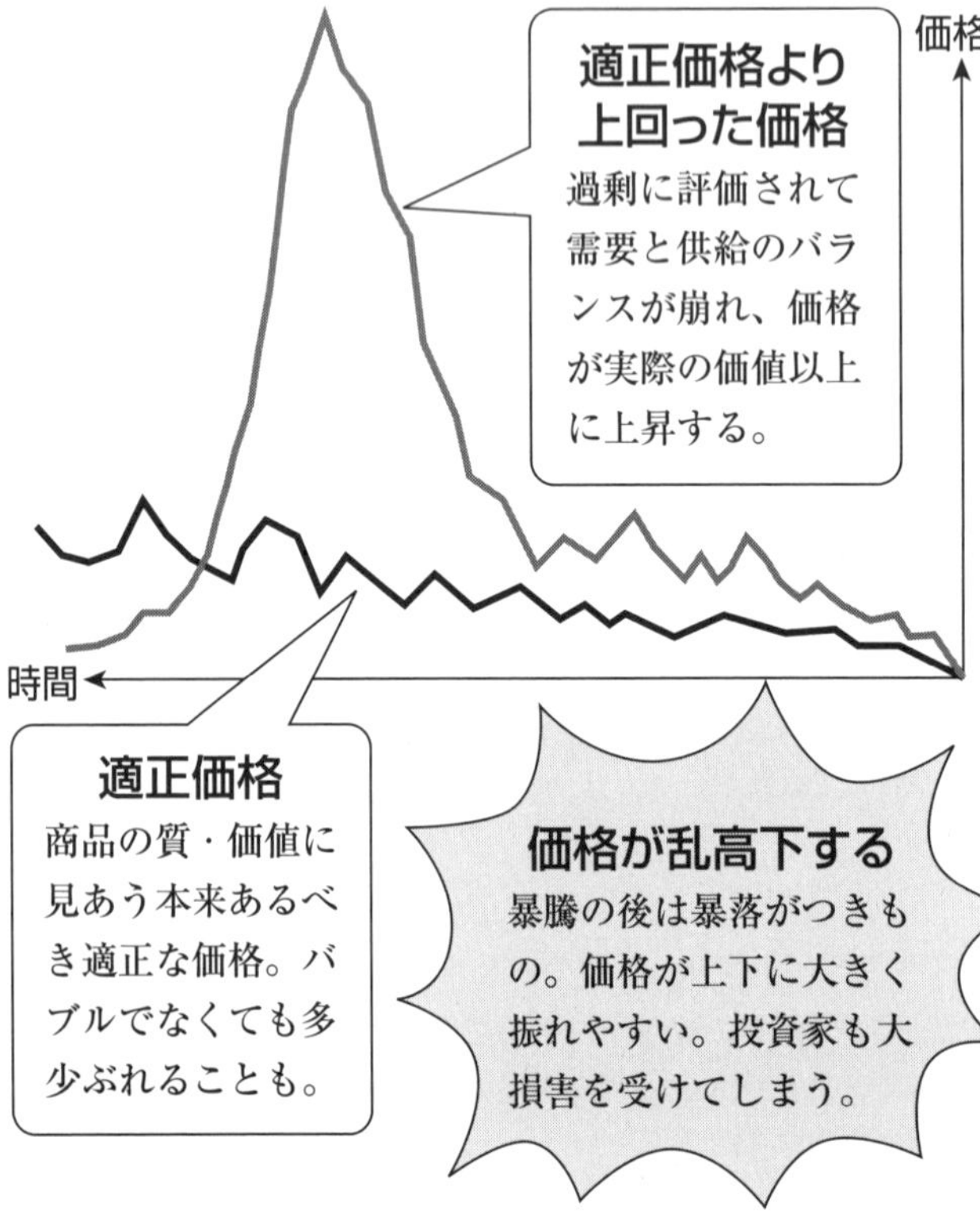
価格
時間
適正価格より上回った価格
過剰に評価されて需要と供給のバランスが崩れ、価格が実際の価値以上に上昇する。
適正価格
商品の質・価値に見あう本来あるべき適正な価格。バブルでなくても多少ぶれることも。
価格が乱高下する
暴騰の後は暴落がつきもの。価格が上下に大きく振れやすい。投資家も大損害を受けてしまう。

生産は どうですか
資源バブルで 資材の価格が 高騰して 苦しいですね

チューリップバブル以降のおもなバブル

オランダで発生したチューリップバブル以降、大規模なバブルだけでもこれだけある。とくに、20世紀以降は間隔が狭まってきている。

年代	国	概要
1630年代	オランダ	チューリップバブル。球根が花をつけないうちから、現在の先物取引のように取引された。
1710年代	フランス	ミシシッピ会社事件。金融の天才ジョン・ローが創設した会社の株価が高騰しバブルになった。
1720年代	イギリス	南海泡沫事件。ミシシッピ事件を模倣するような動きがイギリスで起こり、バブルが発生した。
1920年代	アメリカ	暗黒の木曜日。ローンや証拠金取引など、証券システムが整ったことで投機熱が高まり発生。
1980年代	アメリカ	暗黒の月曜日。M&Aの隆盛やオプション取引などの誕生で、株価が押し上げられバブルに。
1980～90年代	日本	カネ余り状態だった国内の資金が、株式や不動産市場に向かい、価格を高騰させた。
2000年代	アメリカ	サブプライム層の不動産・住宅購入がさかんに。しかしローン返済不能が顕在化しバブルは崩壊。

バブル発生

日本でもバブルが発生し、経済が混乱した

カネ余りがバブルを生んだ

80年代の不況対策として講じた低金利政策がカネ余りを生み、バブルをもたらすきっかけとなった。

1985年

プラザ合意

為替レートを安定化させるため、先進5ヵ国が協調を取り決め。結果、ドル安が進んだ。

ドル安＝円高で、日本の輸出産業は伸び悩み、円高不況に陥った。

1986年

低金利政策実施

円高不況対策として、政府は公定歩合を引き下げ、景気を刺激。

このテコ入れが奏功し、下降線をたどっていた景気が上向きはじめる。

市場はカネ余り状態に

景気が回復しても低金利が続き、融資を受ける企業や個人が増え、カネ余りに。

余ったお金は、よりよい条件を求め、低金利の預金から株や不動産へ。

日本のバブルは１９８０年代に発生した。法律の改正で対外投資がブームになったことや、預金金利の自由化で、財テクブームが到来したことが引き金となった。

　同時期、利下げがおこなわれ、預金から投資商品に資金が流れた。個人の株式取引が過熱。さらに、不動産価格も異常に跳ね上がった。

　しかしその後、日銀の利上げや総量規制の影響でバブルは崩壊。不動産投資で大損した金融機関は多額の不良債権を抱え、立ち直るまでに長い歳月を要した。

政策によってバブルを抑え込んだ

過熱しすぎた市場を引き締めるために、政府は思い切った政策を講じてバブルを収束に向かわせた。しかし、代償はあまりにも大きかった。

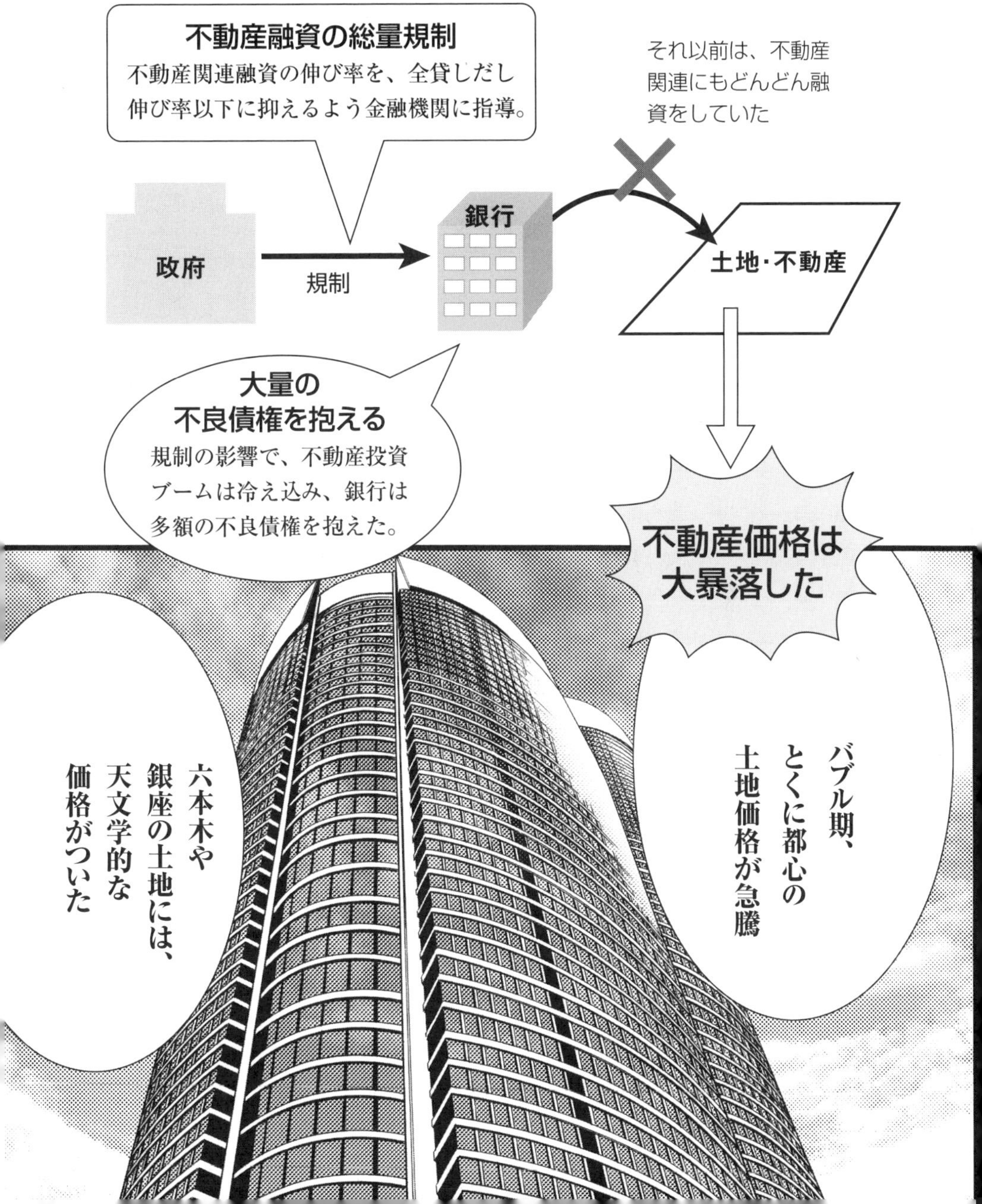

不動産融資の総量規制
不動産関連融資の伸び率を、全貸しだし伸び率以下に抑えるよう金融機関に指導。
それ以前は、不動産関連にもどんどん融資をしていた
政府
規制
銀行
土地・不動産
大量の不良債権を抱える
規制の影響で、不動産投資ブームは冷え込み、銀行は多額の不良債権を抱えた。
不動産価格は大暴落した
バブル期、とくに都心の土地価格が急騰
六本木や銀座の土地には、天文学的な価格がついた

バブルの
真相

バブルを回避することはできない

一概に悪とはいい切れない

バブルは経済に勢いがつきすぎた状態。そこには、経済成長というプラス側面もあることを忘れてはならない。

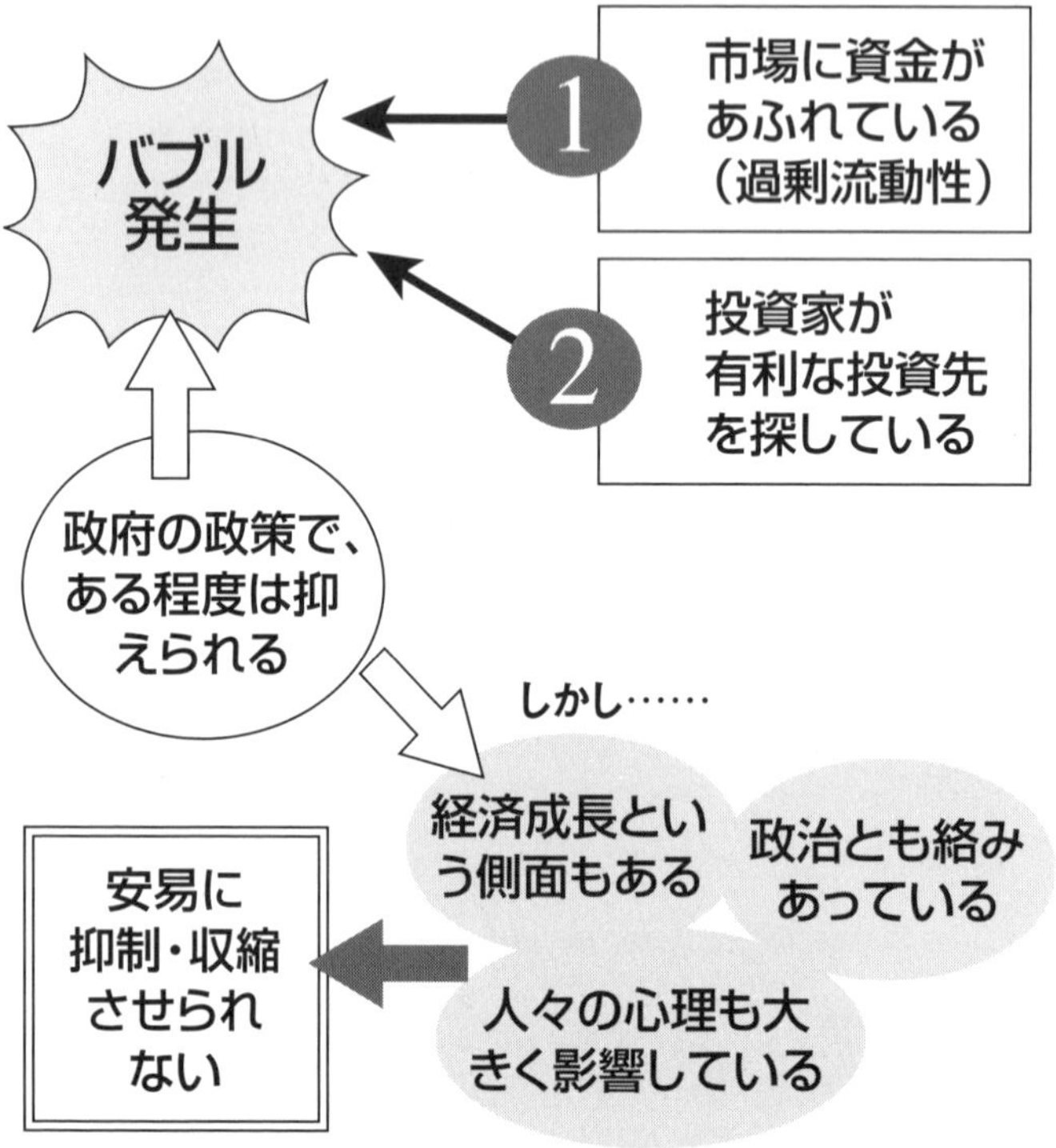
バブル
発生
1
市場に資金が
あふれている
（過剰流動性）
2
投資家が
有利な投資先
を探している
政府の政策で、
ある程度は抑
えられる
しかし……
経済成長とい
う側面もある
政治とも絡み
あっている
人々の心理も大
きく影響している
安易に
抑制・収縮
させられ
ない

ひとたびバブルが発生すると、多大な影響がある。バブルの防止は至上命題にも思える。

しかし、バブルは経済の理論のみで理解できるものではなく、その発生には人々の心理が深くかかわっている。いかに効果的な政策を実施しても、人々の心理までは制御できないのだ。

バブルによる経済の加熱は、経済の成長ともいえる。また経済政策は、政治問題とも密接に関係しており、簡単に政策を変更することはできないのだ。

住宅価格が高騰しています
バブルってことか?かなりの額を投資しているよな
早めに資金を引きあげたほうがよいかもしれません
まだ上がるってことはないよな

COLUMN

イスラム金融は利子を取らない？

現在の資本主義社会のもとでは、利子の存在は根本的なルールの一部だ。その利子の存在を忌避《きひ》するイスラム金融の存在が、注目されている。

イスラム法で禁止される利子

お金は利子をつけて返す――資本主義では当然の利子が、イスラム金融では禁止されている。だが、実際には利子と同様のしくみがある。

たとえば、Aさんが商品を購入する際、銀行がAさんに代わって商品の代金を支払う。Aさんからは、金額を上乗せした代金を回収する。支払った金額と、回収した金額の差額が、銀行の利益となり、これが利子に相当する。ムラバハ（代理購入）と呼ばれる方法だ。

ローンとよく似たしくみだが、直接ローンを組んで利子を取ることは、イスラム法に触れるため、代理購入という手法を採っているのだ。

金融システムにも反映される生活規範

イスラム金融とは、シャリーアと呼ばれるイスラム法体系に基づく金融システムだ。

シャリーアとは、個人の利益よりも社会全体の公益を高めるための、人々の生き方の規範となるものだ。その規範が、金融システムのなかにも息づいている。

サブプライムローン問題に端を発する金融危機で、世界経済は大打撃を受けた。アメリカの投資銀行では、高額な報酬支払いが問題視されるなど、強欲さを非難する声が強い。

そうした状況で、道徳的な概念を取り入れたイスラム金融は、世界中から注目を浴びている。

さくいん

▶さ

▶た

▶な

さくいん

▶あ

▶か

監修者プロフィール

山岡道男（やまおか　みちお）

早稲田大学大学院アジア太平洋研究科教授・研究科長。1948年、東京生まれ。早稲田大学大学院経済学研究科博士課程中退。学術博士（早稲田大学）。専門は、アジア太平洋地域の国際交流論、経済学教育論。主な著書に『経済学部卒でない人のための経済がよくわかる本』（明日香出版社）、共著書に『新しい経済教育のすすめ』（清水書院）、『アメリカの高校生が読んでいる金融の教科書』、『アメリカの高校生が読んでいる起業の教科書』（ともにアスペクト）などがある。

淺野忠克（あさの　ただよし）

山村学園短期大学コミュニケーション学科専任講師。1951年、東京生まれ。早稲田大学大学院経済学研究科修士課程修了。専門は、国際経済学、経済教育論、高等教育論。共編著書に『経済学入門:クイズで経済学習』（学文社）、共著書に『アメリカの高校生が読んでいる経済の教科書』（アスペクト）などがある。

参考文献

『アメリカの高校生が読んでいる金融の教科書』山岡道男　淺野忠克著（アスペクト）
『アメリカの高校生が読んでいる起業の教科書』山岡道男　淺野忠克著（アスペクト）
『教えて、金融のこと』北村慶著（朝日新聞社）
『＜イラスト図解＞銀行のしくみ』戸谷圭子著（日本実業出版社）
『「金融・証券」がわかれば経済のしくみが見える!』林雅巳監修（ナツメ社）
『金融の基本』安達智彦+武蔵大学金融学科著（日本実業出版社）
『金融のしくみは全部ロスチャイルドが作った』安部芳裕著（徳間書店）
『現代税法の基礎知識（七訂版）』岸田貞夫著／新井益太郎監修（ぎょうせい）
『現代のイスラム金融』北村歳治、吉田悦章著（日経BP社）
『雑学3分間ビジュアル図解シリーズ　金融』太齋利幸著（PHP研究所）
『図解　いちばん面白いデリバティブ入門（第2版）』永野学著（東洋経済新報社）
『ソロスは警告する　超バブル崩壊＝悪夢のシナリオ』ジョージ・ソロス著（講談社）
『手にとるように金融がわかる本』三菱UFJリサーチ&コンサルティング 銀行コンサルティング室監修／オフィステクスト著（かんき出版）
『入門の金融　投資信託のしくみ』糸島孝俊著（日本実業出版社）
『FX投資入門』田嶋智太郎著（西東社）

財務省ホームページ
東京証券取引所ホームページ
日本経済新聞社ホームページ
日本銀行ホームページ
『The Economist』ホームページ
国際通貨基金ホームページ
フィッチ・レーティングスホームページ
経済誌『MARR』ホームページ

装幀　石川直美（カメガイ デザイン オフィス）
装画　弘兼憲史
本文漫画　柳澤一明
本文イラスト　押切令子
本文デザイン　バラスタジオ（高橋秀明）
校正　寺尾徳子
編集協力　元山夏香
オフィス201（新保寛子　小原健　黒田瞬也）
編集　鈴木恵美（幻冬舎）

知識ゼロからの金融入門

2010年8月25日　第1刷発行

著　者　山岡道男　淺野忠克
発行人　見城　徹
編集人　福島広司

発行所　株式会社 幻冬舎
〒151-0051　東京都渋谷区千駄ヶ谷4-9-7
電話　03-5411-6211（編集）　03-5411-6222（営業）
振替　00120-8-767643
印刷・製本所　株式会社 光邦

検印廃止

ISBN978-4-344-90180-3 C2033
Printed in Japan
幻冬舎ホームページアドレス　http://www.gentosha.co.jp/
この本に関するご意見・ご感想をメールでお寄せいただく場合は、comment@gentosha.co.jpまで。